构建我国企业发展基本政策

张文魁　等著

中国财经出版传媒集团
中国财政经济出版社

图书在版编目（CIP）数据

构建我国企业发展基本政策 / 张文魁等著. ——北京：中国财政经济出版社，2021.10

ISBN 978-7-5223-0758-9

Ⅰ.①构… Ⅱ.①张… Ⅲ.①企业发展－经济政策－研究－中国 Ⅳ.①F279.2

中国版本图书馆 CIP 数据核字（2020）第 185784 号

责任编辑：贾延平　　　　　　责任校对：张　凡
封面设计：卜建辰　　　　　　责任印制：刘春年

构建我国企业发展基本政策
GOUJIAN WOGUO QIYE FAZHAN JIBEN ZHENGCE

中国财政经济出版社 出版

URL: http://www.cfeph.cn
E-mail: cfeph@cfeph.cn

（版权所有　翻印必究）

社址：北京市海淀区阜成路甲 28 号　邮政编码：100142
营销中心电话：010-88191522
天猫网店：中国财政经济出版社旗舰店
网址：https://zgczjjcbs.tmall.com
北京财经印刷厂印刷　　各地新华书店经销
成品尺寸：170mm×240mm　16 开　26 印张　337 000 字
2021 年 10 月第 1 版　2021 年 10 月北京第 1 次印刷
定价：78.00 元
ISBN 978-7-5223-0758-9
（图书出现印装问题，本社负责调换，电话：010-88190548）
本社质量投诉电话：010-88190744
打击盗版举报热线：010-88191661　QQ：2242791300

目录 Contents

第一章　认识企业发展政策　……………………………… 1

一、什么是企业发展政策 …………………………………… 3

（一）企业发展政策的肇始 ……………………………… 3

（二）企业发展政策不应被淡忘 ………………………… 4

二、企业发展政策比宏观政策和产业政策更重要 ………… 6

（一）缺乏强劲企业基础的宏观政策和中观政策难奏其效 …………………………………………………… 6

（二）当今时代的企业发展政策具有关键意义 ………… 8

三、我国企业发展政策的沿革 ……………………………… 10

（一）延安时期的一则企业发展政策 …………………… 10

（二）新中国成立后改革前的企业发展政策 …………… 11

（三）改革开放启动新的企业发展政策 ………………… 15

四、改革开放以来我国企业发展政策主题的变化 ………… 16

（一）搞活和改革国有企业 ……………………………… 16

（二）接纳和促进非国有企业发展 ……………………… 18

（三）处理不同所有制企业之间的竞争关系 …………… 21

（四）"三公一平一同" …………………………………… 23

五、应该确立未来时期我国企业发展基本政策 …………… 24

（一）梳理企业发展政策主题变化脉络的意义 ………… 24

（二）应该构建我国企业发展基本政策 …………………… 25

　六、基本结论 ……………………………………………………… 27

第二章　我国企业发展基本政策的构想 …………………………… 29

　一、企业发展基本政策的主要内容 ……………………………… 31

　　　（一）"三公一平一同"主干 ………………………………… 31

　　　（二）无法回避的国资国企议题 …………………………… 31

　　　（三）高水平开放体制中的外资外企议题 ………………… 33

　　　（四）与所有制议题交织在一起的中小微企业议题 ……… 33

　　　（五）另一个基础性议题 …………………………………… 35

　二、对国有经济布局和国有企业资本结构进行调整 …………… 36

　　　（一）我国国有经济的体量 ………………………………… 36

　　　（二）国有部门必须深化改革 ……………………………… 37

　　　（三）规范国有资本扩张并调整国有经济布局 …………… 39

　　　（四）继续调整普通行业国有企业的资本结构 …………… 41

　三、对不适用于"三公一平一同"的特殊情形进行规范化
　　　排除 ……………………………………………………………… 43

　　　（一）对外资企业的规范化限制 …………………………… 43

　　　（二）在极少数领域对非国有内资企业的规范化限制 …… 45

　　　（三）对中小微企业的"非平等性"扶持 ………………… 46

　　　（四）关于招商引资中的"非平等性"优惠政策 ………… 48

　四、同等对待各类市场主体并激发人们的殖产创新提升效
　　　能精神 ………………………………………………………… 49

　　　（一）法律对待和政府对待的一视同仁 …………………… 49

　　　（二）殖产创新和提升效能是基础中的基础 ……………… 51

　五、基本结论 ……………………………………………………… 53

第三章　从路线性区分、战略性倾斜到公平性竞争 …………… 55
一、路线性区分和战略性倾斜的历史轨迹 ………………………… 57
　　（一）新中国成立初期的路线性区分和战略性倾斜 ……… 57
　　（二）改革开放以来的倾斜性产业政策 …………………… 58
　　（三）倾斜性政策的是非功过 ……………………………… 62
二、市场体制下的公平性竞争具有关键意义 …………………… 65
　　（一）竞争扭曲的危害 ……………………………………… 65
　　（二）不同类别企业之间的竞争扭曲 ……………………… 67
　　（三）完善市场体制与强化竞争政策 ……………………… 70
三、全球环境中的"竞争中性"与我国的"三公一平一同"
　　…………………………………………………………………… 74
　　（一）全球化进程中的公平竞争与"竞争中性" ………… 74
　　（二）"竞争中性"的不足 ………………………………… 77
　　（三）"竞争中性"与我国的企业发展政策 ……………… 78
四、基本结论 ……………………………………………………… 80

第四章　调整国有经济布局和国有企业资本结构 …………… 81
一、推进国有经济布局调整必须改革国有企业 ………………… 83
　　（一）国有经济占比的变化 ………………………………… 83
　　（二）国有经济是否更加强势 ……………………………… 84
　　（三）从国际视野审视我国国有经济布局 ………………… 85
　　（四）我国应加快建立存量国有资本有进有退合理流动
　　　　　的机制 …………………………………………………… 88
二、推进普通行业的国有企业改革必须以企业资本结构调整
　　为突破口 ………………………………………………………… 91
　　（一）国有企业改革主线的变化和国有企业资本结构
　　　　　调整的路径 …………………………………………… 91

（二）公司治理与企业资本结构 …………………………… 94
　　（三）如何调整混合所有制企业的资本结构 ……………… 95
　　（四）L-C股权结构与高质量优治理的混合所有制
　　　　 改革 …………………………………………………… 98
　三、改革国资监管体制以便与混合所有制实现兼容 ………… 101
　　（一）我国复杂而又烦琐的国资监管体系 ………………… 101
　　（二）"管资本"和设立"两类公司"在实施中的
　　　　 问题 …………………………………………………… 102
　　（三）普通行业国资监管体系改革的基本方向 …………… 103
　四、基本结论 …………………………………………………… 105

第五章　对非国资不完全开放的领域及国家对这些领域的管理 …… 107
　一、我国对非国有资本开放的历史脉络 ……………………… 109
　　（一）党的十五大之前 ……………………………………… 109
　　（二）党的十五大之后 ……………………………………… 110
　二、我国非国有资本的分布 …………………………………… 114
　　（一）工业总体 ……………………………………………… 115
　　（二）各工业行业 …………………………………………… 119
　三、我国政府对少数特定行业的管理方式 …………………… 124
　　（一）垄断行业类 …………………………………………… 125
　　（二）基础设施和公用事业类 ……………………………… 127
　　（三）资质管理类 …………………………………………… 128
　四、国际经验 …………………………………………………… 130
　　（一）世界主要国家国有企业的分布领域 ………………… 130
　　（二）国外的特殊法人及其改革 …………………………… 133
　五、基本结论 …………………………………………………… 138

第六章　对外资的限制 …………………………………… 141
一、我国外资准入政策的历史演进 ……………………………… 143
（一）地域扩大和产业差异化引入阶段
（1978—2001 年） ………………………………… 143
（二）加速推进与调整优化阶段（2001—2012 年）… 146
（三）负面清单持续缩减阶段（党的十八大以来）… 149
二、主要发达国家对外资限制的简史和最新动向 …………… 151
（一）美国对外资限制的简史和最新动向 …………… 151
（二）日本对外资限制的简史和最新动向 …………… 155
（三）德国对外资限制的简史和最新动向 …………… 159
三、关于未来我国对外资开放和限制的一些思路 …………… 161
（一）构建"一体两翼"开放安全保障体系 ………… 162
（二）对外资的反垄断审查和合理限制走向规范化、
透明化 …………………………………………… 165
（三）对特定行业在市场准入和开放政策上采取对等
原则 ……………………………………………… 167
四、基本结论 ……………………………………………………… 169

第七章　对中小微企业的倾斜性支持 ……………………… 171
一、我国中小微企业的现状 ……………………………………… 173
（一）我国中小微企业的界定 …………………………… 173
（二）我国中小微企业已成为推动经济和社会发展的
重要力量 ………………………………………… 174
（三）我国中小微企业的市场竞争力有待提高 ……… 176
二、对中小微企业实行倾斜性支持的意义 …………………… 177
（一）中小微企业有"先天劣势"，需要政策倾斜 …… 177
（二）倾斜政策可以促进大中小微企业共同发展 …… 178

（三）倾斜政策可以激发中小微企业的创新活力和市场竞争力 …… 179
　　（四）倾斜政策可促进中小微企业在增加就业等方面发挥作用 …… 179
　　（五）倾斜政策是完善我国社会主义市场经济体制的必然要求 …… 181
　　（六）中小微企业支持政策的主要内容 …… 181
三、国际上支持中小微企业的经验 …… 182
　　（一）改善法律和监管框架 …… 182
　　（二）改善市场环境 …… 184
　　（三）改善基础设施 …… 185
　　（四）促进融资 …… 186
　　（五）帮助提升人力资本 …… 187
　　（六）帮助获得创新资源 …… 188
四、我国中小微企业支持政策的成效与不足 …… 190
　　（一）成效 …… 190
　　（二）不足 …… 195
五、一些建议 …… 198
　　（一）提升中小微企业可持续发展能力 …… 198
　　（二）加大中小微企业财政金融支持力度 …… 199
　　（三）完善监管框架 …… 200
六、基本结论 …… 201

第八章　对一些技术、产品、行为的特殊监管措施 …… 203
一、国际上的多边出口管制体系 …… 205
　　（一）五个非正式组织 …… 206
　　（二）三个重要的国际条约 …… 210

二、主要国家的出口管制体系 ……………………………… 211
 （一）美国出口管制体系 …………………………… 212
 （二）欧盟出口管制体系 …………………………… 219
 （三）日本出口管制体系 …………………………… 221
三、我国出口管制的制度框架 …………………………… 223
 （一）基本框架 ……………………………………… 223
 （二）最新进展 ……………………………………… 224
四、基本结论 ……………………………………………… 227

第九章　招商引资与优惠政策 ……………………………… 229
一、我国招商引资优惠政策的历程 ……………………… 231
 （一）以引进外资为主阶段 ………………………… 231
 （二）外资内资并重阶段 …………………………… 232
二、我国地方政府现行主要优惠政策及其面临的挑战 … 237
 （一）我国地方政府现行主要优惠政策 …………… 237
 （二）我国地方政府现行优惠政策所面临的挑战 … 248
三、主要发达国家的招商引资优惠政策 ………………… 251
 （一）美国招商引资优惠政策 ……………………… 251
 （二）日本招商引资优惠政策 ……………………… 256
 （三）德国招商引资优惠政策 ……………………… 260
四、我国改进和规范招商引资政策的一些思考 ………… 262
 （一）对接国际高水平经贸规则优化投资环境 …… 263
 （二）加大减税降费的普惠力度，降低企业负担 … 264
 （三）巧妙做好"普惠"与"特惠"有机结合的大
   文章 ……………………………………………… 265
 （四）强化创新发展理念，加大"招才引智"特惠
   力度 ……………………………………………… 267

五、基本结论 ………………………………………………… 268

第十章 政府对企业的补贴与扶助政策 ………………………… 269
一、我国政府对企业补贴政策的演变 ……………………… 271
（一）内涵和分类 ……………………………………… 271
（二）我国企业补贴的历史和现状 …………………… 271
（三）面临的问题 ……………………………………… 276
二、美国等国家政府对企业的补贴政策 …………………… 279
（一）美国的经验和做法 ……………………………… 280
（二）欧盟的经验和做法 ……………………………… 282
（三）日本的经验和做法 ……………………………… 286
（四）国际重要经贸规则的要求 ……………………… 289
三、如何改革我国企业补贴政策 …………………………… 293
（一）全面修订现行各类补贴规定，进一步优化
营商环境 ………………………………………… 293
（二）加强统筹协调，改进补贴政策的实施机制 …… 295
（三）加强政府、企业和行业协会的日常联系 ……… 296
四、基本结论 ………………………………………………… 297

第十一章 激发殖产兴业和提升效能的精神 …………………… 299
一、激发殖产兴业和提升效能精神政策的国际经验 ……… 301
（一）日本的历史经验 ………………………………… 301
（二）韩国的历史经验 ………………………………… 304
（三）新加坡的历史经验 ……………………………… 307
二、我国激发殖产兴业精神的有关政策 …………………… 309
（一）激发企业家精神并优化创业创新环境 ………… 309
（二）支持中小企业创业创新 ………………………… 312

（三）鼓励大学生创业创新 …………………………………… 314
　　　（四）推动农村的创业创新 …………………………………… 318
　三、我国激发提升效能精神相关政策 ……………………………… 321
　　　（一）打造提升效能精神的平台或载体 ……………………… 322
　　　（二）针对重点对象切实提升技术技能水平 ………………… 323
　　　（三）切实提升技术技能工人待遇水平 ……………………… 324
　四、基本结论 ………………………………………………………… 327

第十二章　政府对企业创新的支持政策 …………………………… 329
　一、政府支持企业创新的理论分析 ………………………………… 331
　　　（一）政府为什么要参与企业创新 …………………………… 331
　　　（二）政府如何参与企业创新 ………………………………… 332
　　　（三）企业创新支持政策与公平竞争的关系 ………………… 334
　二、典型国家支持企业创新的主要做法 …………………………… 334
　　　（一）方向提供型创新支持政策 ……………………………… 335
　　　（二）供给激励型创新支持政策 ……………………………… 337
　　　（三）需求激励型创新支持政策 ……………………………… 341
　　　（四）环境创造型创新支持政策 ……………………………… 344
　三、我国支持企业创新的主要做法、问题及建议 ………………… 347
　　　（一）我国支持企业创新的主要做法 ………………………… 347
　　　（二）我国企业创新支持政策存在的主要问题 ……………… 354
　　　（三）完善我国企业创新支持政策的思路 …………………… 356
　四、基本结论 ………………………………………………………… 359

第十三章　一视同仁的政府监管和守法合规的企业经营 ………… 361
　一、21 世纪企业面临的监管环境 …………………………………… 363
　　　（一）劳工权利保障进一步凸显 ……………………………… 363

（二）环境保护越来越重要 ·················· 365
　　（三）企业社会责任不可回避 ·················· 368
　　（四）发展注入新理念 ······················ 370
二、实施一视同仁的监管································ 372
　　（一）政府监管要精准到位 ·················· 372
　　（二）政府非歧视性行使监管职能 ·············· 373
　　（三）政府监管要规范和透明 ·················· 376
三、中国政府监管的实践与发展·························· 378
　　（一）政府监管内容有待进一步精准化 ············ 378
　　（二）政府监管政策和企业行为逐渐满足合规性要求 ··· 380
　　（三）中国进一步给予各类企业平等待遇 ·········· 383
　　（四）中国政府监管方式越来越规范和透明 ········ 384
　　（五）中国大力推进各类企业同等受到法律对待 ······· 385
四、企业的守法合规经营································ 386
　　（一）各类企业应该同等受到法律对待 ············ 386
　　（二）企业应该不断完善公司治理 ················ 388
　　（三）企业应履行公司社会责任 ·················· 388
五、基本结论·· 391

参考文献···392
后　　记···402

第一章
认识企业发展政策

促进经济发展，实现经济繁荣，是全世界的发展主题。发展也是我国解决一切问题的基础和关键。企业是经济活动的细胞，是现代经济增长的微观基础，没有企业发展，就不会有国家繁荣富强。在未来的国家政策体系中，企业发展政策应该得到更大的重视、更深入的审视、更系统化的规范。

一、什么是企业发展政策

（一）企业发展政策的肇始

在人类历史相当长的时间里，人们为了维持生计、改善生存状况并积累财富，都会从事生产和经营活动，但主要还是以个人或家庭、宗教团体、政府组织为单元，来安排生产和流通，从事核算及分配。近代以来，特别是二十世纪以来，企业成为最基本和最普遍的生产经营单元。当然，这里所谓的企业，并不仅仅限于公司制企业、其他经营性法人组织、合伙制企业等，还包括我国的个体工商户。这样定义，符合学者的研究范畴和社会大众对企业的理解。

显然，一个地方的企业数量多、实力强、经营活跃，其经济就会繁荣，民众的就业机会和经营机会就多，政府也更容易增加财政收入，并因此而改善基础设施和公共服务。因此，对于抱有繁荣当地经济的愿望的政府而言，如何促使当地有数量更多、实力更强、经营更活跃的企业群体，以及促使企业群体更好地发展生产、创造价值，应该说是一项基础性政策。这就是本书的主题——企业发展政策。

在人类经济发展史上，企业的出现应该是自发演化的结果，而不是由政府设计出的一套政策而促成的。但某些比较特别的企业形态的定型和普及，则与政策密切相关，而企业的大量出现和兴盛、强大，更是离不开政策加持。企业大量兴起，即使在西方国家，也不过是近两百年的事情，除了产业革命的机遇之外，一个重要的企业发展政策，就是公司设立从特许到符合条件即可注册的重大转变。现在已没有人把公司注册当成一项重大政策而是当成一项基础制度了，但这项制度并不是先天就自然存在的，它的前身是一项关于企业发展的政策改革。西欧国家的政府比较早地施行了公司化经营的有关政策，最开始是发放特许状，并允许发行和交易股份，后来将这些政策进行规范化和普及化并制定为相应法律。

这些都属于比较典型的企业发展政策，对西欧的繁荣和强盛发挥了极为重要的作用。所以，其他国家在最近的一百多年里，纷纷建立了类似的企业发展政策，并逐步放宽了公司资本的声明和认缴政策。例如，在我国，十八世纪中叶，同西欧商人接触比较多的中国商人，已开始效仿西欧方式尝试建立一些新的商业组织，1759年以后，清政府开始给一些在广州的中国商人授予特许状，与欧洲持有特许状的商人进行跨国贸易[①]；到了十九世纪晚期，清政府开始有意识地兴办和发展一些公司制企业，"官督商办"就是当时一项十分重要的政策。著名的轮船招商局，是第一家官督商办的公司，不过这项政策尽管取得了一时的显著效果，但随着时间推移，其弊端越来越明显，最终归于失败，所以后来的政府就更加注重发展商业化规则更强的公司了[②]。完全可以说，绝大部分经济发展比较好的国家，都明显地得益于类似政策，尽管许多政府并没有意识到，它们所制定和实施的这些政策，可以归之为成型的企业发展政策。当然，随着时代的发展，成型的企业发展政策，早已不再局限于公司、法人、资本、股份等政策，还包括企业破产、防止企业垄断等政策，而且这些政策在很多国家都已经定型为成文法。

（二）企业发展政策不应被淡忘

然而，随着时间的推移，曾经作为政府促进经济发展核心工作之一

[①] 陈锦江："帝制晚期以来的中国企业家精神"，载于戴维·兰德斯等主编的《历史上的企业家精神》，中信出版集团，2016年版，第568页。

[②] 仲继银："轮船招商局：从官督商办到公司"，载于《中国新时代》，2014年2月。

的企业发展政策，所受到的重视程度越来越低，甚至许多人已经失去了制定企业发展政策的意识。

由于现代经济活动越来越复杂多变，政府对经济活动的干预手段和管理方式也越来越多，从而促进经济发展的政策也不再局限于企业发展政策了。譬如，政府可以通过降息、减税的政策来提振经济增速，但这些政策已不被认为是企业发展政策，而被认为是宏观经济政策，因为调整利息率、税率，被经济学定义为总量管理。而且，由于现代政府所掌握的最直接和最大的资源恰恰是货币供给和财政资金，其最习惯也最得心应手的政策手段，往往是货币和财政这两个宏观政策手段，因此，政府很容易把政策焦点放在宏观管理上。除了宏观政策之外，还有一个被视为"中观"的政策，即产业政策，它在不少实行追赶战略的后发国家中较受重视。产业政策的实施手段，基本上就是给予一些税收优惠和财政资金支持，并引导银行给予更多的信贷资金投放。此外，政府也常常制订国家和地区的发展规划，来设想和设计未来的发展图景，以及制订科技创新方面的规划，并推出一些支持性政策。

在宏观、产业等政策的"光辉"笼罩下，企业发展政策被慢慢淡忘，许多政策研究者和政策制定者甚至不再意识到还有宏观政策、产业政策之外的企业发展政策这回事。这是最不应该的事情。本书所谓的企业发展政策，是指对企业群体的整体发展有重要影响的政策，不但包括资本与股份、设立与消亡、权利与责任等方面的政策，以及税费、融资、雇用以及生产经营准入方面的政策，也包括企业与政府之间关系、企业与企业之间关系等方面的政策。可以看出，企业发展政策会与宏观、产业、创新等政策有所交叠，就像产业政策与宏观政策之间也会有所交叠一样，在一定程度上，可以说，产业、创新政策和企业政策并不容易分家。但是，在我国的实际工作当中，各级政府出台过许多关于国企改革、民营企业和外资企业发展的重大政策，而针对企业的专项政策更是不胜枚举。除了这些条文性政策之外，党的重要会议和重要文件，也不断阐述企业发展方针。对企业发展政策进行单独审视和整体考量，并寻找出新时期某些有趋势性、规律性的要素，将我国企业发展政策提升到一个更加完整、更加清晰、更加前瞻的新高度，其意义不可低估。

二、企业发展政策比宏观政策和产业政策更重要

（一）缺乏强劲企业基础的宏观政策和中观政策难奏其效

无论是宏观经济增长还是中观产业发展，企业发展是微观基础，这是常识。宏观、中观研究框架由于学科发展路径和分析技术手段等在很大程度上漏掉了这个微观基础，研究界和政策界也很容易把这个微观基础当作自然而然、业已存在的事物。然而，客观世界并不是这样。美国经济学家罗德里克曾以亲身经历感叹：拉美某国宏观政策得当，政府赤字和通货膨胀得到很好控制，外汇和资本消除了管制，但是私人投资萧条、经济增长萎靡、贫困率不降反升①。另一位美国经济学家曼瑟·奥尔森，在其著作《国家的兴衰》中明确指出，凯恩斯的宏观经济理论没有建立在微观经济理论的基础之上，绝大多数经济学家，无论他偏爱哪一种宏观经济理论，都应该明白，任何一种宏观经济理论只有建立在微观经济层次上，才会有意义②。日本经济学家大野健一虽然主张实行适当的产业政策，但他也描述了亲身经历：一个非洲国家已经实施了产业发展战略，但其工业发展实际上乏善可陈；一位撒哈拉以南的非洲国家领导人问道，我国也实施和提升了一些产业政策，但为什么我国人民

---

① 丹尼·罗德里克：《相同的经济学，不同的经济政策》，中信出版社2009年版，第1页。

② 曼瑟·奥尔森：《国家的兴衰》上海世纪出版集团2007年版，第200页。

继续将资金投入投机中而不是制造业中，他们为什么不开设更多工厂①？大野健一将这些国家的困境概括为"羸弱的私人部门"，并指出东亚一些国家和地区的良好的发展表现，其基础是有活跃的私人部门。他所说的"私人部门"，实际上是指民间投资设立的企业群体，即以私营企业为主的企业部门。

实际上，历史已经告诉我们，把政策重心放在宏观政策和产业政策上面，从长期来看，并不能取得好的效果。第二次世界大战之后的一段时期，可以说是宏观政策发挥作用最大的时期。那时，不仅凯恩斯主义在理论上得到了比较充分的论述，而且许多国家也非常重视政府力量在经济发展中的功能，大政府主义一度广受追捧。那个时期也是许多国家比较广泛地实施发展规划和产业政策的时期，特别是发展中国家，都希望追随美国等先发国家的脚步，但同时能通过政策的力量来避免先发国家的迟缓、教训和失误，以实现更快更好的经济发展。经过了三四十年的发展历程之后，人们发现，过多使用宏观政策导致了比较严重的滞胀，过多使用政府规划和产业政策则导致了比较严重的结构失衡和动能衰减。到了20世纪最后20年，所谓的结构性改革政策，主要就是更注重微观基础重塑的一些政策，开始被一些国家着力推行。结构性改革政策不仅包括简化和降低企业税收的政策，也包括促进企业重组、破产的政策，以及保护企业知识产权、鼓励企业创新等政策。自21世纪以来，结构性改革政策开始风靡全球，尽管不少国家因为这种政策实施的难度大从而产生"叶公好龙"的情况，但从趋势上来看，很显然，缺乏强劲企业部门做基础的宏观政策和产业政策，难以发挥预想效果，这一点已经为越来越多的有识之士所认识。

---

① 大野健一：《学会工业化》，中信出版社2015年版，第25、26、39页。

（二）当今时代的企业发展政策具有重要意义

本书并不是要否认宏观、中观、区域等维度政策的作用，而是强调企业发展政策具有更加基础性地位，遗憾的是，这一点被很多人忽视了。尤其是，在当今时代企业发展政策的主要程度远高于产业政策和宏观政策。随着科技革命和企业创新的日益加快、企业竞争的日益全球化，国家的经济增长日益依赖于企业活力的焕发，产业结构和产业组织、产业技术、产业布局的可预测性和可规划性远不像以前，即使政府有发展某些产业的预想和意识，但全球化市场竞争将导致什么样的产业格局也难以预料，产业格局最终取决于企业群体之间的竞争结局。美国产业组织政策曾经以反垄断为旗帜，将电信巨头贝尔公司拆解为几个公司，但现在美国通信和信息行业的格局已远远突破了拆解时的设想和规划。这是信息技术革命和企业间全球化竞争导致的难以预测和预料的改变。日本产业政策曾以汽车业为重点，但当今的新能源技术、基于互联网的自动驾驶和人工智能技术将促使日本汽车业和全球汽车业形成什么格局，已经远非产业政策可以调控的。其实，在这个过程中，重要的是植根于本土的企业群体要有活力，其中一些企业要有创新力、引领力和全球竞争力。即便当今时代产业政策仍具有一定重要性，但产业政策也须以企业发展政策为基础，这样才能取得较好的效果。一份欧盟智库的研究报告显示，是产业当中的一些优秀企业给这个产业提供了发展前景和竞争力量，笼统地以一个产业为分析单位，往往看不出问题的实质①。而宏观政策，受到的关注实在不应该那么多。标准的宏观政策是总量管理，它的作用非常有限，甚至经济学教科书对总供给这样的概念是否成立尚有质疑。当然，实际中的宏观政策并不那么局限于总量管理，但这恰恰说明宏观之外的经济政策更加重要。尽管宏观政策的松与

---

① BRUEGEL："The Triggers of Competitiveness"，www.bruegel.org.

紧会影响企业的税费负担和融资成本，但不能给产业发展以明确的指引方向，也不能最终决定竞争的胜出者和失败者，甚至不能保证有足够多的企业产生和运营，因为高度宽松的宏观政策导致交易盛行，实业凋敝的事例屡见不鲜。

企业发展政策常常被宏观、中观维度的政策不应有的光芒所掩盖，更有甚者，许多国家并不一定有系统化的企业发展政策。但只要细致梳理和分析就可以看到，关于企业发展的政策，包括独立性和交叠性的政策，往往存在于经济发展的实际当中。例如，防止超大型企业垄断的有关政策，往往被认为产业组织政策，但实际上，它可以被视为一项典型的企业发展政策。促进中小微企业发展的有关政策，也容易被纳入产业组织政策的范畴，但它实际上是典型的企业发展政策，甚至可以说，当代产业组织政策在很大程度上可归为企业发展政策，而且当代产业组织理论，实质上也是企业竞争与合作理论。产业结构和产业技术方面的政策，也与产业组织政策类似。然而，规范企业竞争行为、引导企业重组、规范企业破产等方面的政策，更是全球普遍性的企业发展政策，这些政策甚至已经被法律化。

21世纪以来的全球政策趋势表明，宏观政策的效力日益衰减，产业政策广受质疑，而事实上的企业发展政策，不但在国家内部日益受到重视，而且国家之间的政策交流也愈加频繁地讨论与企业有关的议题。无论是在世界贸易组织（WTO）框架和全面且进步的跨太平洋伙伴（CPTPP）框架中，还是在二十国集团（G20）这样的平台上，抑或在经济合作与发展组织（OECD）这样重要的国际机构中，企业的税收问题、企业之间的公平竞争问题，甚至企业的所有制和公司治理问题，已经成为重要的焦点问题。可以预料，在全球体系中，更自觉的、更清晰的企业发展政策，在经济政策体系中将具有越来越重要的地位，在国际协定和国际组织以及国与国双边政策的讨论中也将成为越来越重要的议题。

三、我国企业发展政策的沿革

（一）延安时期的一则企业发展政策

新中国成立以来，一方面重视产业发展，另一方面一直持有较强的促进企业部门发展的意识。从企业发展政策的视角来看，这方面的第一项重大政策，就是对旧中国延续下来的企业进行所有制改造的政策。需要说明的是，所有制改造政策的出发点，是要促进企业健康发展，而非压制企业发展，更非摧毁企业，当然，其实际效果可以作更详尽的分析。

其实，在新中国成立之前的延安时期，中国共产党对私有制企业就持有一种基于发展阶段的辩证认识。虽然共产党人清楚，资本主义私有制企业，因其存在剥削和压迫，因其生产资料私人所有与社会化大生产存在矛盾，会束缚生产力的发展，所以国家发展最终要依靠大量的国有制企业，不过，在延安时期，中国共产党认为，中国需要有一个新民主主义时期。在这个时期里，仍然允许民族资本主义的私有制企业存在和发展。在《新民主主义论》一文中，毛泽东明确表示，"大银行、大工业、大商业，归这个共和国的国家所有"，"在无产阶级领导下的新民主主义共和国的国营经济是社会主义的性质，是整个国民经济的领导力量，但这个共和国并不没收其他资本主义的私有财产，并不禁止不能操纵国民生计的资本主义生产的发展，这是因为中国经济还十分落后的缘故"[①]。

在延安时期，边区政府甚至实施了公有制企业的混合所有制改革政

[①] 毛泽东："新民主主义论"，载于《毛泽东选集》（第三卷），人民出版社1991年版，第678页。

策,实在令人啧啧称奇。毛泽东在1943年的一篇讲话中,比较详尽地介绍了杨家岭运输队的合作制改革,并高度称赞了这项改革政策①。该队改革前属于"机关部队学校"的运输队,当然是一家纯公有制企业。运输队有大车8辆、驮骡19头,日运输量19万斤,但每月还要倒贴(亏损)6万元。1943年初,运输队改为合作社,"公家"以上述车、骡、全部用具折股80股,20位运输员"以身份股名义作为20股","共100股,每月按股数二八分红"。改革后,每月运输量上升到38.9万斤,"过去贪污马料是公开的秘密,现在却没有这种贪污了;过去车马用具稍有损坏,就要求公家补充新的,现在只要能凑合着用,就对付了用下去;对牲口,过去是粗心大意的,现在也逐渐喂好了;运费开支,改组后比以前减少三分之一,过去除按照供给标准外,每月还要贴6万元,现在不用半文津贴,每月还获利数万元"。毛泽东把这种改组称为"这样的改革"。显然,这个在改革后被称为"合作社"的企业,其实是员工持股的混合所有制企业。从毛泽东的文章来看,他对当时的这项改革政策是提倡的。

(二) 新中国成立后改革前的企业发展政策

新中国成立初期,中央决定在全国实行新民主主义的经济制度。不过,即使新民主主义阶段允许私人所有制企业存在和发展,但对它们也不实行与公有制企业进行平等竞争的政策。这项政策也没有实行多久,算是一项临时性的企业发展政策。

新中国成立后第一项重大的企业发展政策,是对资本主义工商业进行社会主义改造的政策。这项政策从1953年开始酝酿和实施。改造的主要方式是,通过分红、定息等赎买政策,将私有制企业改造为公私合

---

① 毛泽东:"论合作社",载于《毛泽东选集》(卷五),东北书店1948年版,第889页。

营企业和公有制企业。资料显示，1956年初，全国原有资本主义工业企业8.8万户，到年底，99%实现了所有制改造，其中极少数转为地方国营企业，大部分企业组成了3.3万户公私合营企业①。此后，又对公私合营企业进行了改革、改组和调整公私共事关系，包括加强对公私合营企业的组织领导，实行党委领导下的厂长负责制，实行计划管理，改革工资制度，并厂或联合管理，吸收原企业主讨论企业经营方针，等等。

新中国成立后第二项重大的企业发展政策，是大量建设大型国营工业企业，特别是重工业企业。当然，这些所谓的企业，称为厂矿、商店要更恰当些，因为它们与现在的企业完全不是一个概念。这项政策与第一项政策差不多在同一时期或更早一些就开展了。1953年，我国开始实行第一个"五年计划"，在此期间，通过从苏联和东欧国家引进技术、设备和专家指导，建立了一批以"156项"为重点的大型工业项目。这些项目迅速建成投产，成为我国国营工业企业的"国家队"，尽管那时的国营工厂、矿务局等单位并不是后来市场经济中的企业。资料显示，第一个"五年计划"期间，在建的工矿项目有1万多个，到1957年底，全部建成投产的有428个，部分建成投产的有109个，其中"156项"有68个全部和部分建成投产，其他项目基本上在后来的一两年也都建成投产了②。这些工矿单位投产后，我国重要工矿产品的生产能力大幅度跃升，炼铁和炼钢能力增加约300万吨，采煤能力增加约6000万吨，电力装机增加约250万千瓦，机床生产能力增加约9000台，水泥生产能力增加约260万吨。而在旧中国，经历了60年，我国才建成了大约200万吨的炼铁能力、不到100万吨的炼钢能力、不到200万

---

① 中央工商行政管理局、中国科学院经济研究所编：《中国资本主义工商业的社会主义改造》，1962年版，第219页、233页。

② 孙健：《中华人民共和国经济史》，中国人民大学出版社1992年版，第172—175页。

千瓦的电力装机。经过不到十年的国营工矿单位的建设，我国重要产品的生产能力不但大幅度跃升，而且装备技术水平也达到或接近当时社会主义阵营的先进水平，机械化程度、联合化程度、专业化分工与协作程度，远非旧中国可以相比。当然，这些国营单位在二十多年后的改革开放时代，由于经营机制和历史包袱等方面的原因，经历了发展阵痛和市场化改革，则是另外一回事了。

第三项重大的企业发展政策，就是 20 世纪 50 年代中央号召全国"大办工业"，实际上也是鼓励省、市、县、区、公社、大队都积极兴办工厂。1953 年，中央提出，从新中国成立到社会主义改造基本完成，这是一个过渡时期。党在这个过渡时期的总路线，就是要基本实现工业化，并实现对农业、手工业、资本主义工商业的社会主义改造，这就是著名的"一化三改"。"一化三改"首先是工业化，所以中央不仅通过"五年计划"、以引进苏联援助等方式建设了一批重点工矿企业，也鼓励各地因地制宜建立当地的工业企业。在 20 世纪 50 年代中后期，不仅省、市、地区级建立了一批国营厂矿，而且县、区级也建立了不少国营企业，这些被称为地方国营企业。尽管地方国营企业的装备和技术水平以及生产规模不如中央建设的重点企业，但所涉及的行业更加丰富多样，不但有一些重工业，更多的则是小型机械工业和轻工业，如兴办了不少农具厂、纺织厂、服装厂、陶瓷厂、食品厂等。例如，1956 年，云南省榕峰县在农业合作化后，掀起了农业生产高潮，铁木农具供应紧张，1957 年县委即着手筹集资金，节约行政费、事业费，筹集了 53 万元，兴办了农具厂①。此外，那时各地还兴办了一大批农村和城市的集体工厂。在对手工业和资本主义工商业的社会主义改造中，大量私人工厂消失了，但人民群众的生活和生产又需要众多小工厂，因此政府提出

---

① 祖武："全党动手，依靠群众，筹集资金，大办工业"，载于《财政》，1958年7月。

"大办工业"时，也非常注重鼓励农村和城市街道兴办集体工厂。一则关于河北省石家庄的资料显示，1958年4月，石家庄市委提出"大办工业"的号召，妇女也掀起了"大办工业"的热潮，仅仅两个月之后的6月底，全市妇女办起的地方工业有2113项，不但有纺织、缝纫、编织等轻工业工厂，还有水泥、炼焦、烧碱、铸造、机修等重工业工厂①。另一则资料显示，山西省沁县长治区于1958年发起了一个声势浩大的全党全民办工业运动，截至当年5月20日，该区兴建、扩建并已投产的各种小型工厂就有4739个，其中，小肥料厂1094个，小型农具修造厂525个，榨油、酿酒等副食品加工厂435个②。城市街道也不遑多让。例如河南省郑州市就在那几年里兴办了大量的街道工厂③。乡、街道这两级的基层组织，也兴办了不少商业流通及服务类企业，如修配厂、商店等。这些单位都属于集体所有制性质。这些流水账式的历史资料告诉人们，那时"大办工业"的热潮在各地非常高涨。1958年12月，中共中央八届六次会议通过的《关于人民公社若干问题的决议》就提到，"成千成万的小工厂在农村中雨后春笋般地兴建了起来"；并发出号召，"人民公社必须大办工业"。不过那时"大办工业"搞成了不切实际的运动，出现了大量过火、虚假和荒唐的现象。

需要着重指出的是，尽管当时"大办工业""大办企业"的政策卷入了"大跃进"和"人民公社"的狂潮，但这项政策对我国后来的发展路径和企业格局，乃至政府格局，生产了深远而持久的影响。地方国营企业和集体企业的兴起，使我国"发挥中央、地方两个积极性"成为一个一直具有重要性的政策议题，并且在相当程度上决定了改革开放

---

① 贾新："解放思想，妇女大办地方工业"，载于《中国劳动》，1958年8月14日。
② 崔玉华、张天才："长治区大办地方工业的几点经验"，载于《山西政报》，1958年。
③ 中共郑州市委编：《大办街道工业：郑州市社办工业经验》，轻工业出版社1960年版。

后"分灶吃饭"的财政体制和"分级履行出资人职责"国资管理体制的出现。即使在"文化大革命"当中，仍然有不少公社、大队等基层政权保留了一些小企业，这就是所谓的社队企业，它们成为改革开放之后乡镇企业的先声。城市的街道也有一些企业，它们则属于城镇集体企业。社队企业、乡镇企业、城镇集体企业，似乎更顽强、更具韧性、更有经营思维和市场意识，在改革开放时代之初的那一段时间里，在民营企业登上大雅之堂之前，它们对于市场化改革和区域经济发展起到了较大的推动作用。当然，20世纪50年代末"大炼钢铁"和"大跃进"，将"大办工业"和"大办企业"政策推入盲目性和狂热性之中，则是另外一回事了。

在那个时期，还有一些比较具体的涉及企业经营和发展的政策。譬如，对个体工商业的改造和限制，对国营和集体企业中比较平均化的分配制度，以及对"物质刺激"进行压制。这些具体政策，对企业发展起到了一定的抑制性作用。这样的政策，应该可以算是一项比较负面的企业发展政策。特别是在后来的"文化大革命"期间，连开小店也算是资本主义"尾巴"、计件工资和奖金也算是"资产阶级法权"，这对经济发展和民生改善有着极大的抑制性。从这一点也可以看到，企业发展政策是否得当，对于经济繁荣和民生兴旺有着截然不同的效果，因此，企业发展政策的重要性远强于宏观政策和产业政策，在此可略见一斑。

（三）改革开放启动新的企业发展政策

经过"大跃进"之后的几年调整和"文化大革命"期间的混乱，到了20世纪70年代末，我国开始实行改革开放，此时我国又开始高度重视企业发展政策了。首先，就是允许农村家庭实行多种经营和从事工商业活动。这在当时是一项极重要的政策。家庭虽然是基本的生活单位，但在我国，特别是在当时农村缺乏便捷的工商注册登记通道的情况下，家庭也是最主要和最重要的农村经营单位，所以，把这项政策视为企业发展政策，一点都不为过。农村家庭可以种植经济作物，养殖牲畜出售谋利，可以从事食品加工和出售谋利，可以从事运输和商品贩卖活动谋利，这些都是神来之笔。后来，许多这样的家庭都发展成了正规的企业，甚至产生了一些大企业家。其次，就是允许城市居民从事个体工商经营活动，个体户从此快速发展，直到现在都是我国不可忽视的企业群体。再次，就是允许外资企业进入，并支持和鼓励乡镇企业、私营企业发展。其中，私营企业发展政策虽然有一些曲折和波折，但还是得到了政府的允许或支持。最后，就是搞活国营企业和集体企业，具体政策包括放权让利、承包租赁、股份制、混合所有制、重组出售等。

改革开放后这一系列企业发展政策，极大地促进了我国企业群体的快速扩容和日益强大，是改革开放之后我国经济高速发展、生产力水平日益提高、综合国力和全球竞争力显著增强、人民生活水平大幅度提高的最重要基础。没有这样一个企业部门，就不会有这一切。如果说我国中央政府和地方政府实施的一些产业政策发挥了较好效果，其背后无疑是这些产业当中兴起了大量企业，尤其是民营企业，在发挥支撑性作用。我国宏观经济政策大体取得较好效果，也是因为有较为活跃的企业部门这样一个基础。

四、改革开放以来我国企业发展政策主题的变化

（一）搞活和改革国有企业

改革开放以来，我国经济政策体系当中，企业发展政策一直居于重要地位。不过，企业发展政策的主题却经历了一些重要变化。

前文已经提及，"文化大革命"结束后，可以视为企业发展政策的最早举措，就是允许农村家庭实行多种经营和从事工商业活动，以及允

许城市居民从事个体工商经营活动。这些属于"放"的政策举措，并不占用太多的政府精力，政府只要不去禁止和查封就可以了。但是，当时占国民经济几乎100%比重的国营企业和集体企业如何搞活，在很长一段时间里成为政府最关注的议题，所以各级政府耗费很多心思，出台了很多政策条文，以促进国营和集体企业增强活力。在改革开放初期，所谓增强这些企业的活力，还不是指如何增强市场竞争力，更谈不上参与国际市场竞争，而是促使它们尽量提高产量、丰富产品，以满足老百姓的需求，解决长期困扰我国的"短缺经济"问题。因为那时几乎没有外资企业和私营企业，如果公有制企业，特别是国营企业的生产搞不上来，无论是工业品短缺问题、财政收入捉襟见肘问题，还是居民就业岗位少和收入提高速度慢的问题，就得不到有效解决。完全可以说，改革开放以来至少前二三十年的时间里，如何搞活公有制企业，特别是如何搞活国营企业，一直是最重要的企业发展政策主题，在改革开放前十年还是独占鳌头的所有经济政策的主题。实际上，1984年，十二届三中全会《中共中央关于经济体制改革的决定》就明确指出，增强企业的活力，特别是增强全民所有制的大中型企业的活力，是以城市为重点的整个经济体制改革的中心环节。

如何搞活国营企业，涉及很多具体政策，但基本的政策主线有两条，就是调整政府对企业的管理关系和调整政府对企业的所有权关系①。这两条主线，一直推动着国企改革不断向前迈进。第一条主线，改革开放伊始到现在一直都存在，而第二条主线，是在改革开放启动大约十几年后才逐渐成型的。最开始，调整政府对国企的关系管理，就是突破国家给企业下达的生产计划，给企业放权让利，即允许国企在国家下达的计划之外，自主决定增加产量和品种，自主决定这些产品的销售

---

① 张文魁、袁东明：《中国经济改革30年——国有企业卷》，重庆大学出版社2008年版，第226—235页。

对象和销售价格，企业进行会计核算，核算的利润一部分留给企业自行支配，包括扩大生产和给职工发放奖金。由于之前的国企一直按照国家计划进行生产和销售，企业没有权力也没有积极性扩大生产、增加品种、开发市场，所以这条放权让利的政策一实施，就收到了立竿见影的积极效果。到了 20 世纪 80 年代中后期，随着计划体制的收缩和市场机制的扩张，放权让利政策大踏步地发展为承包制和租赁制，就是政府将国企和集体企业承包、租赁给企业管理层甚至有能力的个人去经营，承包租赁者与政府发包方签订为期若干年的承包租赁合同，承包租赁者只要完成承包费、租赁费的上缴数额，就拥有很大的生产经营自主权。到了 20 世纪 90 年代初，调整政府与企业的管理关系的主要政策，集中为转换经济机制，此时国家颁布了《全民所有制工业企业转换经营机制条例》，规定企业享有 14 项经营自主权。调整政府与企业的管理关系的政策，还包括大量减轻企业负担、卸除企业历史包袱等，例如剥离企业办社会职能、增资减债、允许企业分流员工、对困难企业实行政策性关闭破产等。不过，由于调整政府与企业的管理关系的政策，存在较大的局限性，在实际当中无法将政府与企业之间的关系进行根本性理顺，所以从 20 世纪 80 年代后期开始，国家开始尝试调整其与企业之间的所有权关系，具体政策体现为股份制试点等。从 20 世纪 90 年代中后期开始，所有权关系调整这条主线，慢慢开始居于首要位置。这条主线的内容包括调整国有经济布局、重组国有企业、推进国有企业改制等，具体政策多种多样，初期允许员工持股，鼓励发行股票与上市，后来又允许将中小国企和乡镇集体企业整体出售给本企业的管理层、民营企业家和境外投资者，将大型国企则进行辅业改制以及推进分拆上市、混合所有制等。这些政策，到现在还在实施。

（二）接纳和促进非国有企业发展

从 20 世纪 90 年代后期开始，我国企业发展的政策主题悄然发生改变,就是促进非国有企业的发展壮大,特别是内资民营企业的发展壮大,与搞活国企一道,同时成为政策主题。甚至可以说,在进入21世纪之后,促进非国有企业的发展壮大,实际上逐渐取代了如何搞活国企这个议题,成为最重要的政策主题。此时,如何做强做优做大国企,尽管在诸多正式文件中仍然比发展非公有制经济居于更靠前的位置,但因为国有经济在国民经济中比重已经显著下降,所以在实际工作中,搞活国企已经不像从前那样具有关键意义了。在20世纪70年代末80年代初,我国国民经济几乎是国营企业和集体企业一统天下;到了21世纪初,我国国民经济当中,国有经济比重已经降到了50%以下,外资经济比重上升到10%以上,内资民营经济比重则超过了1/3;而到了21世纪第二个10年,国有经济比重渐次降到了30%以下,内资民营经济比重则上升到50%以上。无论是各级政府的财政收入,还是民众就业,抑或是重要产业发展和重要技术创新,对国企的依赖程度都明显降低了。因此,企业发展政策主题从如何搞活国企转移到如何促进国企之外的外企和民企的发展,特别是如何发展壮大内资民营企业,这是符合逻辑的。

积极利用外资,促进外资企业发展,这方面的政策在改革开放之后一以贯之。在改革开放之后相当长的时间里,我国对外资企业的政策有两面性,一面是优惠,另一方面是行业限制。优惠政策主要是所得税"两免三减半",此外还有其他一些优惠政策。行业限制政策,就是一些行业对外资是限制的。当然,这些限制随着时间推移而不断解除,到了现在,对外商投资的行业限制已经很少了。随着行业限制的逐步解除,对外商投资企业的优惠政策也逐渐减少,如所得税优惠基本上不存在了。也就是说,促进外资企业的发展政策,与促进内资企业的发展政策,逐步一致起来。

而关于内资民营企业的发展政策,则经历了曲折的历程。这当然与国家对非公有制经济认识的变化有关,也与民营企业自身状况的变化有关。改革开放之初,一些农民开始从事非农经营性业务,一些之前有经商经历的、富有闯劲的、就业困难的城市居民也成为个体经营户,政府对他们的个体经营采取宽容、允许的政策。到了20世纪80年代,兴办私营企业逐渐被各方认可,但在此后较长时间里也只被国家认为是国民经济的补充成分。因此,1982年修改宪法时,是这样表述的:"在法律规定范围内的城乡劳动者个体经济,是社会主义公有制经济的补充。国家保护个体经济的合法的权利和利益。"此时宪法只有"劳动者个体经济",而没有"私营企业"或"私营经济"。1988年再次修改宪法,改成了这样的表述:"国家允许私营经济在法律规定的范围内存在和发展。私营经济是社会主义公有制的补充,国家保护私营经济的合法的权利和利益。"由于20世纪90年代以来,我国民营经济不断壮大,不仅民营企业数量急剧增加,民营企业产出在国民经济中也占据了举足轻重的地位,而且不少民营企业已发展壮大为技术水平较高、国际竞争力较强的大型企业。此时,民营经济已经超越了过去的"补充"地位。因此,1997年党的十五大提出,"公有制为主体、多种所有制经济共同发展,是我国社会主义初级阶段的一项基本经济制度"。1999年,宪法又一次修改为:"在法律规定范围内的个体经济、私营经济,是社会主义市场经济的重要组成部分。"民营经济被认为"重要组成部分",可以说是一个重大飞跃。以上轨迹显示,从允许个体经济、私营经济存在,到成为"补充",再到成为"重要组成部分",经历了大约20年的时间。

在成为国民经济"重要组成部分"以后,特别是21世纪以来,我国民营企业在经济增长、就业、税收、出口方面的贡献,乃至科技进步、国际竞争等方面的贡献,竟然渐次超越了国有企业。资料显示,1978年,全国没有一家私营企业,个体工商户也只有15万家;到了2016年,全国私营控股法人达到1254万家,国有控股法人只有31万家,个体工商户则超过6000万家①。国有企业尽管仍然被定位为"国民经济的主导",但显然,其在经济增长、就业、税收、产业发展等方面,事实上不再是支柱,至少不再是唯一支柱。在许多行业,国有企业的比重已经很低。此外,进入21世纪第二个10年之后,由于国企改革已经推行了三四十年,国企改革政策已基本定型,并不需要也难以出台更多的国企改革新政策,因此,在许多地区,政府的企业发展政策的主题,就放到了如何进一步发展壮大民营企业上面,而不是继续放在如何搞活国企上面。发展壮大民企的典型政策,是国务院在2005年出台的《关于鼓励支持和引导个体私营等非公有制经济发展的若干意见》("老36条"),以及在2010年出台的《关于鼓励和引导民间投资健康发展的若干意见》("新36条")。两个"36条"政策的具体内容包括:放宽市场准入,例如,允许非公资本进入垄断、公用事业、基础设施、社会事业、金融、军工等领域;鼓励非公有制经济参与国有企业重组;加大对非公有制企业的财税、信贷上市融资支持,提高对非公有制企业的贷款比重;清理和修改不利于民间投资的法规政策,切实保护民间投资者的合法权益;培育和维护平等竞争的投资环境,简化政府审批,提高行政服务效率等。除国务院之外,各地方也制定了不少促进民企发展的政策,包括大量招商引资政策。这些招商引资政策中有许多鼓励和优惠措施,虽然面对各类所有制企业,但由于民企在数量上、在地方上的投资和经营活跃度方面,已经远超国企,所以这些政策和措施实际上更多地为民企所享受。

(三) 处理不同所有制企业之间的竞争关系

不过,即使政府日益将企业发展政策的主题放在民营企业上,但实

---

① 陈永杰:"民营经济改变中国",载于大成企业研究员编《民营经济改变中国》,社科文献出版社2018年版,第14页。

际中推行这样的政策主题时仍然会遭遇严重的瓶颈和约束。这就是，虽然被认可为国民经济的"重要组成部分"，但并不意味着民营企业可以获得与国有企业一样的平等待遇。一方面，国企与政府之间存在天生的纽带；另一方面，国企在正统意识中属于"根红苗正"的社会主义性质。因此，国企在市场准入、权益保护、要素获得、监管对待等各个方面，比民营企业更容易获得优越的待遇。但是，由于我国早已决定要建立更加完善的社会主义市场经济体制，并决定要实行更高水平的对外开放，那么总体而言，除了极少数的特殊情况之外，不管是什么样的所有制，企业之间原则上应实行平等竞争、优胜劣汰，而不是对各种所有制进行不同的定位并分别制定不同的政策，才是完善的市场经济体制和高水平的开放环境的题中应有之义。在这样的认识下，也在受到不平等对待的民营企业的呼吁下，21世纪以来，特别是21世纪第二个10年以来，我国企业发展政策的主题，从以前基于各种所有制量身定制各类企业发展政策，悄然转变为不太注重严格根据所有制制定政策，而是把重点放在构建各类所有制企业平等竞争的发展环境上。

这样的政策主题，其实在20世纪90年代就已萌芽。早在1993年，十四届三中全会通过的《中共中央关于建立社会主义市场经济体制若干问题的决定》就明确提出，"国家要为各种所有制经济平等参与市场经济创造条件，对各类企业一视同仁"。进入21世纪之后，要求各类所有制企业进行平等竞争的呼声日益高涨。到了2005年，国家颁布了《关于鼓励支持和引导个体私营等非公有制经济发展的若干意见》（"老36条"），在列出各项具体政策之前，就开宗明义地指出，要进一步解放思想，深化改革，消除影响非公有制经济发展的体制性障碍，确立平等竞争的市场主体地位，实现公平竞争。2007年，十七大报告明确指出，要"形成各种所有制经济平等竞争、相互促进新格局"。2010年，国家颁布的《关于鼓励和引导民间投资健康发展的若干意见》（"新36条"），更加明确地将平等竞争与市场经济体制联系在一起，清楚地指出,要推动各种所有制经济平等竞争、共同发展,要充分发挥市场配置资源的基础性作用,建立公平竞争的市场环境。

(四)"三公一平一同"

进入 21 世纪第二个 10 年,构建各类所有制企业公平竞争的发展环境,成为政策的最强音。2013 年,十八届三中全会通过的《中共中央关于全面深化改革若干重大问题的决定》提出,"国家保护各种所有制经济产权和合法利益,保证各种所有制经济依法平等使用生产要素、公开公平公正参与市场竞争、同等受到法律保护,依法监管各种所有制经济"。这是一个比较完整的"三公一平一同"政策方针论述,不但涉及产权保护和公平竞争,也涉及生产要素的平等使用。这实际上可视为我国企业发展政策的一个新主题。

2019 年秋,十九届四中全会将十八届三中全会"各种所有制经济""平等使用生产要素"更改为"各种所有制主体""平等使用资源要素"。2019 年底,中央颁发了《关于营造更好发展环境支持民营企业改革发展的意见》,继续强调"三公一平一同"。2020 年初开始实施的《优化营商环境条例》,更加具体地规定,"国家坚持权利平等、机会平等、规则平等,保障各种所有制经济受到法律保护","保障各类市场主体公平参与市场竞争","平等对待内资企业、外商投资企业等各类市场主体"。2020 年夏,党中央国务院颁发了《关于新时代加快完善社会主义市场经济体制的意见》,继续沿用"三公一平一同"论述。这意味着,"三公一平一同"这个新的企业发展政策主题已经完全定型。

五、应该确立未来时期我国企业发展基本政策

(一) 梳理企业发展政策主题变化脉络的意义

改革开放之前,我国也非常重视企业发展,但政策主题是围绕工业化,对非国有企业进行社会主义改造,并大力发展社会主义性质的国营企业和集体企业。改革开放以来,我国一直将企业发展政策置于各项经济政策的重要位置,甚至是核心位置,政策主题的演变脉络非常清楚,就是从基于所有制来制定政策,转变为不再严格基于所有制来制定政策。从1993年开始,国家就开始考虑为各种所有制企业平等参与市场经济创造条件,此后颁布了一些具体政策,但在实际中,民营企业受到的政策待遇,离"公平""同等"还有相当大的距离。外资企业在我国改革开放早期曾享受一些比内资企业更优惠的政策,但21世纪以来,一方面,内资企业认为外资企业不应该继续享受超国民待遇;另一方面,外资企业又不断呼吁我国应进一步开放市场,让它们享受更透明和更公平的待遇。这反映了在相当长的时间里,各类企业,主要是所有制性质不同的各类企业,不同等待遇、不公平竞争的事实仍然存在,特别是国有企业在许多方面享有更优越或者不太透明的政策待遇。此外,大量的中小微企业,在使用资源要素、参与市场竞争、获得法律保护等方面,与大企业相比,也明显遭遇了不平等对待。中小微企业几乎全部是民营企业,因此,中小微企业的政策待遇问题,实际上与民营企业的政策待遇问题交织在一起。

随着我国进入新发展阶段,企业发展政策应该更加注重解决不同类型企业之间,主要是不同所有制企业之间的竞争关系,致力于实现公平竞争。在全球化环境中,我国也需要更加尊重公平竞争的市场规则。从

我国企业发展政策的主题演变脉络来看，在未来相当长的时间里，实现"三公一平一同"将成为我国企业发展政策的核心精神。可以预料，推动"三公一平一同"成为现实将是一项艰巨而长期的任务。

（二）应该构建我国企业发展基本政策

我们应该可以得出这样的判断："三公一平一同"将成为我国企业发展政策的长期性主题和基准性主线。所谓长期性主题，就是未来很长一段时间都需要重点处理、尽最大努力促使"三公一平一同"实现；所谓基准性主线，就是所有涉企的具体政策，不管是作为企业发展政策独立存在，还是蕴含于产业、创新等政策之中，抑或是散见于国家重要会议的文件当中，原则上都不应背离"三公一平一同"。

既然存在这样的长期性主题和基准性主线，我们认为，可以围绕"三公一平一同"构建我国企业发展基本政策，作为未来相当长的时间里我国所有涉企政策的基本遵循。

要构建我国企业发展基本政策，绝对不应该忽视的是：根本没有可能，也完全没有必要在所有领域中、所有情形下都实施"三公一平一同"。这在最市场化的环境中也不可能实施。例如，即使是最开放的国家，在极少数领域，对境外投资也要进行一些限制，不允许外资企业与内资企业完全平等地使用资源要素，完全公开公平地进行市场竞争，这是客观存在的事实。即使在老牌的市场经济国家，在极少数行业中仍存在一些国有企业享有一些特殊机会和资源，得到一些特别保护和对待的现象，这并不奇怪。此外，不管是什么所有制的企业，如果它的行为触发了法律惩罚和监管惩处，它很可能就不再像其他企业那样能平等地使用生产要素、公开公平公正地参与市场竞争了，但这并不违背"三公一平一同"，因为"三公一平一同"强调的是，国家保证对"各种所有制主体"，而不是保证对各种所有制经济的"各个主体"在任何情形下都被一视同仁。总之，"三公一平一同"不应该被错误理解，的确也不是全覆盖和绝对适用，重要的是，政府的某些具体政策，如果对"三公一平一同"基准有所偏离，最好依照"有限排除"的方针说明哪些数量有限的领域、情形会被排除在"三公一平一同"之外。"有限排除"仿佛是一张短短的负面清单，与"三公一平一同"一道，共同成为企业发展基本政策的主要内容，从而使企业发展基本政策简明扼要。

还需意识到，"三公一平一同"和"有限排除"也不太可能是企业发展基本政策的全部内容，因为至少还有一个关键要点，对于企业部门的健康发展和不断壮大有着极为重要的影响。这个关键要点，就是激发行为者的殖产兴业、创新创造、提升效能的精神。正如本章第二部分所提及的那样，如果一个国家的人民冷淡于开设工厂而热衷于投机赌博，那么政府把"三公一平一同"做得再好，又有多大意义呢？如果一个国家根本没人愿意踢球，那么裁判做得再公平，能有多大作用呢？因此，至少要把"激发"这个关键要点纳入我国企业发展基本政策之中。

企业发展基本政策可能为我国所独有，这是由我国企业发展所展现的基本情况和面临的基本问题所决定的。其他许多国家的涉企政策，也可以归纳出主题或主线，譬如，如何处理大企业和中小微企业之间的关系。但我国的基本情况和面临的基本问题目前且可以预料未来较长时期还是不同所有制企业之间的关系。更何况，在我国处理大企业和中小微企业之间的关系，实际上与处理不同所有制企业之间的关系密不可分。的确，我国的企业发展政策需要淡化所有制，但一方面，国有经济将长期存在，我们不可能对所有制视而不见，另一方面，将"三公一平一同"提升为企业发展基本政策，其重要目的恰恰是淡化所有制。构建合理可行的企业发展基本政策，可以为所有企业提供稳定的政策预期，有利于企业部门的壮大和强盛，所以企业发展基本政策应该纳入国家政策构建的大局之中。

企业发展基本政策所针对的当然是在我国境内从事经营活动的所有企业，既包括法人企业，也包括个体工商户；既包括本土资本企业，也包括境外资本企业。如果构建了企业发展基本政策，其必然是相当长的时间里所有涉企政策的基本遵循。

六、基本结论

从国际视野来看，从我国发展历程来看，企业发展政策极其重要，我们千万不要因为宏观和产业等方面的政策被更多地谈论和关注，就忘记了，如果没有强劲的企业部门作为基础，那么看起来再漂亮的宏观政策和产业政策也难奏其效。

通过梳理我国企业发展政策的主题变化脉络，可以清楚地看出，对不同类型的企业，特别是对不同所有制企业，实行依法平等使用资源要素、公开公平公正参与市场竞争、同等受到法律保护、依法监管各种所有制经济的"三公一平一同"政策，已经定型并将长期实施。以这个核心精神为指引，并将"三公一平一同"无法覆盖的关键点，以及需要从"三公一平一同"中进行排除的有限情形纳入整体考量，并以此构建我国企业发展基本政策，是一件有益的工作。

第二章
我国企业发展基本政策的构想

第一章阐明了企业发展政策的重要性,分析了我国企业发展政策主题的演变,并且论述了构建我国企业发展基本政策的必要性。构建我国企业发展基本政策,就是要把"三公一平一同"作为长期性主题和基准性主线,并对确实无法实行"三公一平一同"的少数情形做出清晰界定,制定明确政策,也就是将这些数量有限的特殊情形规范地排除在"三公一平一同"之外,以及对"三公一平一同"和"有限排除"都无法覆盖的关键点进行合理考量。第二章将从我国的实际情况出发,探讨我国企业发展基本政策应该包含的内容。

一、企业发展基本政策的主要内容

（一）"三公一平一同"主干

毫无疑问，"三公一平一同"应该是我国未来企业发展基本政策的主干。这是由实施"三公一平一同"的艰辛性、复杂性、长期性决定的。从1993年中央提出"国家要为各种所有制经济平等参与市场经济创造条件，对各类企业一视同仁"，到2013年中央比较完整地提出"三公一平一同"，经过了20年的历程；再到2020年，中央在《关于新时代加快完善社会主义市场经济体制的意见》中再次强调"三公一平一同"，又过去了7年时间。中央一再强调"三公一平一同"，一方面表明了这条基准线的重要性，另一方面也折射了现实情况离这个基准线还有不小距离。可以预料，未来相当长的时间里，根据"三公一平一同"原则来调整和制定政策，必将是我国企业政策工作的主旋律。因此，把"三公一平一同"作为我国企业发展基本政策的主干是情势使然。

（二）无法回避的国资国企议题

"三公一平一同"能否真正地、全方位地得到贯彻实施，在很大程度上取决于国家所有制的经济主体是否会得到国家的特殊对待，受到"超国民待遇"。无须讳言，这是一个容易引起争论的问题。

可以说，在我国，随着时代的变迁、各种所有制在国民经济中地位的变动、政府监管意识和监管能力的提升，从表面上来看，除了极少数特殊行业和领域之外，不再严格地基于所有制来制定企业发展政策，已成为大趋势。不过，至今为止，我国国有资本几乎分布于所有行业，而且在某些行业中仍然保持很大影响力，甚至具有较强主导力。这些行业的国有企业，即那些国有全资企业和国有资本控股的企业，虽然经历了数十年的市场化改革，但由于种种原因，它们中的多数还没有真正成为普通的市场主体，所以，2015年颁布的《中共中央、国务院关于深化国有企业改革的指导意见》才强调，要"促使国有企业真正成为依法自主经营、自负盈亏、自担风险、自我约束、自我发展的独立市场主体"。在实际中，国有资本是否需要分布于非常广泛的行业，大多数国有企业是否能够真正成为上述"五自"的普通市场主体，深刻影响着"三公一平一同"政策愿景是否得以真正实现。"三公一平一同"虽然有的放矢地针对不同所有制之间的差别化政策待遇，但"三公一平一同"本身并不涉及国有资本布局的问题，以及大多数国有企业如何才能成为普通市场主体的问题。

显然，构建我国企业发展基本政策，无法回避国有资本、国有企业这一议题：我国国有资本到底应该主要分布于哪些行业和领域，或者说，国有资本分布于这些行业和领域是出于什么目的、承担什么功能、实现什么战略？如果一般行业仍然要保留国有企业，这些国有企业到底要通过什么样的改革才能真正成为普通市场主体？

从过去几十年的经验教训来看，从大多数人的认知来看，一方面，政府应该继续调整国有经济布局，国有资本的行业分布应该有所收缩；另一方面，国有企业保持独资状态应局限于少数情形，而其他国有企业则应该进行股权多元化和混合所有制改革，即调整大多数国有企业的资本结构，从而有助于其从根本上转型为普通企业。

通过上述两个"调整"，即国有经济布局的调整，以及国有企业资本结构的调整，大多数国有企业可以转型为普通企业，那么它们与非国有内资企业的政策区别应逐步被消除。

(三) 高水平开放体制中的外资外企议题

非国有企业群体中还有外资企业。外资与内资也存在所有制区分。在一个全球化的环境中,如何形成更加稳定、可预期的对待外资企业的政策,当然十分重要。

我国已经决定,要建设更高水平开放性经济新体制,促进内外资企业公平竞争,健全外商投资准入前国民待遇加负面清单管理制度,推动规则、规制、管理、标准等制度性开放。同时也决定,要健全外商投资国家安全审查、反垄断审查、国家技术安全清单管理、不可靠实体清单管理等制度。这意味着,内资和外资企业之间的公平竞争,与内资企业中的国企和民企之间的公平竞争,不完全是一回事。"内外有别"是完全可以理解的,这也是国际通行做法。因此,在迈向高水平对外开放、走向新全球化体系的进程中,一方面,外商投资企业在我国绝大部分行业,应该基本上享有与内资企业一样的国民待遇;另一方面,外商投资企业在某些行业,以及这些企业的某些行为乃至其中的极少数企业,可能受到准入限制和专门管控。显然,笼统地宣称和提倡外资企业与内资企业完全实现"三公一平一同",既不可能,也不必要。关键是,这些限制和管控措施,应该局限化,并提高规范性、稳定性、透明性。这也是一个重要政策议题,企业发展基本政策当然不应该回避这个议题。

(四) 与所有制议题交织在一起的中小微企业议题

对无法实行"三公一平一同"的少数情形进行"有限排除",还会难以避免地涉及中小微企业这一议题。尽管"三公一平一同"针对的是各种不同"所有制"主体之间的不公平,而不是各种不同"规模"企业之间的不公平,但是在我国,99%以上的中小微企业是内资民营企业,因此,内资民营企业所受到的非公平待遇,就与中小微企业所受到的歧视性待遇交织在一起。另外,由于国有企业逐渐从一些竞争非常激烈的行业，譬如一般加工行业、劳动密集型服务行业退出，所以国有企业在资源要素获取方面的优势又可能与国家政策的行业性差别交织在一起。

长期以来，我国的企业发展政策的确有一种传统，就是对不同产业和不同企业规模，实行差别性政策。例如，在新中国成立后的一段时间里，主流意见认为国家应该对重工业企业，特别是钢铁行业和装备制造行业的企业，实行倾斜性的扶持政策，而对大多数轻工业企业，譬如食品行业、服装行业的企业，则不应该给予过多照应，而且即使在那些重要行业，也应该对少数重点大型企业而不是对广大中小微企业，给予物资、能源、资金供给上的保障。这些都是基于产业和规模的区别性政策，这样的政策在当时被视为尽快实现工业化的战略举措。虽然经过改革开放以来几十年的演变，资源配置机制和企业格局已经发生深刻变化，但是直到现在，各级政府仍然会制订实施一些产业规划，列出和设想某个时期的重点产业及有前景的产业，政府不但以其直接掌握的资源和权力，对它们进行一定程度的扶持，而且还会引导市场将更多的资源倾注到这些产业中。另外，大企业在产业规划中得到优先眷顾，也是常见的情况，因为这些大企业容易被认定为龙头企业，对全行业有带动作用，所以往往被政府挑选为"赢家"。如此一来，中小微企业特别是"非战略性"行业的中小微企业，就容易受到资源配置中"虹吸效应"和"马太效应"的伤害。况且，民营中小微企业由于自身实力较弱、规范性较差，其争资源、争市场、争政策关注的能力，乃至争法律保护的能力，当然不及国有大企业。如果让民营中小微企业与国有大企业进行"平等"竞争，则其难以真正平等地获得资源、市场、政府关注和法律保护。但是，它们不仅是吸纳就业的主渠道，也是未来大企业的后备军，而且它们中的许多企业都更具有创新意识和创新锐气。所以，绝大多数国家会对中小微企业给予更多的政策眷顾。这看起来好像对大企业不公平，但这种针对弱势企业群体进行扶持的"平权化"政策，恰恰是另一种意义的公平。因此，如何正确地认识和处理中小微企业和大企业之间的"平等"，也应该成为我国企业发展基本政策中一个不可或缺的议题。

（五）另一个基础性议题

一个国家的企业发展，当然不仅仅包括上述方面，甚至上述方面并不是至关重要的方面。如何激励更多人投入企业创办、企业经营、企业创新上，如何使企业队伍更加庞大，如何使在本国创办和经营的企业更有活力和国际竞争力，这个议题具有更基础性的意义。如果人们将资金投到投机和赌博之中，如果人们惰于工作、怯于创业创新，那么私营企业部门就会羸弱不堪，即使基于所有制、产业、规模的区别性政策都消除了，即使宏观政策和产业政策都能科学制定了，经济发展也无从谈起。毫不夸张地说，只有对如何激发人们殖产创新和提升效能精神这样的议题进行系统和深入分析，才能更加完整、全面地认清一个国家的企业发展图景。我国更需要跳出国有与非国有、内资与外资、重要产业与非重要产业、大企业与小企业等传统议题窠臼，只有这样才能看到企业部门更广阔的前景。构建我国企业发展基本政策，当然应该重视如何激发行为者的殖产创新和提升效能热情这个议题。

针对上述几个议题，来构建我国企业发展基本政策，就可以涵盖未来相当长的时间里我国企业发展的基本问题。的确，很难说世界各国都有自己的企业发展基本政策。但是，其他国家也没有自己独特的基本经济制度，我国却有。我国构建自己的企业发展基本政策，可以作为以后制定涉企具体政策的根本遵循，必将有力促进我国企业部门进一步发展壮大，也必将有利于我国企业部门更好地融入全球体系并从中受益。

下文对我国企业发展基本政策应该包含的几方面内容进行论述。

二、对国有经济布局和国有企业资本结构进行调整

（一）我国国有经济的体量

非国有企业应该在所有领域中、在所有行为中都与国有企业一样要实行"三公一平一同"吗？非国有企业在一般领域中能够与国有企业一样实行"三公一平一同"吗？如果要构建我国企业发展基本政策，这是首要问题。

从现状来看，我国国有资本几乎与非国有资本一样可分布于绝大多数行业，包括那些公认的普通行业。世界上还没有任何国家，像我国这样有一个如此庞大的国有企业部门。我国国有企业的数量，在2020年大约只有20万户，占全国企业总数量（大约4000万户）的比例非常低，但是国有资产的体量却很大，2019年末，我国非金融行业国有企业的资产总额达到234万亿元，国有资本权益总额达到65万亿元。而金融行业，更是国有资本比较集中且具有很强控制力的行业，2019年末，国有金融企业的资产总额达到393万亿元，国有资本及应享有的权益达到20万亿元。国有企业尤其在能源、原材料、汽车、船舶、重要装备、化工、交通运输、建筑、商贸流通等重要行业，以及金融行业，占有显要甚至主导地位。我国许多特大型企业，特别是进入"财富500"大榜单的企业，以及我国国内机构评选出来的大企业，绝大部分都是国有企业。尽管20世纪90年代以来，特别是21世纪以来，国内民营企业也开始陆续进入许多重要行业，并且进入了一些尚未完全放开的行业，但是，民企与国企之间的竞争，事实上并不平等。一方面，少数行业对民企仍然存在准入限制或者隐性壁垒；另一方面，即使不存在准入限制和隐性壁垒，但是一般而言国有企业隐含着国家信用担保，所

以它们在获得信贷资源和其他资源方面往往有更大优势。更重要的是，国有企业与政府之间，通过所有权这条天然脐带，保持着无法割断的利益和权力、责任联系，国有企业与政策制定部门、政府资源分配部门、政府监管部门有着无与伦比的畅通渠道，这些都使民企相形见绌。此外，国有企业业已形成的在位优势也不可忽视，它们抢先占据了大量自然资源、科技资源等，总体而言，民营企业处于下风。当然，事物的另一方面是，国有企业常常肩负着国家赋予的一些特殊任务，承担着更重的社会责任，如少裁员、多扶贫等，这也使得国有企业有更多理由要求获得与民营企业不一样的优待。

不过，民营企业似乎比国有企业有着更强的韧性。虽然民营企业所受到的政策待遇还难以与国有企业实现真正平等，但从过去的发展趋势来看，民营企业部门不但资产总额比国有企业增长得更加迅速，其在GDP中的比重、在外贸中的比重、在税收和就业岗位贡献中的比重，都日益提高，而且在许多新兴行业，包括高科技行业，民企有更加杰出的表现。例如，在互联网行业，那些占市场主导地位、颇具国际影响的大企业，几乎全部是民营企业。即使在一些高新科技产业中，民营企业也锐气十足、成长迅速。可以预计，未来民营部门在国民经济中的分量还会有所提升。大量研究也表明，如果国有部门和民营部门之间的资源错配能够得到显著矫正，则我国经济增速可以更高，经济实力可以更强。无疑，这需要通过我国企业发展基本政策的构建，以及大量的企业发展具体政策的校调，才能得以实现。

（二）国有部门必须深化改革

国有资本有如此巨大的体量、如此广泛的分布，那么仅仅确立"三公一平一同"原则并加以实施，是否就可以保证非国有企业与国有企业能进行平等竞争呢？或者说，如果不对国有资本的分布进行调整和限定，不对国有企业进行机制改革和公司治理改造，那么是否可以扭转国有企业长期以来所享有的特殊对待呢？

历史告诉我们，仅仅推行"三公一平一同"，恰恰无法真正实现"三公一平一同"。这看起来是一个悖论，但事实就是这样。因为不对国有资本的分布进行调整和限定，不对国有企业进行机制改革和公司治理改造，普通行业的大量国有企业与国家之间的纽带难以割断，政府对国有企业的功能定位难以单纯化，国有企业的政策谈判筹码就一直在握，非国有企业就不可能与国有企业一样，获得一视同仁的对待。一句话，要使"三公一平一同"落地，国有部门必须深化改革。

如果对这个悖论缺乏深刻而清醒的认识，国家的政策制定就可能误入歧途，企业发展基本政策的"三公一平一同"主线也可能陷入空转。尤其需要警醒的是，随着国际上"竞争中性"理念的流行和全球竞争规则向这个方向靠拢，也随着我国强化竞争政策的基础地位，一种回避国有经济布局调整和国有企业资本结构调整，把重心置于"竞争中性"的政策思路，似乎得到很大认同。必须要指出，这是一种"水中捞月"的政策思路。事实上，"竞争中性"本质上只是一个指引[①]。虽然CPT-PP等国际协定采纳了其一些规则，但并没有全面成为西方国家包括发源国澳大利亚的可操作性政策。我国不能寄希望于以"竞争中性"来解决不同所有制企业之间的不公平竞争问题。"竞争中性"顶多只能解决国有企业的压力问题，也就是给国有企业营造一个有竞争压力的环境。但是，企业能否搞活并真正成为市场主体、按照市场规则参与竞争，至少涉及压力、动力、决策权力这三个方面。"竞争中性"无法解决国有企业的动力和决策权力问题。我国的国有资本体量如此之大，国有经济影响力如此之强，国有企业数量如此之多，根本不可能由喊着"竞争中性"口号的国际经贸协定来匡正不同所有制之间的不公平竞

---

① OECD, "Competitive Neutrality: Maintaining a Level Playing Field between Public and Private Business", http://dx.doi.org/10.1787/9789264178953-en, 2012.

争,根本不可能由国际仲裁机制来高效判定和有力纠正现实当中复杂烦琐的不公平竞争申诉。即使国内各级政府仿照"竞争中性"套路设立有关机构,订立有关政策标准和实施流程,也无法应对现实当中数不胜数、纠缠不清的实务问题。

我国 40 多年来的改革经验表明,只有调整国有经济布局,调整国有企业资本结构,上述困扰才能迎刃而解。

(三) 规范国有资本扩张并调整国有经济布局

调整国有经济布局、收缩国有资本战线,其实早在 1997 年,就由国务院发展研究中心课题组的研究报告所提出①。这项研究认为,把国有经济作为一个整体来看,在当时,其布局结构存在严重不合理的状况,突出表现在国有经济的盘子过大、战线过长、分布过散,以及有限的国有资本在不同行业与企业之间的分布状态与市场经济条件下国有经济的应有功能严重错位,因此,应该要收缩战线,加强重点,优化国有经济的布局和结构。1997 年秋天召开的党的十五大明确指出,"要从战略上调整国有经济布局。对关系国民经济命脉的重要行业和关键领域,国有经济必须占支配地位。在其他领域,可以通过资产重组和结构调整,以加强重点,提高国有资产的整体质量"。1999 年,党的十五届四中全会做出了更加详细的说明,"坚持有进有退,有所为有所不为。目前,国有经济分布过宽,整体素质不高,资源配置不尽合理,必须着力加以解决。国有经济需要控制的行业和领域主要包括:涉及国家安全的行业,自然垄断的行业,提供重要公共产品和服务的行业,以及支柱产业和高新技术产业中的重要骨干企业"。此后,2002 年党的十六大,以及 2003 年党的十六届三中全会,都做出了类似的但更深入的阐述。

---

① 吴敬琏等著:《国有经济的战略性改组》,中国发展出版社 1998 年版,第 31 页。

2013年党的十八届三中全会提出,"国有资本投资运营要服务于国家战略目标,更多投向关系国家安全、国民经济命脉的重要行业和关键领域,重点提供公共服务、发展重要前瞻性战略产业、保护生态环境、支持科技进步、保障国家安全"。此后多次重要会议和文件都大致延续了这样的方针。

应该说,从20世纪90年代末到现在,我国国有经济的质量有了明显提高,但也要看到,国有经济布局过宽和不尽合理的问题一直没有得到有效解决。国有资本并不需要布局于过于广泛的行业和领域,但是在极少数比较特殊的行业和领域,譬如自然垄断性、特许经营性、开发前景具有长期性和高度不确定性、所涉资源具有战略性、所提供服务带有普遍性等领域,由国有企业控制或主导是可以的,当然,这些国有企业可能是特殊法人而不是普通的市场化、商业化企业,对它们可以不实行"三公一平一同"。

也就是说,对于少数特殊的行业和领域,国有资本可以占主导或控制地位,国有企业可以不是普通企业,可以不是"自主经营、自负盈亏、自担风险、自我约束、自我发展的独立市场主体",对非国有资本的进入可以进行限制,即使允许非国有企业进入并运营,规范地限制其竞争行为也无不可。

当然,在实际当中,具体有哪些行业属于少数特殊行业和领域,并不容易做出明确判断和清晰划定。在国际上,不同国家的做法不太一样,譬如,与一些欧洲国家相比,美国有很多领域对非国有资本开放程度更高。我国是一个社会主义国家,也是一个发展中国家,国有资本的分布更广泛一些,由国有资本主导和控制的行业领域更多一些。但是,要构建企业发展基本政策,需要秉承一个原则:即使将某些行业和领域排除在"三公一平一同"之外,也应该做到局限、规范、透明。而在其他行业和领域,应该规范国有资本的流入,并大力强化存量国有资本的流动性,一些存量国有资本可以向少数特殊行业和领域转移,仍然停留的国有资本主要应该追求财务回报目标，而且应该对留存的国有企业进行资本结构调整、经营机制改革、公司治理改造。

无疑，调整国有经济布局是一项战略性工作，需要在未来较长时间里坚持不懈地推进下去。2020年颁布的《中共中央国务院关于新时代加快完善社会主义市场经济体制的意见》重申"推进国有经济优化和结构调整"，强调"坚持有进有退、有所为有所不为，推动国有资本更多投向关系国计民生的重要领域和关系国家经济命脉、科技、国防、安全等领域，服务国家目标，增强国有经济竞争力、创新力、控制力、影响力、抗风险能力，做强做优做大国有资本，有效防止国有资产流失。对处于充分竞争领域的国有经济，通过资本化、证券化等方式优化国有资本配置，提高国有资本收益"。因此，将这项长期而艰巨的事业，作为我国企业发展基本政策的一项内容，是十分合适的。

（四）继续调整普通行业国有企业的资本结构

如何调整国有经济布局，使这样一个战略意图落地？从实践的经验和教训来看，除了对增量国有资本的投向进行引导之外，关键还是要形成存量国有资本"有进有退"的流动机制。而这个机制的基础，就是要对普通行业，其实也就是绝大多数行业的国有企业进行股权多元化和混合所有制这样的资本结构调整层面的改革，并借此实现经营机制转换和公司治理改造。离开这个微观基础的再造，去谋求宏观层面的国有经济布局的调整、国有资本配置的优化，将无法落地，而陷入空想。在普通行业，大量现存的国有企业，要真正成为"依法自主经营、自负盈亏、自担风险、自我约束、自我发展的独立市场主体"，要在"三公一平一同"环境中参与市场竞争，更需要推行股权多元化和混合所有制这样的资本结构调整层面的改革。可以说，国有企业的资本结构调整，即股权结构的改革，才是国有部门改革的关键。没有这项关键改革，国有经济布局调整不可能实现，国有企业成为"五自"市场主体、平等竞争主体的目标也不可能实现。

国有企业的资本结构调整不是新鲜事。事实上，早在二十世纪八九十年代，不少中小微国有企业和集体企业就实行了以资本结构调整为主线的改制，到了21世纪初，一些大中型国有企业也走上了股权多元化、混合所有制的道路。1999年召开的党的十五届四中全会第一次提出，"国有大中型企业宜于实行股份制的，要通过规范上市、中外合资和企业相互参股等形式，改为股份制企业，发展混合所有制经济"。2002年党的十六大更加明确地提出，"要深化国有企业改革。除极少数必须由国家独资经营的企业外，积极推行股份制，发展混合所有制经济。实行投资主体多元化，重要的企业由国家控股。进一步放开搞活国有中小微企业。" 2003年党的十六届三中全会则将混合所有制和股份制提升到了一个新高度，提出"要适应经济市场化不断发展的趋势，进一步增强公有制经济的活力，大力发展国有资本、集体资本和非公有资本等参股的混合所有制经济，实现投资主体多元化，使股份制成为公有制的主要实现形式"。后来在多次重要会议上，中央都强调深化国有企业发展混合所有制的思路。

21世纪以来，许多国有企业在资本结构调整方面有了较大进展，但同时，国有股一股独大、长期控股的问题，以及由此引发的公司治理转型迟缓、对混合所有制企业仍然实行传统的国资监管的问题，一直得不到有效解决。特别是，一些大型和特大型国有企业集团，母公司几乎全部维持了国有独资，二级核心子公司也是国有股一股独大，这种状态是否要继续维持，还是应该改变，必须引起高度重视。2020年颁布的《中共中央 国务院关于新时代加快完善社会主义市场经济体制的意见》明确提出，"按照完善治理、强化激励、突出主业、提高效率的要求，推进混合所有制改革，规范有序发展混合所有制经济"。"对混合所有制企业，探索建立有别于国有独资、全资公司的治理机制和监管制度。对国有资本不再绝对控股的混合所有制企业，探索实施更加灵活高效的监管制度。"可见，中央对调整国有资本结构的态度明确，一以贯之。我国许多普通行业中，国有企业数量仍然较多，特别是那些大型和特大型国企在各自行业有着重要地位和重大影响，我们认为，国有企业资本结构的调整应该继续推进下去。这将是一个持续时间较长的过程。将这项事业列为我国企业发展基本政策，十分必要。

总之，应该将"国有经济布局和国有企业资本结构的调整"作为我国企业发展基本政策的主要内容，以便长期坚持和实施。

三、对不适用于"三公一平一同"的特殊情形进行规范化排除

（一）对外资企业的规范化限制

的确，存在着无法实行"三公一平一同"的少数特殊情形。将这些数量有限的特殊情形清楚地、规范地排除在"三公一平一同"之外，反而会使除此之外的其他情形更好地实行"三公一平一同"。

首先，就是对境外资本投资的企业，可以设置某些限制。几乎所有国家，包括美欧日等发达国家的少数行业、少数技术领域对外资企业都会有所限制。即使对外资完全实行"准入前国民待遇＋负面清单"，也仍然存在负面清单，外资企业不可能完全与本国资本投资的企业一样，在所有行业和领域都享有"一平三公一同"待遇。

一般而言，对于涉及国家安全和国民经济命脉的领域，国家可以不对外资开放，或者不完全开放。即使是加入一些多边或双边的贸易和投资协定，仍然可以设定不开放的领域。例如，我国在 21 世纪初加入 WTO，对外资进入我国汽车制造、金融服务、电信服务等行业，也设

定了一些限制。未来，我国若加入 CPTPP 这样的高标准的贸易和投资协定，也可以就开放清单和开放进程进行谈判。不过，在不同的国家甚至同一国家的不同发展阶段和时期，对于国家安全和国民经济命脉的认识可能会有变化，所以对不完全开放的行业和领域也可以进行调整。但需要特别注意的是，国家安全和国民经济命脉属于比较含糊的概念，不容易设定能得到一致认同的严格标准，所以在国家局势趋于复杂的背景下，应该保持必要的理性和清醒，防止国家安全改革和国民经济命脉概念的泛化。

其次，除了行业限制外，国家也可以限制外资企业的一些行为。例如，限制外国企业获取本国的一些敏感技术和含有这些技术的产品，这似乎成了国际惯例。此外，一些国家根据其国内法律和法规，对极少数被认定为违法违规的外资企业，或者对那些有可能威胁到国家安全的外资企业，进行经营行为限制，甚至实施更加严厉的惩罚措施。例如，美国就有实体清单制度，联邦政府制定了《出口管理条例》，由美国商务部下属的工业与安全局负责落实，该局"若有合理原因相信"某实体"从事对美国国家安全或外交利益构成严重威胁的活动"，或者该实体很可能从事上述活动，就会被列入实体清单。实体清单的编制和修订，以及清单中实体的增加和删除，均由美国出口管理委员会负责。该委员会由美国商务部牵头成立，成员单位包括国务院、国防部等部门。我国正在确立的不可靠实体清单制度，也属于此类政策。当然，我国不应照搬美国的做法，而应该符合我国的国情国力和实际需要，也应该有一定的规范性和透明度，使这样的制度和政策既有助于维护国家安全、国家根本利益，又不至于伤害产业发展和全球有序融合事业。

从全球化的视角来看，资本的跨国流动，企业的跨国设立和经营，一方面促进了各国的经济融合和规则共建，另一方面也引致国家主权、国家安全等方面的问题和争议。总的来看，对境外资本、外资企业实施一些限制是可以的。但我国应该理性、妥善地对待这一议题，使这些限制局限在一定范围之内、一定程度之下，并尽量增加规范性和透明度，获得国际社会的理解和认可。因此，把这个不适用于"三公一平一同"的议题纳入我国企业发展基本政策之中，是很有必要的。

（二）在极少数领域对非国有内资企业的规范化限制

由于在极少数领域，可以让国有企业享有控制性和主导性地位，这就意味着，在这些领域，对内资非国有企业也不能完全实行"三公一平一同"。当然，这个议题，可能会有更多的争论。

在1997年党的十五大之前，由于非公有制经济只是作为补充充分，它在多数行业都不能与国有企业实行同等待遇。1997年，党的十五大一方面将其认可为我国经济的"重要组成部分"，另一方面又规定"国有经济控制国民经济命脉，对经济发展起主导作用"。1999年，党的十五届四中全会更加明确地规定，"国有经济需要控制的行业和领域主要包括：涉及国家安全的行业，自然垄断的行业，提供重要公共产品和服务的行业，以及支柱产业和高新技术产业中的重要骨干企业"。人们很容易理解为，在这四个行业和领域中，民营企业不能与国有企业进行平等竞争，获得同等待遇。不过，这四个行业和领域，在实际当中到底包含哪些具体行业，却并不容易确定。2006年，国务院办公厅转发了国务院国资委《关于推进国有资本调整和国有企业重组指导意见》。该意见规定：推动国有资本向上述四个重要行业和关键领域集中，增强国有经济控制力，发挥主导作用；除了涉及国家安全的企业、必须由国家垄断经营的企业和专门从事国有资产经营管理的公司外，国有大型企业都要逐步改制成为多元股东的公司。国资委进一步解释，需要国有经济保持绝对控制力的关系国家安全和国民经济命脉的重要行业，是军工、电网电力、石油石化、电信、煤炭、民航、航运七大行业；需要国有经济保持较强控制力的基础性和支柱产业，是装备制造、汽车、电子信息、建筑、钢铁、有色金属、化工、勘察设计、科技九大行业。从"控制力"的角度来理解，似乎在这些行业，即使允许民营资本进入，民营企业也不会与国企一样实行"一平三公一同"。

2020年颁布的《中共中央 国务院关于新时代加快完善社会主义市场经济体制的意见》，不但重申了"坚持公有制为主体、多种所有制经济共同发展"，也强调，"推动国有资本更多投向关系国计民生的重要领域和关系国家经济命脉、科技、国防、安全等领域，服务国家战略目标，增强国有经济竞争力、创新力、控制力、影响力、抗风险能力，做强做优做大国有资本，有效防止国有资产流失"。这里的"控制力"与"竞争力"等并列在一起，似乎又意味着国有企业是在与非国有企业的竞争中实现自己的"控制力"。该意见同时指出，"在要素获取、准入许可、经营运行、政府采购和招投标等方面对各类所有制企业平等对待"，"完善支持非公有制经济进入电力、油气等领域的实施细则和具体办法，大幅放宽服务业领域市场准入"，"有序放开发用电计划和竞争性环节电价"，"推进油气管网对市场主体公平开放"，"建立市场准入负面清单动态调整机制和第三方评估机制"，等等。从这些表述可以看出，可能还是有极少数领域，民营企业不可能与国有企业获得同等的准入政策和经营待遇。不过，一般而言，应该尽量缩小这些领域的范围，而且，在那些极少数领域中拥有特殊地位的国有企业，似乎更应该以特殊法人的形态存在，而不应该只是普通的公司。这需要很多细致的配套工作。

（三）对中小微企业的"非平等性"扶持

许多国家都对中小微企业实行一定程度的倾斜性扶持政策。如何鼓励、促进中小微企业发展，是一个世界性议题，也是一个世界性难题。大量的中小微企业的不断诞生和良好发展，不但涉及就业岗位提供和自我雇用等民生问题，也涉及产业配套体系是否健全、产业发展生态是否完备、隐性冠军群体能否出现、大型企业和龙头企业群体是否拥有后备军等产业竞争力方面的问题。传统意识中,中小微企业更多的是作为大企业的供应商而存在,依附于大企业而生存。但当今时代,许多中小微企业都很有创新意识和创新能力,它们中的相当一部分掌握了高新科技或者握有重要专利和技术诀窍,其中一些具有爆发性增长的潜力,在整个行业中可能具有颠覆性作用。目前,如果将个体工商户包含在内,我国有上亿个中小微企业,涉及数亿从业人员和投资者、经营者。但是,绝大多数中小微企业实力较弱,管理不够规范,其合规意识、守法意识甚至比较淡漠,所以它们无论在获得市场准入方面,还是在获取资源要素方面,与大企业相比明显处于弱势地位。即使对它们实行"三公一平一同",它们在实际中也会因为上述原因而受到与大型企业不一样的歧视性待遇。在我国,这种歧视性待遇更加明显,因为中小微企业绝大部分是民营企业,而民营企业之外的国有企业群体的存在,定然会使它们的生存资源受到挤压。在全部资源配置中,给予民营企业的资源本来就较少,但这些资源的相当大一部分也被大型民营企业拿走,所以中小微企业的境遇就更加雪上加霜。有研究显示,2018 年,我国民营企业获得的信贷资金在银行信贷规模中的占比仅为 25%,在对公信贷业务中的占比仅为 40%;从各大银行对外发布的数据来看,2013—2018 年,我国新增信贷规模中,民营企业占比由 65.6% 下滑到 47.4%;在有银行信贷需求的小微企业中,能获得贷款的比例仅为 46.2%[①]。这些数据告诉我们,受到歧视性对待的主要还是大量的中小微民营企业。问题在于,这些歧视性待遇在很大程度上并不是政府选择而是市场选择,所以并不违背政府实行的"三公一平一同"政策。

针对这样的情况,在"三公一平一同"之外,的确应该给予中小微企业以更加优待的政策,实行"超国民待遇",进行适当的倾斜性扶

---

① 郭晓蓓、徐继峰、施元雪:"我国民营企业融资困境的根源分析与破解路径",载于《管理现代化》2020 年第 3 期。

持。这实际上相当于一种针对弱势群体的"平权化"政策,属于"非平等性"扶持。这些"平权化"政策,主要应该包括:为中小微企业提供专门的贷款担保,设立一些专门的信贷机构,制定专门的更加便捷的政府采购流程,进行专门的货款拖欠清理,实施更加优惠和更加便捷的税收政策,提供技术服务和管理培训,等等。通过这些政策,大力促进中小微企业发展,就可以为经济发展提供源源不断的"活水",也可以促进民营经济进一步壮大。

(四) 关于招商引资中的"非平等性"优惠政策

我国地方政府在招商引资当中,常常对特定企业实行特殊优惠政策。其实,国外也存在这种情况。例如,日本经济学家大野健一在其著作中,就描述了新加坡政府不但通过改善营商环境来吸引企业投资入驻,也通过单独谈判给特定企业提供特殊支持政策,以引进世界级的旗舰公司,因为旗舰公司好比"蜂王"公司,能引来大量的"蜂群"企业。[①] 美国这样的情况也不少见。

长期以来,我国各地政府都有自己的招商引资优惠政策,各地政策尺度和力度并不一样,而且在同一个地方,对不同企业可以有不同的优惠政策。2014 年,国务院曾发出《关于清理税收等优惠政策的通知》。该通知表示,一些地区和部门对特定企业及其投资者等,在税收、非税收入和财政支出等方面实施了优惠政策,但一些优惠政策扰乱了市场秩序,并可能违反我国对外承诺;应清理规范税收等优惠政策,反对地方保护和不正当竞争,除依据专门税收法律法规规定的税政管理权限外,各地区一律不得自行制定税收优惠政策,未经国务院批准,各部门起草的法规、规章、发展规划和区域政策都不得规定具体税收优惠政策;严禁以优惠价格或零地价出让土地。不过,此后不久的 2015 年,国务院

---

① 大野健一:《学会工业化》,中信出版社 2015 年版,第 79 页。

发出的《国务院关于税收等优惠政策相关事项的通知》表示，各地区、各部门已经出台的优惠政策，有规定期限的，按规定期限执行；没有规定期限又确需调整的，由地方政府和相关部门按照把握节奏、确保稳妥的原则设立过渡期，在过渡期内继续执行；各地与企业已签订合同中的优惠政策，继续有效。2017年，国务院办公厅发出《关于进一步激发民间有效投资活力促进经济持续健康发展的指导意见》再次表示，要认真履行与民营企业签订的合法合规协议或合同，不得以政府换届、相关责任人更替等理由拒不执行，不得随意改变约定，不得出现"新官不理旧账"等情况。

把"三公一平一同"作为我国企业发展基本政策的主线，那么，地方上招商引资对不同企业实行不同的优惠政策，是否违背这条主线呢？是否也需要将这种情形作为"三公一平一同"的例外而进行"排除"呢？这是一个难以简单以"是"和"非"来回答的问题。因为，在实际当中，地方政府招商引资时往往对大企业实行更多的优惠政策，而大企业恰恰以国有企业、跨国公司居多。结果就是民营企业在资源要素获得方面、在公平竞争方面，处于弱势地位。也就是说，招商引资中的差别化政策，已与所有制歧视交织在一起。我们要构建企业发展基本政策，应该对这一议题进行梳理和分析。

四、同等对待各类市场主体并激发人们的殖产创新提升效能精神

（一）法律对待和政府对待的一视同仁

"三公一平一同"提出，各种所有制主体应该"同等受到法律保

护"。如果将这一表述更改为"同等受到政府对待和法律对待",更加妥帖和完整。

法律不仅仅是保护企业。以法律公平对待各类企业,涉及各个方面。法律应该保护企业的法定权利,但也应该惩处违法企业。同时,关于企业的法律还有一个非常重要的方面,就是打通企业依法退出竞争、退出市场的渠道,使劣势企业可以歇业破产,这不但有利于出资者"止损"和从头再来,也有利于优化资源配置、改善竞争秩序。不管是保护、惩处,还是引导、促使企业退出,对各类所有制企业都应该同等对待。这就是同等受到法律对待的意义。但在实际当中,国有企业常常受到优待,譬如困难的国有企业很难实施法治化破产,这就会导致市场不能及时和公正出清,实际上这也是一种不平等竞争。

企业除了受到法律对待,也受到政府对待。政府对待和法律对待不完全是一回事。政府对待首先就是政府监管,如环境和生态保护监管、安全生产监管、劳动环境和劳动者保护监管等。政府监管是企业必须日常认真对待的事项,政府监管又难免有一些自由裁量,这就存在一个如何规范监管、如何同等监管的问题。最近几年,我国对环境、安全的监管日益严厉。例如,2018年全国各地掀起了环保督察风暴,一批企业关闭,一批企业停产,一批企业整改,一批企业搬迁,但是,对于"散乱污"企业的界定,对于综合整治措施的可行性,各地没有明确的规定。除了政府监管之外,政府对待还包括其他方面,譬如,无论市场机制如何发达,政府仍然可以直接和间接分配一些资源,包括资金补贴、税收优惠、政府采购、政策性贷款或贴息等。不管是政府实施监管,还是政府分配资源,民营企业常常比较"吃亏",当然,其中有比较复杂的原因,也有民营企业自身的问题。

未来相当长的时间里,国家应该综合施策,逐步化解上述诸多"不同等"对待。所以,不同所有制主体"同等受到政府对待和法律对待",应该成为我国企业发展基本政策的一项重要内容。

（二）殖产创新和提升效能是基础中的基础

我国企业发展基本政策，还应该包含激发行为者殖产创新和提升效能的精神，特别是企业家精神的内容。这也许并不是某一单项政策，之所以应列入企业发展基本政策，是因为它是基础中的基础。

怎样才能实现国家经济繁荣？当然需要企业发展和企业之间的竞争。但是，其前提是更多的人愿意兴办企业、发展产业，并提升效能。美国经济学家安德烈·施莱佛的研究显示，是否引导人才向殖产兴业的生产部门配置，是否有更多的人从事企业家活动和创新活动，是能否获得经济增长的关键性原因[1]。另一位美国经济学家威廉鲍莫尔，将企业家分为生产性、非生产性、破坏性企业家三种类型，他的研究显示，人群中并不缺乏具有企业家潜质和才能的人物，企业家精神的供给似乎不是问题，但企业家才智可以在多种用途之间配置，将企业家才能尽量配置到生产性活动上，经济才会更快更好发展，而游戏规则的设定更为关键，合理的游戏规则可以助长这样的配置[2]。还有一些研究显示，文化、环境、氛围会影响人的选择和企业家精神的焕发，譬如马克斯·韦伯的分析表明，新教文化将普通人从事创造财富的工作视为"天职（calling）"，有力地激发了资本主义创造财富、殖产兴业精神。在这种精神的激励下，人们不以获得利润、积累财富为耻辱，并且不知疲倦、不畏艰辛、不满足于现状，正因为此，17世纪以来，欧洲大陆的北部地区以及英格兰地区，才迅速获得了经济增长的强劲而持久的动力[3]。日本经济学家大野健一的研究显示，在18世纪，日本人并不勤奋进取，

---

[1] 安德烈·施莱佛："人才的配置：对增长的影响"，载于《掠夺之手：政府病及其治疗》，中信出版社2017年版，第67—95页。

[2] 威廉鲍莫尔：《企业家精神》，武汉大学出版社2010年版，第28—55页。

[3] 马克斯·韦伯：《新教伦理与资本主义精神》，陕西师范大学出版社2005年版，第26页、第33页。

工人懒惰、散漫，企业劳动生产率低下，但是经过政策的引导和督促，以及民间的集体努力，提升企业能力的行动被持续推进，如引入和推广一些管理工具和规程，加强培训和咨询。几十年之后，日本企业和工人的面貌都焕然一新。新加坡独立之后，政府也推行了"生产力运动"，国家颁布了《工业进步宪章》和《生产力实施法典》，此后数十年里持续推进"生产力运动"，在国民意识改变、人力资源提升、管理意识强化、工艺技术提升等各个方面发力，效果非常显著。韩国在朝鲜战争之后不但经济凋敝，而且民众情绪低落，人们懒散、消沉，20世纪70年代，时任总统朴正熙开展了著名的"新村运动"，他把这项运动定义为"国民发展观念的基本转变，经济发展和精神启蒙的齐头并进"，该运动的三大口号是"勤勉，自助，协同"，政府设立了"中央咨询委员会"来指导和推进这项工作，并设立基金对民间有关行动进行支持，对"懒惰"的村庄进行批评，并停止资金援助，将民众组织起来进行培训和就业……这些工作虽有争议，但对于改变人们精神面貌、促进经济发展还是起到了积极作用①。

所有这些研究和事例都显示，要构建企业发展基本政策，在政策设计上激发人们的殖产创新和提升效能的精神，绝对不可或缺。

我国一直比较重视激发人们的殖产创新和提升效能的精神。在改革开放前，政府就大力倡导"自力更生，艰苦奋斗"。虽然由于时代局限，容易使人将"自力更生"与封闭联系在一起，但其中鼓励人们自强的内容是不可否认的。改革开放以来，政府更是鼓励"勤劳致富"。在最近几年"消除绝对贫困"的行动中，政府也提倡"扶贫更要扶志和扶智"。

特别是2015年以来，我国政府大力推行"大众创业，万众创新"，即"双创"。在激发创新精神的同时，也倡导"工匠精神"。政府大力

---

① 大野健一：《学会工业化》，中信出版社2015年版，第40—42页、第83—86页、第167—188页。

推进相应的政策改革，譬如，推进商事制度改革和简政放权就获得了较好效果。我国实行商事制度改革，首先就是注册资本由实缴制改为认缴制，其次就是实行证照制度改革，全面实施"先照后证""三证合一""五证合一""一照一码"。我国还持续推进"放管服"改革，如开展企业名称登记管理制度的改革，放开企业名称的数据库，由预审改为由企业自行选择；优化企业经营范围登记方式，由工商部门来审核改为由企业自主选择，不需要工商部门批准。这些具体的政策改革，有力地激发了人们的创业热情，新登记的企业户数不断快速增加就是一个明证。

我国还大力推进营商环境改革。世界银行自2003年以来对世界上近200个经济体进行营商环境排名，在2016年之前，我国一直排在八九十位。2017年，中央提出"营商环境也是生产力"，要求各地由过去追求优惠政策"洼地"，转为打造公平营商环境的"高地"，真正做到审批更简、监管更强、服务更优，把优化营商环境作为推动经济高质量发展的重要支点。通过大量的政策改革，我国营商环境有了明显改善。2019年，我国在世界银行的营商环境全球排名中，上升到第46位，首次进入世界排名前50位的经济体之列；2020年又上升到第31位。2019年底，国务院颁布了《优化营商环境条例》，表明了持续优化营商环境的决心和意志，申明了市场化、法治化、国际化的营商环境优化原则。可以预计，营商环境的进一步优化，将使殖产创新和提升效能的精神得到持续激发。

五、基本结论

我国比较完整的企业发展基本政策，应该是"三公一平一同，调整排除激发"。也就是说，除了"三公一平一同"，还要对国有经济布局和国有企业资本结构进行调整，对不适用"三公一平一同"的领域进行规范化排除，对人们的殖产创新和提升效能的精神进行激发。

确立这样的企业发展基本政策，有利于长时间为较好地处理各类企业之间的关系提供指引，有利于促进企业部门健康发展和经济稳健增长。这样的企业发展基本政策，也比国际上流行的"竞争中性"政策指南更加完整，更加符合我国国情。确立这样的企业发展基本政策，还可以为我国参与全球治理规则磋商提供谈判遵循，并建立话语权优势和制定规则的主动权。

如果确立了这样的基本政策，就应该系统性地清理各种涉企文件，使各式各样的政策和规定逐渐向基本政策收敛。

第三章
从路线性区分、战略性倾斜到公平性竞争

上一章提出了我国企业发展基本政策的构想。这个基本政策的主干，就是"三公一平一同"。本章将对这个主干进行阐述。

我国到现在已有数千万个企业。如果将个体工商户也包括进来，则有上亿个市场主体。企业之间本身就有很大差别，国家往往根据这些差别对企业进行区分。首先，长期以来形成的所有制区分，是按照出资者的身份，将企业分为国有企业、外资企业和内资民营企业。其次，按照规模划分，可以区分为大、中、小、微型企业。当然，还可以按照所从事业务的行业和技术，区分为重工业企业和轻工业企业、高科技企业和非高科技企业，等等。

企业之间的差别客观存在。问题在于，政府是根据这些客观差别对企业实行区别对待，还是尽量一视同仁。这个问题的答案，与国家所持的理念以及国家所处的不同发展阶段有很大的关系。这个问题在我国更加"兹事体大而允"，因为企业的规模、行业等方面的差别，常常与所有制差别联系在一起。

一、路线性区分和战略性倾斜的历史轨迹

（一）新中国成立初期的路线性区分和战略性倾斜

本书前两章已经初步阐述，在新中国成立之后较长一段时期里，我国秉持走社会主义道路、对资本主义工商业进行社会主义改造的思想理念，将发展公有制经济，特别是发展国有经济，视为社会主义路线，因此私营企业、外资企业无法与公有制企业进行平等竞争。那时，即使允许私营企业在一定范围内存在，也对它们施行了很多限制性政策。例如，在原材料供应、销售渠道、销售价格等方面对私营企业进行限制，同时对公有制企业大力扶持。这是那个时代企业发展政策的主题。

与此同时，国家对一些重要行业和重点企业，实行战略性倾斜政策，即对它们的发展，在国家资金提供、能源和原材料供给、交通运输保障、建设项目审批等方面，大开绿灯，优先办理。在二十世纪五六十年代，国家将重工业视为战略性行业，所以将有限的国家资金向重工业领域进行倾斜，大力扶持一些重工业行业的发展，重工业国有企业自然集诸多宠爱于一身。国家在1953年开始实施第一个五年计划，具体任务就是，建立社会主义工业化的初步基础，进行以重工业为主的工业建设。资料显示，当时苏联和东欧国家援建的156个重点工业项目，主要是能源、金属、化工、机器设备、汽车、拖拉机等重工业项目；在工业基本建设投资中，制造生产资料的投资占比为88.8%，制造生活资料的投资占比为11.2%[①]。显然，重工业获得了战略性倾斜政策的对待。

---

① 孙健：《中华人民共和国经济史》，中国人民大学出版社1992年版，第128页。

这种战略性倾斜政策并没有随着"一五计划"的结束而终止，而是持续了很长时间，特别是在1958年前后，国家还把钢铁工业作为重中之重进行扶持，当时有"钢铁元帅升帐"的说法，就是希望我国钢铁等重要产品的产量，在十几年甚至几年之内超过英国、追赶美国，所以一时兴起了全民"大炼钢铁"的热潮。不过，全民炼钢是特定时代的产物，造成了巨大的浪费、损失和后遗症。除了钢铁、能源，其他重工业，包括机械、造船等行业，以及军工行业，都曾经是战略性倾斜政策的受益者，这些行业中的企业自然"近水楼台先得月"。在新中国成立后很长一段时间里，我国大型企业绝大多数是重工业企业，而且以中央兴办和管理的国有企业为主；而轻工业企业，大多数是中小型企业，而且以地方兴办和管理的国有企业为多数，一些还是集体企业。有意思的是，那些大型重工业企业，往往也是工资高、福利待遇好的企业，而中小型轻工企业的工资福利就差一些。所以，当时很多人愿意到重工业企业去工作。当然，轻工业企业的职工待遇，即使比不上重工业企业，但也比农民好得多，所以农民如果能到轻工业企业当工人，哪怕是到街道集体企业当工人，那也是"鲤鱼跳龙门"的天大好事。因此，产业倾斜其实也是待遇倾斜、福利倾斜，当时讲的"三大差别"，即城乡差别、工农差别、脑体差别，实际上并不完整，因为轻重工业之间也存在巨大差别。由于过度的倾斜性政策，一度造成了严重的行业比例失调，轻工行业特别是与老百姓日常生活密切相关的那些轻工行业，被战略性倾斜政策所挤压，一些轻工产品的市场供给出现了严重短缺。

（二）改革开放以来的倾斜性产业政策

改革开放之后很长的时间里，尽管国企和非国企之间的路线性区分在逐步弱化，但政策支持和资源获得的差别性待遇在这两类企业之间仍然客观存在。更重要的是，战略性倾斜政策，借助于国家规划和产业政策的新形式，仍然得到维持，并在客观上对国有企业起到支持性作用。

自 20 世纪 80 年代以来，尽管指令性计划不断被弱化，企业之间的自主经营和自主竞争不断强化，导致五六十年代那样通过资金笼子等方式的倾斜政策的奏效性有所下降，但国家还是可以通过指导性计划和五年规划，以及对投资项目审批和对金融资源、重要物资的掌握，来实行倾斜性支持。此后，又通过产业政策来实行倾斜性支持。1985 年，党的全国代表大会通过的《中共中央关于国民经济和社会发展第七个五年计划的建议》，首次把产业政策推上了台面，该建议指出，"要把汽车制造业作为重要的支柱产业，争取有一个较大的发展"。1989 年，国家颁布的《国务院关于当前产业政策的要点》，是我国第一部系统性的产业政策。这一要点列出了需要重点支持和需要严格限制的产业乃至产品，并提出要通过计划、财政、税务、信贷、外贸和外汇等手段来实施产业政策。

在所有获得产业政策的倾斜性支持的行业中，汽车行业很具代表性。如果说 1985 年发布的《中共中央关于国民经济和社会发展第七个五年计划的建议》，仅仅把汽车行业作为一个整体进行倾斜性扶持的话，那么到了 1994 年，国务院颁布的《九十年代国家产业政策纲要》，就开始有选择地扶持汽车行业中的某些重点企业了，这就是所谓的"挑选赢家"的政策。这个政策纲要明确提出，"汽车工业要尽快形成少厂点、大批量的生产体制和国际竞争力"。同年，国家有关部门发布实施了《汽车工业产业政策》，更加明确地提出，要支持 2 家到 3 家汽车生产企业迅速成长为具有相当实力的大型企业，6 家到 7 家汽车生产企业成为国内的骨干企业，8 家到 10 家摩托车生产企业成为面向国内外两个市场的重点企业；促使同一类汽车产品产量居国内前三位的企业的销售量在国内市场占有率达到 70% 以上；引导大型企业与骨干企业实行"强强联合"，在 2010 年以前形成三四家具有一定国际竞争力的大型汽车企业集团，和三四家大型摩托车企业集团；对具有独立的产品、技术开发能力和一定生产规模及市场占有率的汽车、摩托车及其零部件生产企业或企业集团，重点予以支持。这个文件还列出了倾斜性支持的具体政策，例如，固定资产投资方向调节税为零税率，优先安排股票和债券的发行与上市，银行在贷款上给予积极支持，在利用外资计划中优先安排利用境外资金等。根据汽车产业政策有关文件的精神，政府部门在当时选择了"三大三小"汽车企业进行重点扶持，"三大"是一汽、二汽、上汽，"三小"是北京吉普、天津夏利、广州标志。可以看出，"三大"是国有企业，"三小"是国有企业兴办的外资项目，此时的产业政策对民营企业缺乏眷顾，虽然原则上对利用外资采取积极态度，但具体对待也有不少限制措施，而且要经过比较烦琐的审批、核准程序。

到了21世纪，汽车行业还在实行倾斜性支持的产业政策。2004年，国务院颁布了21世纪的《汽车产业发展政策》。21世纪的汽车产业发展政策虽然强调，要适应不断完善社会主义市场经济体制的要求，以及加入世贸组织后国内外汽车产业发展的新形势，要坚持发挥市场配置资源的基础性作用与政府宏观调控相结合的原则，要创造公平竞争和统一开放的市场环境，要着重激励汽车生产企业提高研发能力和技术创新能力，但也继续提出要推动汽车产业结构调整和重组，提高产业集中度，避免散、乱、低和重复建设，要通过市场竞争形成几家具有国际竞争力的大型汽车企业集团，力争到2010年跨入世界500强企业之列，并培育一批有比较优势的零部件企业实现规模生产并进入国际汽车零部件采购体系。不过，有所改变的是，在具体政策措施上，这个文件没有了十年前那么多和那么具体的扶持政策，只是简单地提出，企业自主开发产品的科研设施建设投资，凡符合国家促进企业技术进步有关税收规定的，可在所得税前列支；国家在税收政策上对符合技术政策的研发活动给予支持，譬如，支持研究开发天然气、混合燃料、氢燃料等新型车用燃料，支持汽车、摩托车和零部件生产企业建立研发机构，形成产品创新能力和自主开发能力等。可见，随着我国市场化改革的推进，产业政策的确发生了很多改变。

类似的倾斜性支持政策，也存在于另外一些被政府认为具有战略重要性的行业当中。钢铁行业即使在改革开放之后，仍然受到国家的高度重视。除了在二十世纪八九十年代制订的有关计划和规划外，2005年，国家还专门颁布了《钢铁产业发展政策》，把钢铁产业定位为国民经济的重要基础产业和国家实现工业化的支撑产业，提出要扩大具有比较优势的骨干企业集团规模，提高产业集中度；还提出钢铁冶炼企业数量要实现较大幅度减少，到2010年，国内排名前10位的钢铁企业集团的钢产量占全国钢铁总产量的比例要达到50%以上，到2020年，这一比例要达到70%以上；要支持企业建立研发机构，提高创新能力，大力发展具有自主知识产权的工艺、装备技术和产品。这个产业政策的具体措施包括：对于以国产新开发装备为依托建设的钢铁重大项目，国家给予税收、贴息、科研经费等政策支持；鼓励有条件的大型企业集团进行跨地区的联合重组，到2010年，形成两个3万吨级、若干个1000万吨级的具有国际竞争力的特大型企业集团。不难看出，这样的产业政策有利于在位的国有大型企业，不利于新挤入的民营企业，因为新挤入的民营企业很难一步做到很大，只能从小规模干起，而且这个行业对境外资本也没有很高的开放程度。

汽车产业和钢铁产业只是缩影，其他一些重要的重工业行业，在改革开放以来的很长时间里，也享受了倾斜政策的支持。例如，2010年在全球金融危机后，我国制订了十大产业调整与振兴规划，这十大产业分别为钢铁、汽车、船舶、石化、纺织、轻工、有色金属、装备制造、电子信息以及物流业这十个行业，其中绝大部分是重工业行业。纺织、轻工、物流虽然也列入其中，但受到重视的力度远远不如重工业行业和电子信息行业。资料显示，1978—2009年这32年，我国政府部门颁发的政策法规共有1300多个，平均每年40多个，其中关于汽车工业的重要政策法规有二十多个①。这些政策法规大都涉及产业政策和倾斜性支持措施。虽然 21 世纪以来的倾斜性政策表面上已不再重点扶持国有企业，但客观上仍然难以摆脱所有制维度的政策效果。

（三）倾斜性政策的是非功过

在战略性倾斜政策的支持下，汽车、钢铁、船舶、石化、装备制造、电子信息等行业的企业，特别是其中的大型企业、重点企业，尤其是大型和重点中的国有企业，容易在项目核准、土地获得、贷款等方面获得政府支持，并能获得一些税收优惠。所以，不同行业的企业，甚至同一行业内不同规模、不同所有制的企业，就受到了不同的政策待遇，企业之间难言平等竞争、优胜劣汰。

不过，对这些战略性倾斜政策的是非功过，或许还要进行理性和客观分析。特别是改革开放以来，以产业政策等方式来实施战略性倾斜政策，并不是我国的独创。我国的产业政策以及相关举措，很大一部分是学习借鉴日本、韩国等国家的结果。当然，我国的政策多一些计划经济的遗留手段，我国政府也更加强势。日本、韩国等国家，在第二次世界大战之后的一段时期里，之所以实行战略性倾斜的产业政策，有其时代背景，也有其政策理论。日本在战后重建时期非常有名的经济学家有泽广巳，是日本产业政策的主要推动者之一，他在当时提出的"倾斜生产方式"，主要就是面向重工业的产业政策②。根据学者的梳理，从日本的实际情况来看，所谓的产业政策，大致涵盖了四个方面：第一是产业结构政策，就是一个时期重点发展哪些产业，特别是把哪些产业作为

---

① 陈士华："汽车工业"，载于国家统计局编《新中国 60 年》，中国统计出版社 2009 年版，第 228 页。

② 吴敬琏："产业政策的研讨需要深化"，载于吴敬琏主编《比较》第 87 辑，中信出版社 2016 年版，第 262 页。

支柱产业进行发展;第二是产业组织政策,就是一个产业内重点扶持几个企业做龙头;第三是产业布局政策,把哪些产业放在哪个地区更好;第四是产业技术政策,就是某些产业重点发展哪些技术和工艺[1]。

日本等国为什么要实施战略倾斜性的产业政策?根据一些学者的分析,许多支持产业政策的日本学者和政策制定者都声称,由于日本缺乏资源禀赋优势,在第二次世界大战结束之后的经济恢复和重建时期,为了尽快追赶先进工业国,为了提高日本产业的国际竞争力和实现"贸易立国",同时因为存在由规模经济、外部性、垄断、各国的产业发展水平不同等因素而引起的"市场失灵",所以必须要实行产业政策[2]。日本产业政策的效果到底如何?这方面的争议颇多,一些人认为效果显著,另一些人则认为效果不大,甚至有人认为负面作用大于积极作用。之所以有这么多争议,除了政策理念各不相同以外,一个重要原因就是对政策效果进行定量分析并不是一件容易的事情。

不过,随着时间推移,支持实行产业政策的学者和官员都更少了。越来越多的人认识到,市场配置资源对于产业发展和经济增长来说,更能发挥作用,而倾斜性政策,即使以产业政策的面目出现,也往往事与愿违,且会引起一些严重的副作用和后遗症。吴敬琏的研究表明,20世纪70年代之后,"横向的"或者称为"功能性的"产业政策被更多学者支持,这类政策的主要特点就是最大限度地发挥市场机制的作用,而政府则通过向社会提供信息等方式来发挥诱导作用[3]。

大致可以判断,即使要实行倾斜性的产业政策,主要还是在一个国

---

[1] 张文魁:"产业政策需要正本清源和理论反思",载于《中国经济报告》,2017年11月。

[2] 江飞涛:"日本的产业政策",载于吴敬琏主编的《比较》第87辑,中信出版社2016年版,第252—258页。

[3] 丹尼·罗德里克:《相同的经济学,不同的经济政策》,中信出版社2009年版,第1页。

家的外延追赶发展阶段。在这个阶段，把一些产业作为战略重点，实行倾斜性支持政策，如果措施得当，并且政治经济社会的其他方面条件具备，可能会取得一些良好效果。因为后发国家在这个阶段，可以在较大程度上直接效仿先发国家的产业发展经历和经验，并避免那些国家曾经走过的弯路和错路，通过政府手段加快一些重要产业的发展进程。在这个阶段，选择和确定重点扶持的产业，在较大程度上是常识，或者是显而易见的。譬如，在工业化初期阶段，需要重点发展机器设备制造业，只有这个行业得到充分发展，其他行业才有机器设备可用，而要发展机器设备工业，就需要以钢铁工业、能源工业的足够发展为前提。在选择过程中，如果能进行一些简单的理论分析，则更能拓宽视野。譬如，可以优先发展规模经济性更强的产业、关联效应更强的产业、收入需求弹性高的产业，并扶持这些产业中的优势企业等。但是，即使政府能够正确地选择战略性产业，要使整个政策获得成功，也需具备一些前提条件。譬如，政府比较廉洁，产业界的利益集团不容易将政府俘获，政策制定层具有较强的分析判断能力。更重要的是，市场机制不会受到明显的破坏，而且企业即使受到阶段性扶持和保护，也不会失去强烈的进取精神和国际竞争意识。

在我国，改革开放以来实行的战略性倾斜政策，其效果如何，受到的质疑更多。那些受到大量支持的行业，特别是这些行业的大型企业，它们通常是国有企业，其发展业绩并不尽如人意。相反，许多得不到战略性支持的行业，反而获得了更大的发展，甚至稳步提高了国际竞争力，例如纺织行业。改革开放以来纺织行业从来没有被国家列入战略重要性行业，更不会被当作支柱产业，尤其是21世纪以来，国家几乎不再关注这个行业，国有企业在这个行业也不再占有主导地位，但是根据一些研究，正是这个不受国家关注和扶持的行业，在21世纪以来，反而在市场力量的驱动下，根据需求变化和技术变革，经历了自动增产能和自动去产能的过程，而且利润率比较稳定，工艺技术、产品品类都有了很大跃升，国际竞争力显著提高。这些积极变化，是来自市场机制和民营资本的力量，而不是政府扶持和国有资本的力量。① 国内还有不少行业，外商投资在某些时期占有很重要的地位，外资企业不仅带来了资金，也带来了产品、工艺、设备、技术、全球供应链和市场网络，对产业发展起到了很大的促进作用。

二、市场体制下的公平性竞争具有关键意义

（一）竞争扭曲的危害

一方面，实际情况使越来越多的人认识到市场竞争机制的力量；另一方面，大量的学术研究成果也显示，在一个市场化不断推进、全球化不断深入的环境中，市场竞争比政府扶持更加重要，如果政府的政策导致竞争扭曲，就会抑制企业部门的活力，损害企业部门的国际竞争力，最终会拖累国民经济的持续和健康发展。阿吉翁等经济学家利用我国工业企业数据进行的研究表明，市场竞争是促进我国企业部门发展壮大的关键性因素，即使我国要实行一些支持性政策，也应该面向竞争程度更高的部门，而且应该引导企业之间进行更多的竞争和更多的创新，这样才能促进资源向生产率更高的企业集中，从而提高国家经济增长速度和全球竞争力②。Brandt 等人针对中国的研究也表明，不应有的限制竞争的政策会导致明显的竞争扭曲，从而产生资源错配，特别是资源在国有

---

① 张文魁，"2016 年全年和 2017 年前两月经济为何改善"，载于《经济观察报》，2017 年 4 月 2 日。

② 菲利普·阿吉翁，蔡靖，马赛厄斯·德瓦特里庞，杜罗莎，安·哈里森，帕特里克·勒格罗："产业政策和竞争"，载于吴敬琏主编《比较》第 82 辑，中信出版社 2016 年版，第 30—60 页。

企业和非国有企业之间的错配，拉低了生产率的增速和经济增速，如果能够消除这些竞争扭曲，中国经济增长可以有更好的表现①。Hsieh 等人从更宽的视角研究了竞争扭曲导致的资源错配问题，他们的分析表明，中国和印度与美国之间存在巨大的生产力差距，在很大程度上可以用竞争扭曲导致的资源错配来解释。美国也存在这个问题，不过相对而言要轻得多，如果能够消除这个问题，美国制造业的全要素生产率可以提高 30%—43%，中国可以提高 85%—115%，印度可以提高 100%—128%②。

我国越来越多的研究者也意识到了竞争扭曲的负面效果。国务院发展研究中心与世界银行的联合研究报告，重点阐述了增长阶段变化所导致的政策挑战。该项研究认为，经过三十余年的改革开放和高速发展之后，中国必将从追赶式增长转向内生式增长，而在新的增长阶段，不仅潜在经济增速会逐步下滑，而且增长的驱动因素会发生重大变化，在过去的阶段所积累的产品市场和要素市场的重大扭曲，将构成阻碍增长的重大因素，因此，企业部门的改革尤其重要，改革的核心应该是扩大非国有企业和国有企业之间的竞争，改善竞争环境的公平性，从而提高资源配置效率和生产率③。有关学者还进一步阐述了增长阶段变化对政策挑战的严重性，并指出，过去的高速增长是在外延追赶的旧轨道上疾行，而未来必定要转向内生平衡增长的新轨道。在新轨道上，公平竞争的政策环境至关重要，因而必须要推行一揽子结构性改革，不但要大力发展非国有企业，改革国有企业，还要更多地融入全球化体系，接受全球规则，这样才可以使中国的经济增长保持一定的速度，且逐步提高增

---

① Loren Brandt, and Xiaodong Zhu, "Accounting for China's Growth", IZA Discussion Paper 4764, Institute for the Study of Labour.

② Hsieh, C., and P. Klenow, 2009, "Misallocation and Manufacturing TFP in China and India", Quarterly Journal of Economnics, vol cxxiv, November, Issue 4.

③ 国务院发展研究中心、世界银行："2030 年的中国：建设现代、和谐、有创造力的社会"，中国财政经济出版社 2013 年版，第 85—126 页。

长质量①。

(二) 不同类别企业之间的竞争扭曲

竞争扭曲有很大一部分来自国有企业与非国有企业之间的不平等待遇。不同所有制企业之间的不平等待遇，既是一个独立性事件，也是一个与产业政策有关的关联性事件。之所以说这是一个独立性事件，是因为路线性区分尽管在改革开放之后呈现弱化趋势，但还是一直延续了下来，且没有继续消退的迹象。许多人认为，国有企业最可靠，所以就把资源配置给国有企业。还有一些人认为，非国有企业是"资本主义的剥削性"企业，政府当然应该限制它们的发展。之所以说这是一个关联性事件，是因为在历史上，那些获得战略性倾斜政策支持的重要产业，几乎由国有企业所控制，即便是改革开放之后，非国有企业获得了一定程度的准入，但它们实际上是从门缝里"挤"进来的，当然是配角，甚至是不太受欢迎的配角。更何况，作为后来者，它们中的民营企业大多数存在资金、技术、人才、管理方面的短板，它们中的外资企业则受到国家对外开放进程的制约。因此，这些重要行业的非国有企业难以得到平等对待。即使在那些不具有战略重要性的行业，这种情况也大量存在。总之，国有企业的先发优势、在位优势已经形成，并且它们与掌握大量资源的政府部门和金融等机构，有着天然的"血肉"联系。大量的事实表明，国有企业不公平地占用了很多资源，挤压了非国有企业的发展空间。从最重要的金融资源来看，非金融国有企业产出占GDP的比重从大趋势看一直处于下降当中，到2015年之后已经降到了25%左右或以下，但是它们占用的金融资源估计在50%以上。2018年，郭树清曾经接受《人民日报》的专访，特意谈到，据不完全统计，现在银行业贷款余额中，民营企业贷款占25%，而民营经济在国民经济

---

① 张文魁：《重构增长秩序》，中信出版集团2016年版，第3—43页。

中的份额超过 60%。民营企业从银行得到的贷款和它在经济中的比重明显地不相匹配,不相适应。而且,实际上,即使是这 25% 的贷款比重,发放给民营大企业的比例也相当大,而数量众多的中小微民营企业,能获得贷款的比例非常低,即使能获得贷款也要支付比国有企业更高的利息①。

除了金融资源配置方面的不公平之外,非国有企业,尤其是广大民营中小微企业在土地资源获取方面也处于劣势地位。绝大部分国有企业占用了大量的土地资源,且基本上属于国有划拨土地,也就是无成本土地。随着城市化的推进,这些土地大部分处于城市繁华位置,具有很高的价值,国有企业可以将这些土地改变用途,进行商业性开发和利用,获取相应收益。而广大民营中小微企业,却要支付土地出让金或者有偿租用土地进行生产,这自然是很大的成本。

在应对经营困难和经济波动风险等方面,国有企业比非国有企业有很大的政策优势。由于国有企业隐含了政府担保,当它们遇到经营困难和经济波动时,仍然可以获得政府的大力扶助,包括政府协调银行继续发放贷款,甚至当国有企业陷入严重的经营困境时,政府还可以进行债转股,以帮助国有企业逃离破产境遇。而非国有企业特别是内资民营企业,在获得贷款和担保方面,在获得财政资金支持、享受研发补贴等方面,都不如国有企业。

此外,内资民营企业在获得法律保护和监管待遇方面,也明显不如国有企业。当遇到合同纠纷等问题时,民营企业往往得不到应有的平等保护。在环境保护、安全生产等方面,民营企业也要面对更加严苛的要求。当然,某些民营企业可能存在法治观念不强、违法行为较多等问题。因此,政府也要引导和督促广大民营企业加强守法遵规经营,并要

---

① 郭树清接受专访:http://finance.sina.com.cn/china/gncj/2018-11-09/doc-ihnprhzw6068492.shtml。

增强安全生产、保护生态环境等方面的意识。

内资民营企业尤其是中小微企业在要素获得、资源配置、政府监管等方面可能要受到更加严苛的对待，而实际上，正是这些数量众多的中小微民营企业，吸纳了大量新增就业，活跃了市场，丰富了产品，促进了经济增长，而且它们中相当一部分企业具有较强的创新锐气和创新能力，无论在新业态、新模式方面，还是新技术、新产品方面，都贡献了自己的力量。

当然，也有一种声音，认为真正受到更严苛对待的实际上是国有企业，不是非国有企业。譬如，国有企业的税负比民营企业更重，所承担的社会责任，如就业方面的社会责任，比民营企业更大。这种观点也有一定理由，但总的来说，在我国，国有企业导致的竞争状态是我国经济发展中的主要问题。研究显示，我国的国有部门过于庞大，与非国有企业之间的竞争不公平，的确拖累了经济增长。如果稳步推进国有企业的混合所有制改革，就可以比较明显地促进经济增速的提升，只要每年将代表国有经济产出 10% 的国有企业进行混合所有制改革，不需要任何刺激政策，每年就可以提高经济增速约 0.5 个百分点[①]。

即使面对更加严苛的环境，但是在能够进入的领域，总体而言，非国有企业有着不错的表现。从发展事实上看，不少没有得到政策支持、以非国有企业为主的行业发展得更好。我国的信息技术行业（IT 行业），是公认的与世界先进水平差距最小的行业之一，这个行业以非国有企业为主。我国的电子商务、云计算和大数据、搜索、人工智能等领域，有不少世界级企业，它们掌握着先进技术。在这些领域中，是非国有企业而不是国有企业占主导。在电信设备和信息终端的生产领域，我国的著名企业华为技术，更是走在了技术前沿，华为公司的营业收入和

---

① 张文魁、袁东明：《国有企业改革与中国经济增长》，中国财政经济出版社 2015 年版，第 105—142 页。

市场占有率都位列世界第一方阵,华为就是民营企业。我国的生物工程、新能源等领域中,非国有企业也发挥着极为重要甚至主导作用,这些行业迅速缩小了与世界先进水平的差距。即使在那些曾经长期由国有企业主导的传统领域,例如钢铁、有色金属、汽车、工程机械等行业,只要民营企业获得了一定的市场准入,它们就能不断地发展壮大,增加市场份额,并且在创新方面不断发力,不断取得成就,成为越来越重要的力量。因此,在推进国有经济布局调整和国有企业改革的同时,让非国有企业特别是内资民营企业获得更多的行业准入和"三公一平一同"待遇,已逐渐成为共识,而且必将成为更加强烈的共识。

(三) 完善市场体制与强化竞争政策

在这样的共识下,竞争政策,也就是促进企业之间进行公平的、健康的竞争的政策,而不是产业政策,当然更非对国有企业进行特殊扶持的政策,正在成为基础性政策。国家政策正在向这个方向迈进,尽管进程并非那么一帆风顺。

在我国,强化竞争政策,与社会主义市场经济体制的建立与完善,是紧密联系在一起的。正如第一章所叙述的那样,在计划经济时代,并不需要企业之间的竞争,国有企业之间更不需要进行竞争,它们之间顶多只是实行一些"竞赛"。但是自从实行改革开放之后,随着市场机制的引入,企业之间自然而然地就产生了竞争。特别是当我国确立了建立社会主义市场经济的改革方向之后,加强竞争、增进竞争的公平性,就成了符合逻辑的政策。因此,公平竞争是市场经济的题中应有之义。1993年,党的十四届三中全会通过的《中共中央关于建立社会主义市场经济体制若干问题的决定》就明确提出,"国家要为各种所有制经济平等参与市场经济创造条件,对各类企业一视同仁"。也是在1993年,我国出台了《反不正当竞争法》,该法的目的就是保障社会主义市场经济健康发展,鼓励和保护公平竞争,制止不正当竞争行为,保护经营者和消费者的合法权益，并要求各级政府采取措施，为公平竞争创造良好的环境和条件。在现实当中，由于市场体制的发育和健全是一个较长的过程，所以"一视同仁"在很长时期里无法落地。21世纪以来，随着市场经济体制的逐步建立、认识的不断提高和法制的不断健全，经济运行中的竞争机制得到了强化，国家促进公平竞争的政策方针的清晰度也越来越高。2002年，党的十六大报告就比较具体地指出，要"放宽国内民间资本的市场准入领域，在投融资、税收、土地使用和对外贸易等方面采取措施，实现公平竞争"，"创造各类市场主体平等使用生产要素的环境"。可以明显看出，与党的十四届三中全会的方针相比，十六大的方针已经具有了很强的公平竞争意识。2003年，党的十六届三中全会通过了《中共中央关于完善社会主义市场经济体制若干问题的决定》，提出要加大力度发挥市场在资源配置中的基础性作用，建立完善的市场经济体制，并专门强调，"非公有制企业在投融资、税收、土地使用和对外贸易方面，与其他企业享受同等待遇"，"保障所有市场主体的平等法律地位和发展权利"。2007年，党的十七大提纲挈领地指出，要"形成各种所有制经济平等竞争、相互促进新格局"。在这些大政方针的指引下，企业之间，当然也包括各类所有制企业之间实行公平竞争的精神，开始嵌入法治进程当中。2007年，经过近20年的漫长立法历程，我国颁布了《反垄断法》。该法明确指出，要预防和制止垄断行为，以保护市场公平竞争，提高经济运行效率，维护消费者利益和社会公共利益，促进社会主义市场经济健康发展。这部法律还明确规定，国家设立反垄断委员会，这个委员会的职责之一就是研究拟订有关竞争的政策。这是我国首次将"竞争政策"纳入法律之中。不过，《反垄断法》也规定，国有经济占控制地位的关系国民经济命脉和国家安全的行业以及依法实行专营专卖的行业，国家对其经营者的合法经营活动予以保护。但是，对滥用行政权力排除、限制竞争的防范和处置，也缺乏具体可行的措施。

此后，强化市场机制的作用，强化竞争政策，成为一种不可逆转的大趋势。2012年，党的十八大更加具体地指出，"保证各种所有制经济依法平等使用生产要素、公平参与市场竞争、同等受到法律保护"。2013年，党的十八届三中全会通过了《中共中央关于全面深化改革若干重大问题的决定》，强调要"紧紧围绕使市场在资源配置中起决定性作用深化经济体制改革"，并首次完整地提出了"国家保护各种所有制经济产权和合法利益，保证各种所有制经济依法平等使用生产要素、公开公平公正参与市场竞争、同等受到法律保护，依法监管各种所有制经济"，从而"三公一平一同"基本成型。在这样的大背景下，竞争政策的地位在整个经济政策体系中的地位空前提升。2015年，党中央、国务院颁发《关于深入推进价格机制改革的若干意见》，首次提出"逐步确立竞争政策的基础性地位"。

将竞争政策置于基础性地位，不但是我国企业发展政策，也是我国经济政策的一个重大转折。这意味着，企业之间，特别是各类所有制企业之间，它们的基本关系就是公平竞争的关系，所有的政府政策，都不应该破坏和扭曲这种关系。而未来经济持续健康发展的推动因素，也来自企业部门的公平竞争。当然，正如本书前两章所指出的那样，竞争关系、"三公一平一同"准则，可能还需要有少数情形的例外，也可能还会有不能覆盖的角落，这可以通过"有限排除"的方式来处理，以及通过专门阐述的方式来强调。但是，这都不影响"三公一平一同"准则和竞争政策基础性地位的大局。正是在这样的大局观之下，国家后来陆续出台了具体的政策文件，来推动竞争政策的实施，使竞争政策的基础性地位进一步得到夯实。

比较成熟的市场经济国家，由于市场经济发育得更早，也更加完善，所以对竞争政策的重要性有更加充分的认识。美国自不必言，它长期以来实行鼓励竞争的政策，甚至反垄断执法有些矫枉过正。大多数欧洲国家都比较看重竞争政策。在欧盟成立之后，欧盟对成员国的违背公平竞争的政策保持高度警惕，其条约明确规定，成员国的产业竞争力"不得成为欧盟实施任何可能扭曲竞争的措施的基础"。欧盟国家虽然也有一些自己的产业政策，但是，这些政策的实施，必须得到欧盟总部竞争局的审查认可。即使是日本，早在产业政策实施时代，其法律也规定，对涉及违反公平竞争原则的政策，要事先征询反垄断机构的意见。二十世纪六七十年代，日本多次修改反垄断法，废除了绝大多数的"适用除外"制度，放松了对竞争的限制。从20世纪80年代开始，日本对竞争政策的重视程度更是不可同日而语，现在也基本确立了竞争政策的基础性地位。

我国促进企业之间公平竞争的政策，可以借鉴其他国家的经验和教训，在未来的高质量发展进程中发挥更加积极的作用。在2015年中央提出"逐步确立竞争政策的基础性地位"之后，2016年，国务院印发《关于在市场体系建设中建立公平竞争审查制度的意见》。明确要求建立公平竞争审查制度，防止出台新的排除限制竞争的政策措施，并逐步清理和废除已有的妨碍公平竞争的规定和做法。2020年，中共中央、国务院颁发《关于新时代加快完善社会主义市场经济体制的意见》。这个意见专辟一节，再次提出强化竞争政策基础性地位，强调要"夯实市场经济基础性制度，保障市场公平竞争"，具体提到要完善竞争政策框架，建立健全竞争政策实施机制，并要强化公平竞争审查的刚性约束，以及建立公平竞争审查抽查、考核、公示等制度。

当然，要使竞争政策基础性地位真正落地，要使"三公一平一同"成为现实，还需要大量的具体政策的实施。

第一，当然是要加大《反垄断法》《反不正当竞争法》等法律法规的执法力度，特别是对涉及国有企业和行政性垄断，应该要有更坚决的态度和更具操作性的实施细则，并要充实执法机构和人员。例如，应该对《反垄断法》中的市场支配地位、滥用市场支配地位、排除和限制市场竞争等规定，制定更加科学合理的、更加细化的标准，对于需由国有经济占控制地位的关系国民经济命脉和国家安全的行业，也应该有更加清晰的描述。

第二，应该加快金融体系改革、土地制度改革、人才制度改革，只有这些要素能够实行市场化配置，才能做到"各种所有制经济依法平等使用生产要素"。也就是说，企业部门是否能够实现公平性竞争，与市场化改革进程、市场体系建设进度密切相关。

第三，要大力推进法治国家的建设，大力推进政府体制改革，促进司法和行政的公正性，放松不必要的政府管制，这样才能实现"三公"和"一同"，才能营造宽松环境。也就是说，企业部门是否能够实现公平性竞争，也并不完全是经济政策的事情。

第四，要推进国有部门的改革，并对中小微企业实行一些扶持性政策。

第五，要进一步扩大开放，特别是要实行高水平开放。

实际上，需要推进的工作并不限于这五个方面。总之，这是一个综合工程，并不容易实现，但是，确立以"三公一平一同"为核心的企业发展基本政策，有利于这项综合工程的擘画和施工。

三、全球环境中的"竞争中性"与我国的"三公一平一同"

（一）全球化进程中的公平竞争与"竞争中性"

竞争政策基础性地位的确立，"三公一平一同"准则成为政策方针，在我国经历了曲折历程，这与我国从计划经济体制向市场经济体制转轨有关，也与我国发展阶段和发展环境的转变有关。其他一些国家，即使没有经过经济体制转轨，但在发展阶段和发展环境转变的历程中，也见证了类似的政策转折。日本等国在第二次世界大战后的企业发展政策历程中，也经历了从产业政策等战略性倾斜政策，逐步迈向竞争政策，并且日益强化竞争的公平性过程。日本等国所经历的这种政策转折，一方面，与其国内经济发展阶段发生变化、人们对市场机制的认识发生变化有关；另一方面，也与不断融入全球化环境、不断接受全球化规则、不断妥当处理国与国之间经贸关系有关。我国企业发展政策正在经历从战略性倾斜政策向公平性竞争政策的转折，这一进程自然会受到上述两个方面因素的影响。受两个方面因素的影响，特别是受到全球化发展环境和国际经贸规则的影响，并不意味着我国迫于外界压力而不得不改变政策，更意味着，我国在全球化进程中需要找到对自己最有利的新位置，与其他国家一道，共同完善促进全球共同发展的共同规则和合理秩序。

自从二十世纪七八十年代我国对外开放以来，我国是全球化的最大受益者之一，也是全球化最大贡献者之一。随着全球化的不断深入，公平竞争的理念不但在一个国家内部得到越来越多的认同，也逐渐成为企业之间在全球范围内竞争的一个重要准则。我国要继续融入全球化发展环境，也需要接受公平竞争的理念和准则。值得庆幸的是，我国根据自身体制转轨的要求和发展阶段的变化，比较主动地从路线性区分、战略性倾斜，勇敢地迈向公平性竞争，可谓与国际潮流不谋而合。

全球环境中的公平竞争理念和准则，正在浓缩为所谓的"竞争中性"（competitive neutrality）。这一词汇源自20世纪90年代初的澳大利亚。当时，澳大利亚中央政府为了在全国范围内形成一个真正的一体化市场，准备实施一些重要的政策改革。为了筹划这一改革，中央政府委托新威尔士大学希尔默（Hilmer）教授牵头，对1974年《贸易活动法》第四部分的实施障碍进行研究。长期以来，澳大利亚的《贸易活动法》第四部分，规定政府兴办的企业可以豁免适用该法，从而使政府兴办的企业在税费、监管、债务担保、经营绩效、破产重组等方面享有政策优待。由于《贸易活动法》第四部分的重点是竞争规则，所以希尔默教授于1993年提交了一份题为"论竞争政策"的政策研究报告。该研究报告提出，中央政府应与地方政府签署"竞争原则协议""行为准则协议""实施国家竞争政策及相关改革的协议"，对《贸易活动法》第四部分进行重大修改，取消政府兴办企业在竞争中的政策优待，现有的政策优待必须在一年内清零（neutralize）。该研究报告系统地提出了澳大利亚实行竞争政策改革的六大主要议题：企业的不正当竞争行为、竞争中不当的规则限制、国有企业的不适当垄断、基础设施的进入门槛、垄断定价、国有企业与私营企业竞争环境下的竞争中性。报告提出的"竞争中性"准则，是指政府兴办企业所从事的与私营企业竞争的商业活动，不得因为政府所有和控制而享有竞争优势。显然，"竞争中性"强调不同市场主体间的平等市场地位，特别是要防止国有企业享有政策优待而导致私营企业受到不平等待遇，从而导致竞争扭曲。

此后的十几年里，"竞争中性"理念和原则，逐渐在国际上得到认同，特别得到了OECD这些国际组织的认同。21世纪以来，OECD以"竞争中性"的视角，审视了全球经贸体系中的国有企业问题。OECD在2012年发表的《竞争中性：维持公有企业与私营企业之间的平等竞争》报告，对竞争中性原则的定义就体现在该报告的标题中，即维持公有企业与私营企业之间的平等竞争（maintaining a level playing field between public and private business）。该报告从八个方面来认定"竞争中性"：第一是简化国有商业企业的运营模式；第二是识别国有企业承担各类功能的成本；第三是国有企业应该保证实现合理的商业回报；第四是国有企业履行公共服务义务应保持透明度；第五是确保税收中性；第六是确保监管中性；第七是确保债务中性和补贴中性；第八是实行竞争性的政府采购。

OECD 等国际组织对"竞争中性"的阐述和推崇，对全球经贸规则谈判产生了重大影响。美国政府自 2011 年之后在全球经贸谈判中就积极推行"竞争中性"原则并兜售相关条款，特别是在跨太平洋伙伴关系协定（TPP）谈判中，将"竞争中性"的有关内容塞进了协定文本。虽然美国总统特朗普退出了 TPP，但是后来签署的 CPTPP 协议还是保留了这些内容。

（二）"竞争中性"的不足

不过，并不要神化"竞争中性"。事实上，在"竞争中性"的发源地澳大利亚，这一准则和标准并没有获得真正落地，也没有得到真正实施。在希尔默报告提交之后，澳大利亚中央政府的确颁布了《竞争原则协议》，专门阐述了"竞争中性"，声言要消除政府兴办的企业在重大经济活动中因政府所有权因素造成的资源配置扭曲，有关政府机构还构造出一套评价"竞争中性"的标准，包括市场的竞争性、行业进入门槛与公平性、资源配置的有效性、社会福利改善程度等。为了督促地方政府落实"竞争中性"，中央政府设置了定期评估等制度，还设立投诉办公室负责调查严重违背"竞争中性"的案件，并采取竞争拨款（competitive payments）方式鼓励地方政府推进这项政策改革。但遗憾的是，有关文件缺乏实施细则；更重要的是，"竞争中性"不可能有实施细则，因为其标准过于复杂且难以准确认定。不过，澳大利亚政府还是推进了一些重要的改革，例如，对重要公共贸易企业（PTE）和公共金融企业（PFE）实行公司化改造，还对政府垄断和自然垄断领域放宽了准入。有趣的是，希尔默报告认为，私有化未必是消除国有企业和非国有企业之间不公平竞争的最佳方式，特别是在一些公共服务领域，如果政府让私营企业进入，就可能导致服务质量下降、服务价格上升，但这些违背了公共利益，与"竞争中性"的本意背道而驰。尽管如此，澳大利亚政府还是对一些国有企业采取了部分私有化的方式进行了改革,这是"竞争中性"的始作俑者没有预料到的。

除了 OECD 之外,联合国贸易和发展会议(UNCTAD)也非常强调"竞争中性"准则的意义,但其对"竞争中性"的定义做了重要修正。该组织认为,所谓"竞争中性",不但指与私营企业竞争的国有企业不应该仅仅由于政府所有和控制而具有竞争优势,也不应该仅仅由于政府所有和控制而具有竞争劣势。显然,这个定义不仅强调国有企业具有的额外竞争优势,也强调额外竞争劣势。该组织列举了由国家所有和控制可能会给国有企业带来的竞争优势和劣势。优势包括免除相关税费、免于各种规则要求、明显的和隐藏的政府对企业债务的担保、优惠贷款、无须考虑折旧费用、无须考虑资产的商业回报、免于破产、各种补贴和优惠、垄断和义务优势(monopoly and advantage of incumbency)、信息优势等;劣势包括,更高的责任义务(greater accountability obligation)、公共服务义务、管理自主性约束、需要遵守各种政府相关政策(如工资、就业、行业事务)等。

可以看出,尽管"竞争中性"理念得到广泛认同,并且成为国际经贸协同的一项重要内容,但实际上,其实施性很差,原因就在于"竞争中性"的标准很复杂且难于认定。而且,国际机构之间对"竞争中性"的定义也存在重大差异,像 UNCTAD 这样的机构,将国有企业的竞争劣势也引入"竞争中性"框架中,会使其标准更加复杂、更加难以认定,当然,也更加无法落地和实施。

(三)"竞争中性"与我国的企业发展政策

我国在改革开放以来的四十多年里,越来越意识到,营造一个不同企业之间进行公平竞争的环境,极具重要性。我国还在立法层面,先后制定了《反不正当竞争法》《反垄断法》等各项重要法律,并且大力推进"放管服"改革和财税、金融、土地、监管、市场准入、国资国企等各方面的体制改革,出台了公平竞争审查准则,积极构建准入前国民待遇加负面清单制度。这些重要的政策改革，不管是否冠上"竞争中性"之名，实际上与"竞争中性"高度契合。我国要确立以"三公一平一同"为核心的企业发展基本政策，与"竞争中性"准则是毫不冲突的。

然而，必须要清醒地认识到，我国要确立企业发展基本政策，仅仅有"竞争中性"原则乃至其八大要素，仍然是远远不够的，甚至可以说，"竞争中性"根本没有抓住我国企业发展的要害。这个要害就是，如果不对国有部门进行根本性改革，"竞争中性"在中国不可能得到实施。"竞争中性"在澳大利亚无法真正实施，在中国目前也无法真正实施。中国的国有企业比澳大利亚和OECD其他国家的国有企业更加庞大，也更加复杂。首先，中国国有企业中有很多计划经济的痕迹；其次，中国国有企业中还有"新三会"和"老三会"的冲突；再次，我国国有经济的比重远高于澳大利亚等国家，而且国家还会坚持国有资本对一些重要行业保持控制；最后，国家可以比较方便地补充国有资本。由这四个方面因素引发的问题，不可能由"竞争中性"解决。即使不理会这四方面因素，"竞争中性"也有难以克服的实施成本，使"竞争中性"无法落地。因此，在我国，要确立竞争政策的基础性地位，要真正实现"三公一平一同"，就必须进行国有部门的改革。当然，也不仅仅限于国有部门改革，正如前文所阐述的，这是一项综合工程。不过，可以肯定的是，构建我国企业发展基本政策，并将如何推进国有部门改革的政策包含在企业发展基本政策之内，比接受"竞争中性"更加切中要害，更加切合实际，也更有可实施性。

四、基本结论

我国是一个社会主义国家,在传统理解中,企业的全民所有制属于最纯正的社会主义。改革开放以来,我国探索有中国特色的社会主义道路,并逐步确立了社会主义初级阶段理论和基本经济制度,民营企业等非国有企业被宪法和法律所接受。但是,在改革开放之后相当长的时间里,路线性区分、战略性倾斜仍然存在,特别是战略性倾斜到现在也难以完全消除,且常常与对国有企业的支持性政策联系在一起。不过,众多研究人员和决策层都已经认识到,公平性竞争在未来的发展阶段具有至关重要的意义,国家层面已经决定要确立、强化竞争政策的基础性地位,保障市场公平竞争,实现"三公一平一同"。这样的方针,与国际上越来越被广泛认同的"竞争中性"原则大致相吻合。但是,即使我国全面接受"竞争中性",也不能解决国有企业的根本性问题,以及国有企业与非国有企业之间不公平竞争的内在性问题,而构建我国企业发展基本政策,比接受"竞争中性"更加重要,也更加符合我国实际。我国已经制定了促进公平竞争、反对垄断的法律,下一步应该细化标准,充实机构与人员,加大法律实施力度。同时,不能忽视推进国有经济布局调整和国有企业改革,因为这是从根本上解决不公平竞争问题的一把关键性钥匙。

第四章

调整国有经济布局和国有企业资本结构

企业发展基本政策的一个重要议题,就是如何对待国有经济和国有企业。早在20世纪90年代,国家就提出,要从战略上调整国有经济布局,解决国有经济分布过宽、整体素质不高、资源配置不尽合理的问题;国有大中型企业尤其是优势企业,适于实行股份制的,要改为股份制企业,实行股权多元化,发展混合所有制经济。21世纪初,又进一步提出,加快调整国有经济布局和结构,大力发展混合所有制经济,使股份制成为公有制的主要实现形式。此后,中央文件多次重申和深化了有关论述。可以看出,中央推进国有经济布局和国有企业资本结构调整的方针一以贯之。但是,在实际当中,调整的进展并非一帆风顺,而且还时常出现一些争议。估计这一进程会持续相当长的时间,所以应该将国有经济布局和国有企业资本结构的调整,纳入我国企业发展基本政策当中,并在此基础上制定一些切实可行的配套措施,使这项历史性工作继续推进下去,从而促进"三公一平一同"顺利实现,促进我国经济实现高质量和稳健发展。

一、推进国有经济布局调整必须改革国有企业

(一) 国有经济占比的变化

在改革开放刚启动的时候,国有经济在我国经济中所占比重大约为80%,其余约20%为集体经济,非公有制经济几乎可以忽略不计。20世纪80年代,乡镇企业开始快速崛起。乡镇企业虽然名义上也是集体所有制企业,但其中不少是"戴红帽子"的私营企业,因为那时候私营企业不但难以获得重要物资和原材料,难以获得银行贷款,而且还面临政治上和法律上的风险。此时,国有经济仍然占有绝对主体地位。到了20世纪90年代,尤其是90年代后期,不但民营企业自身获得了很大发展,而且许多乡镇企业和国有中小企业改制为民营企业,因而国有经济在我国经济中所占比重快速下降。21世纪以来,这种下降趋势更加明显。虽然国家统计部门并不核算和发布国有经济在我国经济中的比重,但许多学者都做了测算,估计国有经济占GDP比重在30%以下。不过,在许多传统的重要行业,特别是那些被认为关系到国民经济命脉和国家安全的行业,譬如基础设施和公用事业、军工、能源、原材料、汽车、机械、运输、通信等行业,国有经济仍然占主导地位。在国务院国资委监管的中央企业中,70%左右的国有资本分布在石油石化、电力电网、通信、军工、交通运输、设备制造和电子信息这七大行业。

尽管看起来国有经济占比下降得比较明显,但是国有经济体量和国有资本总量仍然稳步增长。特别是2008年全球金融危机之后,国家采取了宽松的宏观政策,实行大规模经济刺激计划,由于国有企业获得贷款和发行债券比民营企业更加容易,因而我国国有企业的体量经历了比

较大的扩张,在一些行业和领域,国有企业所占比重和影响力,一反 2008 年之前的下降趋势,反而上升了。

(二) 国有经济是否更加强势

在这样的背景下,社会上出现一种声音,认为 2008 年之后国有经济比民营经济更加强势。从整体上来看,目前的数据无法支撑这种观点。不过,截至目前国有资本的确分布于几乎所有的行业,包括一些被普遍认为并不需要国有资本发挥作用、国有资本并无竞争优势的行业。也就是说,在 20 世纪 90 年代就提出来的国有资本分布过广的问题,目前依然存在,并且这一问题还比较明显。根据一些学者的研究,2008 年以来的确发生了一些重要变化[①]。

首先是国有企业数量由降转升,非金融国有企业的户数改变了从 1990 年以来一直减少的趋势,从 2008 年开始持续增加,到 2017 年恢复到了 2000 年前的数量。

其次是国有企业资产总额增速突然加快,1998—2007 年非金融国有企业资产总额增加了 1.6 倍,而 2007—2017 年则增加了 4.3 倍,2017 年国有资产总量的 80% 是 2008 年以来新形成的。

最后是利润占销售收入的比例由升转降,从 21 世纪初开始,国有企业利润占销售收入的比例稳步上升至 2007 年的 20%,但 2008 年开始下降,到 2017 年这一比例则不到 7%。更能说明问题的是,2008 年以来,国有企业扩张最明显的三个领域,是财政年鉴所讲的社会服务(主要是批发零售等商业领域)、机关团体和其他(主要是机关团体兴办的企业)、房地产行业。到 2016 年,国有企业资产总额的 30% 在能源、交通通信、市政等基础领域,12.0% 在制造业,17.6% 在社会服

---

① 张春霖:"从官方数据看全球金融危机以来中国国企的规模扩张",2019 年,打印稿,第 4—5 页。

领域，14.4%在机关团体等兴办的企业中，10.5%在房地产行业，其中，最后三个领域是2008年以来国有企业资产总额膨胀比例最高的三个行业。① 显然，房地产很难归入国民经济命脉和国家安全的行业，因为国有企业从事的房地产基本上不属于政策性业务。

大致可以判断，虽然国有经济布局在过去几十年里发生了重大而又积极的变化，但是国有经济布局不合理的状况并没有根本改变，国有资本配置的领域远未达到中央所阐述方针的要求，而且与巨量的资产膨胀速度相比，其盈利增长速度明显很慢。

（三）从国际视野审视我国国有经济布局

还可以从国际视野来审视我国国有经济布局。著名的国际组织OECD曾在2017年对39个经济体的中央政府所拥有的国有企业进行了研究。研究显示，截至2015年底，这39个国家的中央政府独资或控股了2467家商业化经营的国有企业，其股权价值超过2.4万亿美元，雇员超过920万人。其中，大部分国有企业分布在新兴市场国家和转型经济体，国有企业数量超过100家的有巴西、捷克、匈牙利、印度、立陶宛、波兰和斯洛伐克，在10家或10家以下的有澳大利亚、奥地利、日本和瑞士。这39个经济体当中，拥有最大国有企业部门的国家是印度，股权价值达到3385亿美元；其次是韩国，股权价值为2178亿美元；再次是意大利，股权价值为2075亿美元。国有企业雇员的数量，从多至少依次是印度（330万人）、法国（约82.7万人）、巴西（超过59.7万人）、美国（超过50万人）和意大利（约50万人）。

这2467家企业所涉及的行业分布很有特点：电信、电力和燃气、交通和其他公用事业（如邮政服务等），加起来约占这2467家国有企业股权价

---

① 陈锦江："帝制晚期以来的中国有企业家精神"，载于戴维·兰德斯等主编的《历史上的企业家精神》，中信出版集团2016年版，第18—21页。

值的50%，占全部雇员数量的70%。具体的行业分布状况如表4-1所示。

表4-1 39个经济体2467家国有企业所在的行业（2015年底）

	企业数量（家）	雇员数量（人）	股权价值（百万美元）
合计	2467	9238528	2407825
初级产业	215	507760	263307
制造业	225	842454	143036
金融业	291	769216	620990
电信业	64	391521	109447
电力和燃气	220	816142	502529
交通业	313	1738694	437466
其他公用事业	231	3538149	164188
房地产	106	32115	84670
其他经济活动	802	602477	82191

资料来源：贾涛主笔的国务院发展研究中心企业所内部研究报告。

以股权价值所占比例来衡量，金融业占26%，电力和燃气业占21%，交通业占18%，自然资源采掘和农林牧渔等初级产业占11%，其他公用事业占7%，制造业占6%，电信业占5%，房地产占3%，其他经济活动占3%（见图4-1）。

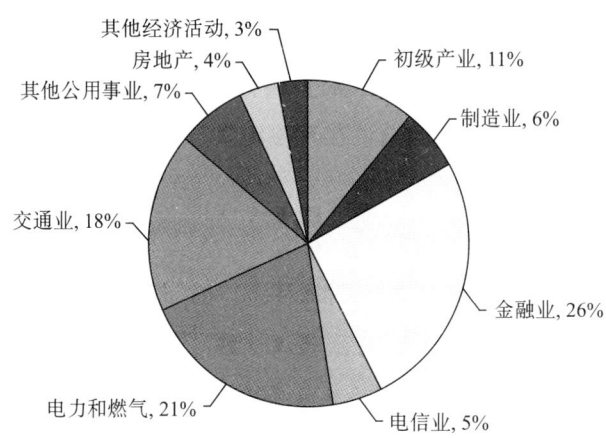

图4-1 39个经济体2467家国有企业按股权价值占比计算的行业分布（2015年底）

资料来源：贾涛主笔的国务院发展研究中心企业所内部研究报告。

以雇员数量所占比例来衡量，其他公用事业占38%，交通业占19%，制造业占9%，电力和燃气业占9%，金融业占8%，其他经济活动占7%，初级产业占6%，电信业占4%，房地产业占比极小（按保留整数计算，则近似为0，实际大于0）（见图4-2）。

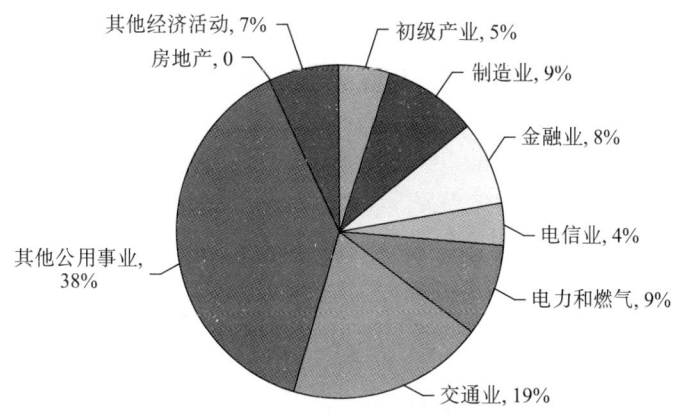

图4-2　39个经济体2467家国有企业按雇员人数占比计算的行业分布（2015年底）
资料来源：贾涛主笔的国务院发展研究中心企业所内部研究报告。

综合来看，这39个经济体的国有经济布局，高度集中于公用事业和电信、邮政等领域，加起来占所有国有企业股权价值的大约50%，以及所有国有企业雇员数量的70%。在这些行业中，电力和燃气行业是国有经济布局最集中的行业，占所有国有企业股权价值的21%和雇员数量的约10%。国有经济分布于电力和燃气行业的比例最高的5个国家，分别是印度、意大利、韩国、挪威和法国，占39个经济体的国有企业在该行业股权价值的66%。

除公用事业等领域之外，金融行业是这些国家的国有经济分布比例最大的单个行业，占所有国有企业股权价值的26%和雇员数量的8%。而初级行业占所有国有企业股权价值的11%和雇员数量的6%。

这39个经济体，既包括大量发达国家，也包括印度这样的欠发达国家，较具代表性。总体而言，它们的国有企业主要分布在公用事业、金融业和矿产资源采掘利用业,这很容易理解。公用事业需要提供普遍性服务,有些还具有垄断性或特许经营性,并且需要政府大量投资,还要对服务价格进行管制。金融业也是同样道理。而采掘业,由于存在资源租金,还涉及国家的能源和资源保障以及生态环保等问题,国有资本大量集中在这个行业,是可以理解的。

(四) 我国应加快建立存量国有资本有进有退合理流动的机制

反观我国国有经济布局,尽管过去几十年发生了很大变化,但的确突破了上述这些领域。国有经济布局过宽,实际上妨碍了公平竞争的实现。我国绝大多数行业,包括一般竞争性行业,都存在国有企业,它们虽然名曰"吃市场饭",在市场竞争中求发展,但实际上,非国有企业与它们之间进行竞争,不可能真正获得"三公一平一同"对待。即使在一些被认为具有战略重要性的领域,譬如钢铁、有色、装备、电子等行业,以及非政策性金融行业,是否一定要由国有企业为主体、占主导,其实也值得讨论,这些行业虽然已经对非国有资本开放,但是非国有企业仍然难以获得公平待遇。在这样的不公平竞争环境中,当然不会实现资源配置的优化。

这里并不是说,一定要把国外的国有经济布局当标尺,来丈量我国的国有经济。事实上,OECD调查的39个经济体的国有经济布局,相互之间也有差异。但总的来看也有一定规律可循,就是国有经济主要布局于公用事业、基础设施、资源采掘等行业,在金融业也可以配置一些国有资本。这些行业,要么需要提供普遍性服务和基础性服务,要么具有一定的垄断性和特许经营性,要么非国有资本难有足够能力投入、难以忍受回收期太长等问题,要么存在严厉的价格和服务管制等技术方面的困难,要么涉及资源和生态环境等系统性和长远性考量,或者像金融业这些被普遍认为密切关系国家安全和社会稳定等。总之,这些因素可以成为我们的重要参考。

我国是社会主义国家，可以根据自己的国情，在某些行业配置国有资本，但的确应该重新思考：所谓关系国家安全和国民经济命脉及国计民生，所谓自然垄断和提供重要公共产品及服务，所谓支柱产业和高新技术产业及重要前瞻性战略性产业，所谓基础设施和基本服务，以及涉及产业链、供应链、创新链的安全性、稳定性、完整性的领域和环节。对上述行业或产业，我们应该如何认识、如何界定。随着科技进步、时代变化、国家治理和政府监管手段的改进，甚至新冠肺炎疫情的出现，我们对许多事物都会重新认识和重新界定。即使就基础设施而言，新基础设施的重要性并不一定亚于传统基础设施，而我国新基础设施的投资者和运营者却主要是民营企业。国有资本既然是一种有限的战略性资源，就不应该在一些含糊概念的笼罩下，随意地、广泛地分布于众多行业和领域，并与民间资本构成不公平的竞争。在未来，我们应该做的是，如果某个行业需要配置国有资本，就应该阐明理由和目的是什么，这个行业是否对非国有资本开放，如果对非国有资本开放，如何规定国有和非国有资本之间的竞合关系。在极少数领域，的确可以对非国有资本进行限制，但是应该将这些极少数领域明晰化，并使这些极少数领域的清单"最短化"。这个清单的设立，可以参考国务院颁发的《关于发展混合所有制经济的意见》（国发〔2015〕第54号）第二部分中的企业分类，譬如，重要通信基础设施、枢纽型交通基础设施、重要江河流域控制性水利水电航电枢纽、跨流域调水工程设施，重要水资源、森林资源、战略性矿产资源的开发利用，江河主干渠道、石油天然气主干管网、电网的自然垄断环节，核电、重要公共技术平台、气象测绘水文等基础数据采集利用，粮食、石油、天然气等战略物资国家储备，战略武器准备的科研与生产、关系国家战略安全和涉及国家核心机密的核心军工能力领域等，此外，还有水电气热、公共交通、公用设施等提供公共产品和服务的行业等。清单内的这些极少数领域，可以由国有资本主导甚至控制，国有企业拥有特殊地位，但这些国有企业似乎更应该是特殊法人而非普通公司。

在这个基础上，下一步，我国需要坚持不懈地推进国有经济布局和调整。党的十八大以来，中央一直强调继续推进这项工作。2012年党的十八大明确指出，"推动国有资本更多投向关系国家安全和国民经济命脉的重要行业和关键领域，不断增强国有经济活力、控制力、影响力。"2013年党的十八届三中全会通过的《中共中央关于全面深化改革若干重大问题的决定》提出，"国有资本投资运营要服务于国家战略目标，更多投向关系国家安全、国民经济命脉的重要行业和关键领域，重点提供公共服务、发展重要前瞻性战略性产业、保护生态环境、支持科技进步、保障国家安全。"2017年党的十九大重申，"加快国有经济布局优化、结构调整、战略性重组"。要实现十九大重申的"加快"，关键还是要形成国有资本存量的流动机制。我们应该清醒地看到，国有经济比重和布局在改革开放以来，特别是20世纪90年代以来的重大变化，主要是民营经济快速发展的结果，而不是国家主动调整国有资本配置的结果。即使有一些国有资本配置的主动调整，实际上还是增量国有资本投向的变化，而存量国有资本有退有进、先退后进的调整则非常少见。可以说，现在并没有实现1999年十五届四中全会提出的"有进有退"和2003年十六届三中全会提出的"完善国有资本有进有退、合理流动的机制"。

2020年，中共中央、国务院颁布了《关于新时代加快完善社会主义市场经济体制的意见》。该意见重申了1999年党的十五届四中全会提出的"坚持有进有退、有所为有所不为"，提出"对处于充分竞争领域的国有经济，通过资本化、证券化等方式优化国有资本配置，提高国有资本收益"，"盘活存量国有资本"。可以认为，仍然应该推进国有资本存量的调整。如果能够将这方面的内容纳入我国企业发展基本政策，必将有利于这项工作的开展。

但必须认识到，要实现国有资本的存量调整，真正建立国有资本有进有退、合理流动的机制，其基础就是要对国有企业进行改革。历史已经证明，离开国有企业微观机制的再造，不可能实现宏观层面的国有经济布局的调整、国有资本配置的优化。因此，国有企业改革才是关键。没有到位的国有企业改革，就没有到位的国有经济布局的调整和国有资本配置的优化。

二、推进普通行业的国有企业改革必须以企业资本结构调整为突破口

（一）国有企业改革主线的变化和国有企业资本结构调整的路径

国有企业改革进行了四十余年，为什么还没有到位？怎样才算是国有企业改革到位了？

理清国有企业改革的历史进程，非常有助于回答这个问题。国有企业改革是一个老议题，也是一个时常被讨论的新议题。但是，国有企业改革的主线，在改革之初和大约十几年之后，却有着明显变化。在改革之初，国有企业改革的主线是单纯控制权改革，而回避所有权改革。十几年之后，由于控制权改革陷入怪圈和困局，才开始正视并实行所有权改革。

单纯的控制权改革，就是在不触碰国家所有制的情况下，把企业的经营管理权，以及企业利润的分配权，更多地从政府手中转移到企业管理层手中，以推动国有企业面向市场，以便国有企业之间、国有企业与非国有企业之间进行竞争。控制权改革的具体举措包括最初的放权让利，以及后来的承包制和租赁制，落实14项经营自主权等。这些改革举措的实行，在一段时间里收到了比较明显的成效，以至于在改革开放

之初的十几年里，不少学术界人士也非常乐观地认为，无须触及所有制，仅依靠决策权向管理层的移交，依靠市场竞争的引入，国有企业曾经存在的弊端就完全可以消除。当时学术界还流行"两权分离论""超产权论"等理论，就是说，所有企业的所有权和经营权是可以分离的，市场竞争机制发挥着超越企业产权机制的根本性作用。但是，随着时间的推移，单纯的控制权改革引发了很多后续问题，而且正如上一章所论述的，仅仅通过强化竞争，哪怕推行"竞争中性"，也不能根本性地将国有经济带出被动局面。所以，在实际当中，以股份制为典型的企业资本结构调整，得到了越来越多的实践者和研究者的认同，从而将国有企业改革带向有限的所有权改革的道路。在20世纪80年代，股份制在很大程度上属于基层自发行为，但很快得到了官方默许，因而不断扩散。有资料显示，1991年全国共有股份制试点企业3220家（不包括实行股份合作制的乡镇企业，也不包括中外合资企业及国内联营企业），其中工业企业1781家。在这3220家股份制试点企业中，法人持股企业380家，内部职工持股企业2751家，向社会公开发行股票的89家[①]。国有企业的股份制改革，也带动了更深层次的控制权改革，因为股份公司必须要设立股东会、董事会等机构。

1992年，邓小平南方谈话对股份制作了肯定，此时政府开始以更积极的态度推行国有企业的所有权改革。1993年，党的十四届三中全会提出，国有企业改革的方向是建立产权明晰、权责明确、政企分开、管理科学的现代企业制度，第一次提出了国有企业改革中的产权问题，从而使所有权改革摆上了台面。同年，我国还颁布了新中国成立以来的第一部《公司法》，从而使国有企业的资本结构调整有法可依。上海和深圳分别于1991年和1992年设立了证券交易所，一些大型骨干国有企业通过发行股票和上市实行了资本结构调整。

---

① 国家统计局编：《成就非凡的20年》，中国统计出版社1998年版，第53页。

20世纪90年代，国有企业亏损面明显扩大，相当一部分国有企业陷入严重的经营困境，这一客观情势促进了范围更广、力度更大的所有权改革，在普通行业，不少中小国有企业实行了"股份合作制"，还有一些企业整体出售给了非国有投资者。这些改革行为尽管引起了争议，但1997年党的十五大明确提出，要从战略上调整国有经济布局，采取包括股份合作制和出售在内的多种形式，加快放开国有小企业的步伐，从而使这样的改革继续进行下去。

1999年召开的十五届四中全会，对当时的国有企业改革进行了总结和部署。十五届四中全会明确指出：要从实际出发，继续采取改组、联合、兼并、租赁、承包经营和股份合作制、出售等多种形式，放开搞活小企业，不搞一个模式；国有大中型企业尤其是优势企业，宜于实行股份制的，要通过规范上市、中外合资、企业相互参股等形式，改为股份制企业，发展混合所有制经济，重要的企业由国家控股。三年之后，2002年党的十六大则决定，"进一步放开搞活国有中小企业"。也就是说，十六大把"放开搞活"范围，由十五届四中全会规定的国有小企业，扩大到国有中型企业。

2003年，党的十六届三中全会提出，"大力发展国有资本、集体资本和非公有资本等参股的混合所有制经济，使股份制成为公有制的主要实现形式，需要由国有资本控股的企业，应区别不同情况实行绝对控股或相对控股"。党的十六届三中全会把党的十五届四中全会所说的"发展"混合所有制经济，升级为"大力发展"混合所有制经济，并且明确指出，需要由国有资本控股的企业也可以相对控股，意思是不一定非要绝对控股。

可以说，到了2003年的十六届三中全会，我国普通行业国有企业的所有权改革方针已经确立，就是中小企业可以"放开搞活"，公有制的"主要实现形式"是股份制，要"大力发展"混合所有制。沿着这样的路径，我国国有企业的资本结构调整不断向纵深发展。

由于十六届三中全会确定,要大力发展混合所有制经济,使股份制成为公有制的主要实现形式。此后,大中型国有企业纷纷进行混合所有制改革,尽管这些混合所有制企业的大部分还保持国有控股。至今为止,混合所有制仍然是大中型国有企业实行所有权改革、推进资本结构调整的主流形式。

(二) 公司治理与企业资本结构

国有企业的资本结构调整,也带动了更深层次的控制权改革,并引出了公司治理的议题。公司治理的法律基础是《公司法》。1993 年,我国颁布的《公司法》明确规定了股东会、董事会、管理层的职权。但是,国有企业实行所有权改革、推进资本结构调整,所涉及的公司治理问题,比纯民营企业的公司治理问题复杂得多,这是因为,很多实行所有权改革的国有企业,仍然是国有资本保持控股的企业,需要处理"新三会"与"老三会"之间的关系。所谓"新三会",是指股东会、董事会和监事会,而"老三会"是指国有企业中的党委会、职工代表大会、工会。能否妥善处理"新三会"与"老三会"之间的关系,意味着国有企业在调整资本结构的进程中能否实现公司治理转型。

无疑,股权结构是公司治理转型的基础。混合所有制企业到底有什么样的资本结构,即国有资本占多大比重,非国有资本占多大比重,各个国有和非国有股东持股的具体比例是多少,决定着股东会的投票权分配、董事会的名额分配等,也决定着"老三会"到底发挥怎样的作用以及发挥作用的方式方法。但是,恰恰是企业资本结构这个基础性元素,在国家关于股权多元化、投资主体多元化、混合所有制的政策论述中,被有意无意地回避了。1999 年的十五届四中全会只是简约地提出,"股权多元化有利于形成规范的公司法人治理结构,除极少数必须由国家垄断经营的企业外,要积极发展多元投资主体的公司"。2002 年的十六大更加简约地提出,"实行投资主体多元化,重要的企业由国家控股"。2003年的十六届三中全会的相关论述,比上述两次会议稍显具体,在阐述大力发展混合所有制经济、实现投资主体多元化的时候,提及"需要由国有资本控股的企业,应区别不同情况实行绝对控股或相对控股",这里隐含的意思应该是,在有些情况下,国有企业进行混合所有制改革时,国有资本可以退到相对控股的状态。2007年的十七大和2012年的十八大,没有涉及这个议题。2013年,十八届三中全会有了更新的论断,"国有资本、集体资本、非公有资本等交叉持股、相互融合的混合所有制经济,是基本经济制度的重要实现形式",这是第一次将混合所有制提升到基本经济制度重要实现形式的高度,但对混合所有制企业的资本结构问题或股权结构问题,也没有涉及。2015年颁布的《中共中央、国务院关于深化国有企业改革的指导意见》提出,"主业处于充分竞争行业和领域的商业类国有企业,原则上都要实行公司制股份制改革,积极引入其他国有资本或各类非国有资本实现股权多元化,国有资本可以绝对控股、相对控股,也可以参股,并着力推进整体上市","主业处于关系国家安全、国民经济命脉的重要行业和关键领域,主要承担重大专项任务的商业类国有企业,要保持国有资本控股地位,支持非国有企业参股"。此后的中央重要文件中,没有更进一步的论述。可以看出,中央关于国有企业资本结构的政策论述,从1999年的"股权多元化",到2003年接受国有资本"相对控股",再到2015年接受国有资本"参股",经过了一个比较长的过程。即使如此,在充分竞争的行业和领域,国有企业进行混合所有制改革时,国有资本退到参股地位只是"也可以",具体可不可以将由改革的操作人员和审批人员去把握。

(三)如何调整混合所有制企业的资本结构

不过,在至今为止的混合所有制改革进程中,即使在充分竞争领域,多数大中型国有企业并不选择"也可以"的国有资本"参股"方案。事实上，许多规模较大的国有企业的混合所有制改革，选择的是重组上市从而实行"混合所有"的道路，以及向上市公司不断注入国有资产来增加"混合所有"的国资比重。从字面上来理解，国有企业重组上市，引入了非国有股份，当然也算是实现了"混合所有"，但却维持了国有股一股独大的股权结构。遗憾的是，从实际情况来看，这种混合所有制企业，经营机制与原来的国有企业没有本质区别。由于国家大力支持国有企业上市，所以在普通行业，多数国有企业集团的核心企业都实现了上市，从而也实现了"混合所有"，这就容易造成大多数国有资产已过渡到混合所有制形态的假象。例如，2014 年，有资料介绍，早在 2013 年底，央企的各级子企业共有 38423 家，其中实行公司制的企业占全部子企业的 89%，实行混合所有制的企业占全部企业的 52%[1]。到了 2019 年，根据国务院国资委新闻发言人公布的数据，中央企业以及子企业的混合所有制改革，按照户数的比例，已经达到了 70%；中央企业的所有者权益是 19.9 万亿元，国家所有权为 12.7 万亿元，其他 7.2 万亿元就是实行混合所有制以后吸引的各类社会资本，占到整个所有者权益的 36%；中央企业总资产的 65%、营业收入的 61%、利润的 88% 来自上市公司。上市公司当然是混合所有制，也就是说，中央企业大部分的资产、营业收入、利润都在混合所有制企业当中[2]。但这些所谓的混合所有制企业，特别是上市公司，都是国有控股，都被国资委当成国有企业进行监管，它们的经营机制实现了根本转换了吗？它们的公司治理实现了成功转型吗？答案不言自明。

很显然，国有企业改革在现实当中出现了如下困惑：既然绝大多数

---

[1] 张毅："深入贯彻落实三中全会精神，推动国资国企改革发展再上新台阶"，载于《中国国有资产监督管理年鉴（2014）》，中国经济出版社 2014 年版，第 1—8 页。

[2] 彭华岗：2019 年 4 月 16 日的新闻发布会，https://www.sohu.com/a/308219405_114988。

国有企业或国有资产已经实现了上市等方式的混合所有，那么混合所有制还有必要、有空间吗？下一步要深化国有企业改革，混合所有制应该怎么搞？

对于这个困惑，我们的回答是，在普通行业，要以企业的资本结构的实质性调整为突破口，推进高质量、优治理的混合所有制改革。什么是企业资本结构的实质性调整？就是要跨越股权结构拐点。我们的研究发现，国有企业的混合所有制改革存在股权结构拐点，至少要跨越拐点，混合所有制改革才有实质性意义[①]。所谓股权结构拐点，一般情况下，是指在一个混合所有制企业中，有一个非国有股东的股比达到33.4%，而国有股比例降到66.6%。这个一般情况，只考虑了这个混合所有制企业仅有两个股东：一个国有股东、一个非国有股东。如果一个混合所有制企业的股东数量更多、股权更加分散，情况就会复杂一些，但基本原理完全一样。在多个股东、股权分散的混合所有制企业中，如果还是国有控股，那么必须要有一个积极的非国有股东能够动员至少33.4%的非国有股份，才能建立实质性的制约权。也就是说，这个非国有股东独家可以少于33.4%的股份，但是它需要一个或几个能够与它凑齐33.4%股份的一致行动股东。当股份非常分散的时候，譬如在国有控股的上市公司中，非国有股东既不需要独家33.4%的股比，也不需要一致行动股东，就有可能成为积极股东，因为国有控股股东的股比可能远低于66.6%，此时股权结构拐点就是，非国有股东的股比达到了国有股东股比的1/2。譬如在一个上市公司中，国有股东的股比是40%，非国有股东的股比达到20%，就是股权结构拐点。

为什么可能存在33.4%这个股权结构拐点？背后的机制是《公司

---

① 张文魁：《混合所有制的公司治理与公司业绩》，清华大学出版社2015年版，第151—174页。

法》对公司控制权的设计。我国《公司法》明确规定，股东大会作出决议，必须经出席会议的股东所持表决权过半数通过，而股东大会作出修改公司章程、增加或者减少注册资本的决议，以及公司合并、分立、解散或者变更公司形式的决议，必须经出席会议的股东所持表决权的2/3以上通过。如果非国有股东拥有33.4%的股比，那么国有股东，或者国资管理机构和国资运营机构，在修改公司章程、增减公司资本、推进公司重组时，就不能我行我素、独往独来，非国有股东不接受的话就能予以否决。由于对上述事项存在否决能力，那么实际上，这个非国有股东对其他很多事项就会构成实质性的制约权，并由此带来了决策参与权和运营参与权。这样的非国有股东，将会成为长期性、负责任的积极股东。当然，引入这样的股东，要做好双向尽职调查制度，一方面，有意入股的投资者要对拟混合所有制改革的国有企业做尽职调查；另一方面，拟混合所有制改革的国有企业，以及国资监管部门，也要对拟入股的投资者做反向尽职调查。

需要指出的是，股权结构拐点，在普通行业大型国有企业的混合所有制改革中，只能算是起始点和中间点，是一个使混合制具有实质意义的阈值，而不是终止点。为了进一步克服国有股的固有缺陷，发挥非国有股的积极作用，至少那些完全竞争性领域的企业可以在非国有股比例跨越拐点之后可继续跨越控股点。

（四）L-C股权结构与高质量优治理的混合所有制改革

我们的研究还显示，L-C股权结构，更有利于形成良好的公司治理。L股东（leading shareholder）是指公司的主导性股东，C股东（challenging shareholder）是指公司的挑战性股东。[①] 挑战性股东实际中

---

① 张文魁："混合所有制、非国有积极股东及L-C股权结构"，载于吴敬琏主编的《比较》，2017年1月。

的角色绝不仅仅是挑战，除了制约主导性股东之外，它也比较积极地参与投票、参与董事会或管理层事务等，所谓挑战性股东只是一种简洁的称谓。重要的是，挑战性股东是积极股东，不是消极股东，其参与性较强。挑战性股东所持股份比主导性股东所持股份多一些流动性和变动性，但相对于上市公司中强流动性和开放性的众多散户股东而言，它们也是比较稳定的股东。挑战性股东的存在，对于国有企业混合所有制改革的意义在于，当大型国有企业在所有权改革早期仍然保持国有控股时，它以非国有积极股东的身份出现，可以在一定程度上让国有股搭乘非国有股的市场化机制便车，可以在一定程度上抵制政府干预。随着时间的推移和条件的成熟，原有的主导性股东和挑战性股东的身份可以发生反转，非国有股东可以变为主导性股东，使公司控制权结构实现顺利过渡。主导性股东－挑战性股东的结构，即 L－C 股权结构，对于混合所有制企业而言，可能是合适化的股权结构。国有企业的混合所有制改革，最好要形成 L－C 股权结构，一般行业的企业可以让非国有积极股东成为 L 股东，甚至国有股东在较长之间之后可以放弃 C 股东的地位，让其他非国有投资者成为 C 股东。

在股权结构拐点和 L－C 股权结构的指引下，下一步应该使我国普通行业国有企业的混合所有制改革在高质量、优治理的轨道上持续和深化。所谓高质量，就是不应过度追求碎片化、户数多的混合所有制改革，而应该在股权结构重大变化和经营机制根本转换上做文章。而且，在推动企业资本结构跨越股权结构拐点、力求形成 L－C 股权结构的同时，大力推进业务板块的优化、资产债务的重组、管理层级的精简等，使企业有一个脱胎换骨的变革。在此基础上，构建监督、制衡、战略性支持的法治化的优良公司治理，并推进职业经理人和市场化薪酬制度。经过这样的改革，一定会有利于促进一些世界一流企业的形成。

鉴于我国大量的中小型国有企业，包括大型和特大型国有企业集团下属的各级中小子企业，都已经实行了混合所有制，它们的资本结构也有一些积极变化。但是，大型和特大型国有企业集团的二级核心子公司的资本结构离股权结构拐点和 L－C 股权结构还有很大差距，母公司基本上还保持国有独资，它们还谈不上有比较清晰的公司治理机制，因此，下一步高质量、优治理的混合所有制改革，重点应该是大型和特大型国有企业集团的二级核心子公司，甚至母公司，特别是央企集团的二级核心子公司和母公司。必须要改变二级核心子公司甚至国有独资母公司的资本结构，尽量引入持有大宗股份的非国有积极股东，并从长远着眼，为 L－C 股权结构创造条件。这些大型和特大型二级核心子公司和母公司的资本结构调整及公司治理转型，即使立即启动，也是一个渐进的过程，会消耗较长时间。从国外的类似情况来看，这个过程可能耗时二三十年乃至更长。所以，把国有企业资本结构调整，甚至是这些大型和特大型国有企业的资本结构调整，作为我国企业发展基本政策的一项内容，是合适的。

当然，推进国有企业资本结构调整的持续深化，实行高质量和优治理的混合所有制改革，对于非国有资本是否愿意参与，绝对不应想当然。混合所有制，毕竟不是一个一厢情愿的事情。跨越股权结构拐点，甚至跨越控股点，构筑 L－C 股权结构，一个很重要的出发点就是要保护非国有资本的合法权益和合理利益，提高混合所有制对非国有投资者的吸引力。但是，这些还不足够。例如，如何界定和防范国有资产流失，如何使非国有股东顺畅地行使股东权利，如何促进公司治理顺利转型，都十分关键。这也会涉及国资监管体系是否与混合所有制兼容的问题。

三、改革国资监管体制以便与混合所有制实现兼容

(一) 我国复杂而又烦琐的国资监管体系

即使国有企业的混合所有制改革能够突破股权结构拐点，能够建立起 L-C 股权结构，其公司治理转型也存在一个十分重要的不确定性问题，这就是国资监管体系与混合所有制是否兼容的问题。这实际上就是国资监管体制改革问题。厉以宁就提到过，推进国有企业改革，需要在两个层面进行，一是国资管理体制改革，二是国有企业分类实行股权结构改革①。

我国的国资监管体系不单单指国有资产监督管理机构对国有企业的监管，还涉及其他许多党政机构对国有企业的管理、监督、查处等，这个体系复杂而又烦琐。这个国资监管体系所承担的职能远不止出资人职能，对国有企业以及混合所有制企业的公司治理和日常经营都有重大影响。譬如，国家颁布的《关于进一步推进国有企业贯彻落实"三重一大"决策制度的意见》就明确指出，"三重一大"决策必须由领导班子集体做出决定。领导班子并不等同于董事会，也不等同于监事会。领导班子和董事会，在实际运行中的确存在很多问题，以至于 2015 年颁发的《中共中央、国务院关于深化国有企业改革的指导意见》也指出，要"切实解决一些企业董事会形同虚设、一把手说了算的问题"。虽然这套复杂严密的监管体系，是针对国有独资企业而设立的，但很自然也会覆盖国有控股的混合所有制企业。例如，《关于进一步推进国有企业贯彻落实"三重一大"决策制度的意见》就明确指出，本意见适用于

---

① 厉以宁："国企改革是供给侧改革当务之急"，《理论导报》，2016 年 3 月。

国有控股企业,也就是说,适用于国有控股的混合所有制公司。不少监管工作甚至还会延伸到一些非国有控股的混合所有制企业。非国有控股的混合所有制企业,如果国有股的比重比较高,或者这个企业的规模比较大、发展得比较好,就有可能被这种监管所"关照"。因此,国资监管体系对混合所有制企业公司治理的影响是自然而然的。

(二)"管资本"和设立"两类公司"在实施中的问题

为了使国有企业改革继续深化,对我国国资监管体制进行根本性改革是非常必要的。问题是应该改成什么样子。

从我国国资管理的经验和教训来看,从其他国家的主要做法来看,从国家治理和管理学的基本原理来看,对于普通行业而言,"政资分开"是基本原则。但由于国资与政府存在天然联系,所以只能相对而不可能绝对分开;由于国资的终极所有者是人民,政府出资人机构也是代理人,所以存在中间环节的委托代理问题,为了防止出资人机构滥权和卸责,对出资人机构进行分权,对出资人机构和国有企业进行监督、直接介入,都是可以理解的。况且,从国际范围来看,并无统一的和最好的、完美的"政资分开"国资管理体制。但其他国家国资管理机构的主流做法是国有资本尽量局限于做出资人,且在国有企业中效仿非国有企业的做法,实行董事会制度,以规范出资人行权方式,以及促进国有企业上市构造更好的股东会,提升社会公开性。

我国早就有了"政资分开"和建立统一行使所有权机构的意识和实践,并且从 2003 年开始,中央、省、市三级组建了国有资产监督管理委员会。不过,在实践中,国资委并不是单纯地履行出资人职能的机构,而且,其出资人职能似乎有被弱化、被分解的趋势。2013 年的十八届三中全会又提出了"管资本"和设立国有资本投资公司、运营公司(即"两类公司")的改革议题。2018 年,国务院颁发了《关于推进国有资本投资、运营公司改革试点的指导意见》,强调试点目标是

"通过改组组建国有资本投资、运营公司,构建国有资本投资、运营主体,改革国有资本授权经营体制,完善国有资产管理体制,实现国有资本所有权与企业经营权分离,实现国有资本市场化运作"。客观地讲,无论是"管资本"还是"两类公司",并没有顶层文件和顶层机构清晰地描绘、规定必要的具体设计,所以几年来都在探讨和试点。从 2016 年开始,国资委开始进行"两类公司"试点。截至 2019 年底,国务院国资委已选择 21 家企业进行"两类公司"试点,30 个省级国资委已改组组建"两类公司"76 家。试点企业在授权放权、组织构架、运营模式、经营机制等方面进行了探索。国务院国资委还颁发了《改革国有资本授权经营体制方案》《授权放权清单(2019)》《关于管资本为主加快国有资产监管职能转变的实施意见》,提出要建立完善权利和责任清单,并发挥"两类公司"作用,通过法人治理结构履职等。但在实际当中,"管资本"并不能真正实现,"两类公司"到底应该发挥什么样的作用,怎样发挥有利于国有企业成为独立市场主体的作用,并不是特别清楚。

(三)普通行业国资监管体系改革的基本方向

从我们的研究来看,国资监管体系改革,核心未必是大搞"两类公司",也未必是含糊而又空洞地追求"管资本",而应该明确,普通行业国资监管改革的基本方向应该是:去监管、行股权;降比重、搭便车。只有坚持这样的改革方向,才能真正促使普通行业的国有企业,特别是实行混合所有制改革的企业,成为自主经营、自负盈亏、自担风险、自我约束、自我发展的独立市场主体。

"去监管",首先就是要改变国资委的角色,尽管这不是"去监管"的全部内容。国资委本来应该是一个出资人机构,但在过去十几年的运行中,一步一步地脱离出资人职能,走向监管人职能。监管,其工作内容一般是审核、许可的发放和变更,检查、发出纠正指示、处罚,行为审批、指标分配等。这些内容，与出资人工作大不一样。未来，国资委应恢复单纯的出资人职责，并进行相应重组。此外，不应该既有出资人机构，又有所谓的国资监管机构。不管谁来做出资人机构，最重要的就是"去监管"。"去监管"的同时，要"行股权"，即行使股东权利。"行股权"不是审核、许可的发放和检查、处罚、审批那一套东西，股东权利在《公司法》体系中有明文规定。"行股权"也包含监督，但这个监督是股东监督（monitor），而不是行政性的监管（supervision and regulation）。股东监督主要是信息知情权方面的要求，在此基础上通过股东会、董事会机制及推荐的高管人员来影响公司行为，或者做出退出的决策。

仅仅是"去监管""行股权"，对于发展混合所有制和建立现代企业制度，还远不够。因为不管是什么机构来当国有资本的出资人，行使国有股东的股权，都面临国有股委托代理方面难以克服的问题。如何克服这个问题？从实践经验来看，还是需要国有股"降比重""搭便车"。

"降比重"就是要把国有独资企业改造为混合所有制企业，并要降低混合所有制企业中的国有资本的比重，大力调整企业的资本结构。至少应该跨越股权结构拐点，并应该适时推动股权结构反转。跨越股权结构拐点，以及股权结构反转，实际上就是要让国有股搭乘非国有股的便车。从大趋势来看，我国的非国有资本必定越来越多，非国有资本与国有资本共同形成的混合所有制企业，让非国有资本逐渐占主导地位，符合逻辑。非国有股东比国有股东具有更强的激励机制去经营企业，让国有股搭非国有股的便车，国有资本效率会更高、收益会更好，这符合国家利益。

对于如何深化国资监管体制改革，如何使国资监管体制与混合所有制实现兼容，中央的最新文件有一些精神。2020年颁布的《中共中央、国务院关于新时代加快完善社会主义市场经济体制的意见》指出，"对充分竞争领域的国家出资企业和国有资本运营公司出资企业，探索将部分国有股权转化为优先股,强化国有资本收益功能","对混合所有制企业,探索建立有别于国有独资、全资公司的治理机制和监管制度。对国有资本不再绝对控股的混合所有制企业,探索实施更加灵活高效的监管制度"。这是中央文件第一次提出,对混合所有制企业的监管制度,应该与国有独资、全资企业有所区别。尽管这个监管制度到底是什么样子,可能会需要较长时间去"探索",但可以预料,混合所有制企业,特别是国有资本相对控股的企业,会有更大的灵活度。而国有参股的混合所有制企业,最好从国有企业中"脱表",即不再与持有国有股份的股东企业合并财务报表,从而从国资监管体系中"脱管",即不再纳入国资监管序列,而仅由持股者依照法律、按照程序行使股权,并强化分红导向,增强股份流动性,这当然是最理想的状态。

四、基本结论

我国的国有部门自改革开放以来经历了很大变化,但是国有经济布局仍不尽合理,国有企业经营机制转变和公司治理转型难以到位的问题,仍然比较严重。这种情形,不但使国有经济自身没有更加良好的表现,而且影响到了"三公一平一同"竞争环境的形成。我国要构建未来的企业发展基本政策,绝对不应该忽视对这一议题的处理。从我国的国情来看,处理这一议题将是一个比较长期的过程,所以更应该建立清晰的思维。国有经济应该主要在公用事业、基础设施、资源开采利用等领域发挥作用,在金融领域也可以有较多的国有资本,而其他领域,国有资本可以少一些,甚至可以缺席。在极少数领域,国有资本的确可以对非国有资本进行排斥和限制,但应该有一个明晰化的清单。往这个方向前进,必须要建立起存量国有资本有进有退、合理流动机制,这就要求对国有企业进行深度改革。普通行业国有企业在未来的改革，应该坚定地调整企业的资本结构，特别是要大力推进大型和特大型国有企业，中央企业集团的二级核心子公司甚至母公司的高质量、优治理的混合所有制改革，引入非国有积极股东，至少应该跨越股权结构拐点，力争形成 L-C 股权机构，一般竞争性行业的混合所有制企业也可以实行股权结构的反转；同时，还应该大力改变普通行业国资监管体系，努力做到"去监管，行股权；降比重，搭便车"，从而促进企业经营机制的根本转换和公司治理的成功转型。

第五章

对非国资不完全开放的领域及国家对这些领域的管理

国家对少数领域，限制甚至禁止非国有资本，特别是境外资本的进入，是可以理解的。即使在市场最自由、政府管制最少的国家，也会有这样的情况。还有一些领域，对所有资本都是有限、有条件开放，譬如实行牌照制度、布点的数量控制制度等，尽管并不针对非国有资本，但实际结果可能更有利于国有资本进入。这些做法，就有可能被认为是违背"三公一平一同"。因此，构建我国企业发展基本政策，必须要清晰阐明，为什么这些少数领域是特殊的，如何定义这些特殊领域，因而可以对非国资不完全开放但又整体上无伤"三公一平一同"大局。同时，还应该阐明国家对这些领域实行怎样的管理。只有这样，才能使企业发展基本政策具有完整性。

一、我国对非国有资本开放的历史脉络

（一）党的十五大之前

改革开放前，我国实行的是计划经济，公有制经济基本上一统天下。改革开放之初，一些不太重要的行业，开始对非公有资本开放，譬如，境内民间资本可以进入餐饮、流通等服务性行业，境外资本可以进入国家急需发展的高档宾馆行业等。随着改革开放的推进，对非公有资本开放的行业迅速扩展，到了20世纪90年代，虽然不少行业还是由国有资本占控制性或主导性地位，但大部分工业和服务业行业都有非公有资本进入。

这一时期，一方面吸引外资，另一方面对境内民营经济的发展政策也不断放宽。1980年全国劳动就业工作会议决定应当鼓励和扶持城镇个体经济的发展。1982年，党的十二大，邓小平第一次提出了"建设有中国特色的社会主义"，十二大报告还指出，"在农村和城市，都要鼓励劳动者个体经济在国家规定的范围内和工商行政管理下适当发展，作为公有制经济必要的、有益的补充"。1984年，党的十二届三中全会《关于经济体制改革的决定》提出"有计划的商品经济"，并要求"为个体经济的发展扫除障碍，创造条件，并给予法律保护"。1987年，党的十三大报告指出，中国仍处于"社会主义初级阶段"，并首次指出，"对于城乡合作经济、个体经济和私营经济，都要鼓励它们发展"。1988年，第七届全国人大第一次会议通过了宪法修正案，《宪法》第十一条增加了"国家允许私营经济在法律规定的范围内存在和发展。私营经济是社会主义公有制经济的补充。国家保护私营经济的合法的权利和利益，对私营经济实行引导、监督和管理"等新的表述。1988年，国务院还颁布了《中华人民共和国私营企业暂行条例》。

同时，国有企业在国民经济中的比重不断下滑，不少国有企业经营困难，国家也逐渐意识到，搞好每一家国有企业并不现实，于是开始实行"抓大放小"和国有经济布局的战略性调整，希望国有经济"有所为有所不为"。

1995年，中共十四届五中全会通过的《中共中央关于制定国民经济和社会发展"九五"计划和2010年远景目标的建议》正式提出"抓大放小"的国有企业改革战略，指出："要着眼于搞好整个国有经济，通过存量资产流动和重组，对国有企业实施战略性改组。这种改组要以市场和产业政策为导向，搞好大的，放活小的，把优化国有资产分布结构、企业组织结构同优化投资结构有机地结合起来，择优扶强，优胜劣汰，形成兼并破产、减员增效机制，防止国有资产流失。重点抓好一批大型企业和企业集团，以资本为纽带，联结和带动一批企业的改组和发展，形成规模经济，充分发挥它们在国民经济中的骨干作用。区别不同情况，采取改组、联合、兼并、股份合作制、租赁、承包经营和出售等形式，加快国有小企业改革改组步伐。"国有经济改革的这些举措，为非国有经济的发展提供了更大空间。

（二）党的十五大之后

到了20世纪90年代中后期，非公有资本不但进入了大部分行业，而且其产出在国民经济中的占比也有了很大提高。此时，出现了"姓社姓资"的争论。

1997年党的十五大具有里程碑意义。十五大报告提出，公有制为主体、多种所有制经济共同发展，是我国社会主义初级阶段的一项基本经济制度。同时还提出，非公有制经济是我国社会主义市场经济的重要组成部分；只要坚持公有制为主体，国家控制国民经济命脉，国有经济的控制力和竞争力得到增强，在这个前提下，国有经济比重减少一些，不会影响我国社会主义性质；要健全财产法律制度，依法保护各类企业的合法权益和公平竞争，并对它们进行监督和管理。这些论断和思路，对我国经济发展产生了深远的影响。

在此基础上，1999 年党的十五届四中全会上通过了《中共中央关于国有企业改革和发展若干重大问题的决定》，明确指出，要"从战略上调整国有经济布局，要同产业结构的优化升级和所有制结构的调整结合起来，坚持有进有退，有所为有所不为"。该决定还明确指出了国有经济需要控制的行业和领域："国有经济需要控制的行业和领域主要包括：涉及国家安全的行业，自然垄断的行业，提供重要公共产品和服务的行业，以及支柱产业和高新技术产业中的重要骨干企业。其他行业和领域，可以通过资产重组和结构调整，集中力量，加强重点，提高国有经济的整体素质。"这是我国首次提出国有经济需要控制的行业和领域。这实际上是一个国有资本控制的正面清单，也是一个非国有资本不可控制的负面清单；在这个清单之外的行业和领域，对非国有资本，主要是境内民营资本，可以实行完全开放。

2002 年党的十六大首次提出了两个"毫不动摇"，即"第一，必须毫不动摇地巩固和发展公有制经济。发展壮大国有经济，国有经济控制国民经济命脉，对于发挥社会主义制度的优越性，增强我国的经济实力、国防实力和民族凝聚力，具有关键性作用。集体经济是公有制经济的重要组成部分，对实现共同富裕具有重要作用。第二，必须毫不动摇地鼓励、支持和引导非公有制经济发展。个体、私营等各种形式的非公有制经济是社会主义市场经济的重要组成部分，对充分调动社会各方面的积极性、加快生产力发展具有重要作用。第三，坚持公有制为主体，促进非公有制经济发展，统一于社会主义现代化建设的进程中，不能把这两者对立起来。各种所有制经济完全可以在市场竞争中发挥各自优势，相互促进，共同发展。"2003 年，党的十六届三中全会通过的《中共中央关于完善社会主义市场经济体制若干问题的决定》进一步指出，

"完善国有资本有进有退、合理流动的机制,进一步推动国有资本更多地投向关系国家安全和国民经济命脉的重要行业和关键领域,增强国有经济的控制力"。在中央文件的指导下,国家有关部门颁布了一些更加具体化的政策。例如,2006 年,国务院办公厅向全国转发了国务院国资委《关于推进国有资本调整和国有企业重组的指导意见》,指出国有经济分布仍然过宽,要加快国有资本调整,进一步推进国有资本向关系国家安全和国民经济命脉的重要行业和关键领域集中。国有资本所集中的重要行业和关键领域主要包括:涉及国家安全的行业,重大基础设施和重要矿产资源,提供重要公共产品和服务的行业,以及支柱产业和高新技术产业中的重要骨干企业。随后,国务院国资委首次明确了国有资本需要绝对控制和保持较强控制力的领域,其中,军工、电网电力、石油石化、电信、煤炭、民航、航运七个领域要保持绝对控制力,装备制造、汽车、电子信息、建筑、钢铁、有色金属、化工、勘探设计、科技等行业或领域要保持较强控制力。

2012 年党的十八大继续明确指出,"推动国有资本更多投向关系国家安全和国民经济命脉的重要行业和关键领域,不断增强国有经济活力、控制力、影响力"。2013 年党的十八届三中全会通过的《中共中央关于全面深化改革若干重大问题的决定》进一步明确了国有资本战略布局调整方向,要求国有资本"更多投向关系国家安全、国民经济命脉的重要行业和关键领域,重点提供公共服务、发展重要前瞻性战略性产业、保护生态环境、支持科技进步、保障国家安全"。

2016 年,习近平总书记在全国国有企业党的建设工作会议上的讲话指出:"国有企业是中国特色社会主义的重要物质基础和政治基础,是我们党执政兴国的重要支柱和依靠力量……要通过加强和完善党对国有企业的领导、加强和改进国有企业党的建设,使国有企业成为党和国家最可信赖的依靠力量,成为坚决贯彻执行党中央决策部署的重要力量,成为贯彻新发展理念、全面深化改革的重要力量,成为实施'走出去'战略、'一带一路'建设等重大战略的重要力量，成为壮大综合国力、促进经济社会发展、保障和改善民生的重要力量，成为我们党赢得具有许多新的历史特点的伟大斗争胜利的重要力量"。

2017年，党的十九大报告除了强调"加快国有经济布局优化、结构调整、战略性重组""推动国有资本做强做优做大""发展混合所有制经济，培育具有全球竞争力的世界一流企业"外，还作出了很多前瞻性、战略性的论述，结合新时代国有企业的功能定位，对我国的国有经济布局调整指明了新方向，包括保障和改善民生、加快生态文明建设、强化战略科技力量等等。

2020年，习近平总书记主持召开了中央全面深化改革委员会第十六次会议，会议审议通过了《关于新时代推进国有经济布局优化和结构调整的意见》。会议指出，推进国有经济布局优化和结构调整，对更好地服务国家战略目标、更好地适应高质量发展、构建新发展格局具有重要意义。要坚持问题导向，针对当前国有经济布局结构存在的问题，以深化供给侧结构性改革为主线，坚持有所为有所不为，聚焦战略安全、产业引领、国计民生、公共服务等功能，调整存量结构，优化增量投向，更好地把国有企业做强做优做大，坚决防止国有资产流失，不断增强国有经济竞争力、创新力、控制力、影响力、抗风险能力。

此后，国家有关部门对国有资本在"十四五"及迈向2035年这一时期的布局调整，进行了部署。在《〈中共中央关于制定国民经济和社会发展第十四个五年规划和二〇三五年远景目标的建议〉辅导读本》中，国务院国资委党委书记、主任郝鹏撰写的《激发各类市场主体活力》一文指出，优化国有资本重点投向和领域，加大新型基础设施建设投入，推动互联网、大数据、人工智能等同各产业深度融合，推动国有资本向关系国家安全、国民经济命脉的重要行业和关键领域集中，向提供公共服务、应急能力建设和公益性等关系国计民生的重要行业和关键领域集中，向前瞻性、战略性新兴产业集中，巩固和增强在关系国家经济、科技、国防、安全等领域的控制力、影响力①。

可以看出，国家对国有资本需要保持控制力领域的认识，是动态变化的。同时，较少划定具体行业。总体而言，国家认为，对于涉及国家安全、国民经济命脉、国计民生的领域，国有资本应该保持影响力、控制力，而且，在新的形势下，对于涉及战略性科技、生态环境、应急保障的领域，国家也十分重视国有资本的投入并发挥巨大作用。不过，一方面，上述领域所包含的具体行业，尚未足够清晰；另一方面，国有资本在上述领域如果要保持控制力，到底是通过限制非国有资本的进入来实现，还是通过国有企业在公平竞争中自然形成的竞争优势来实现，或者是让非国有资本进入但限制非国有企业的经营行为来实现，没有足够清晰的政策指南。

二、我国非国有资本的分布

伴随着国有经济战线的收缩和集中，改革开放四十多年来，民营经济不断发展壮大，基本深入各行各业。从就业数据来看，根据《中国统计年鉴》的数据，截至 2019 年底，我国工商登记注册的私营企业和个体户的就业人数已经达到 40524.4 万人，其中制造业 5907.4 万人，建筑业 2025.6 万人，批发和零售业 15390.2 万人，交通运输、仓储和邮政业 1050.5 万人，住宿和餐饮业 3294.9 万人，租赁和商业服务业 3388.3 万人，居民服务、修理和其他服务业 2552.8 万人。

下面以工业为例，来查看民营经济在我国工业中不断壮大以及目前

---

① 新华社客户端：《"十四五"加快国有经济布局优化和结构调整》，2021 年 11 月 12 日，https://baijiahao.baidu.com/s?id=1683123522041898209&wfr=spider&for=pc。

在工业各行业中所占比重。

在此需要特别说明的是，关于民营经济工业企业的范围界定。由于按照注册类型分，"私营工业企业+国有控股工业企业+外商投资和港澳台商投资工业企业"这个口径小于"规模以上工业企业"，也即有些非国有、非外资、亦非私营的工业企业没有包括进来。如果把国有控股的工业企业、外商投资的工业企业和港澳台商投资的工业企业在规模以上工业企业中排除掉，那么剩下的应该就是民营经济，这个口径比单纯的私营工业企业要大，但显然更为合理一些。

因此，后文就采用"规模以上工业企业－国有控股工业企业－外商投资和港澳台商投资工业企业＝民营经济工业企业"的计算方式，来看在工业领域中国有、民营和外资工业企业三种类型的比重变化，进而看在工业领域各细分行业中的三种所有制成分的进入程度。

（一）工业总体

1. 企业数量

规模以上工业企业单位数，1998年有165080家，到2019年增长到377815家，翻了一倍多，其中，国有控股工业企业、港澳台商和外商投资工业企业及民营工业企业，各自的数量占比（以下简称国有占比、"港澳台资+外资"占比、民营占比）[①] 如图5-1所示。

不难看出，自1998年以后，国有控股工业企业的数量占比快速下降，而民营工业企业的数量占比快速上升，1998年民营经济工业企业数量仅占比45%左右，到2010年已经上升至80%，此后基本稳定在80%以上。到2019年，民营工业企业数量为313544家，占比83.0%，国有控股工业企业数量占比仅剩5.5%。

---

① 此处的"民营工业企业"范围，为"规模以上工业企业－国有控股工业企业－外商投资和港澳台商投资工业企业＝民营经济工业企业"，后同。

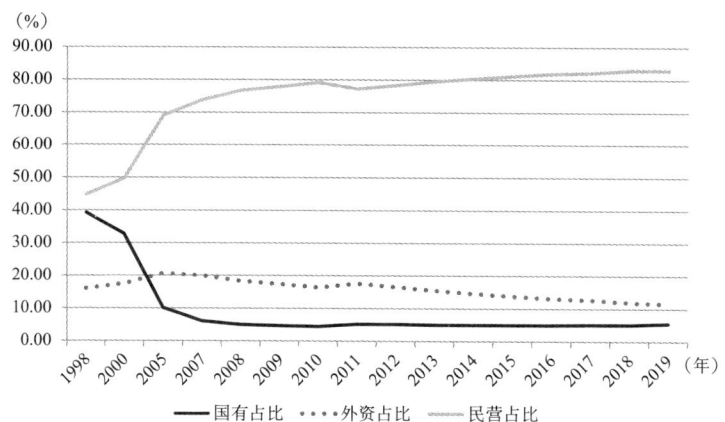

图 5-1 规模以上工业企业单位数量中三种类型企业的比重分布（企业数量）

资料来源：作者根据《中国统计年鉴（2020）》数据计算整理。

2. 企业总资产

1998 年，规模以上工业企业总资产为 108821.87 亿元，到 2019 年已经增长到 1205868.92 亿元，即 21 年间从 10.9 万亿元快速增长到 120.6 万亿元。其中，国有控股工业企业、港澳台商和外商投资工业企业及民营工业企业各自的总资产占比如图 5-2 所示。

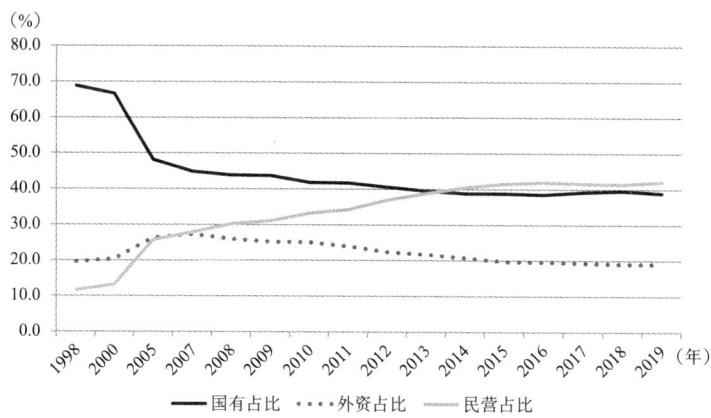

图 5-2 规模以上工业企业总资产中三种类型企业的比重分布（企业总资产）

资料来源：作者根据《中国统计年鉴（2020）》数据计算整理。

从图 5-2 中不难看出，从 2014 年开始，在规模以上工业企业的总资产占比中，民营工业企业已经超过了国有控股工业企业，随后两者的差距基本稳定。到 2019 年，在规模以上工业企业总资产 120.6 万亿元中，民营工业企业已经占到 42.1%，国有控股工业企业占 38.9%，而港澳台商和外商投资工业企业仅占 19.0%。

3. 企业营业收入

1998 年，规模以上工业企业营业收入达到 64148.86 亿元，到 2019 年增长到 1067397.16 亿元，即 21 年间从 6.4 万亿元迅猛增长到 106.7 万亿元，其中，国有控股工业企业、港澳台商和外商投资工业企业及民营工业企业各自的营业收入占比如图 5-3 所示。

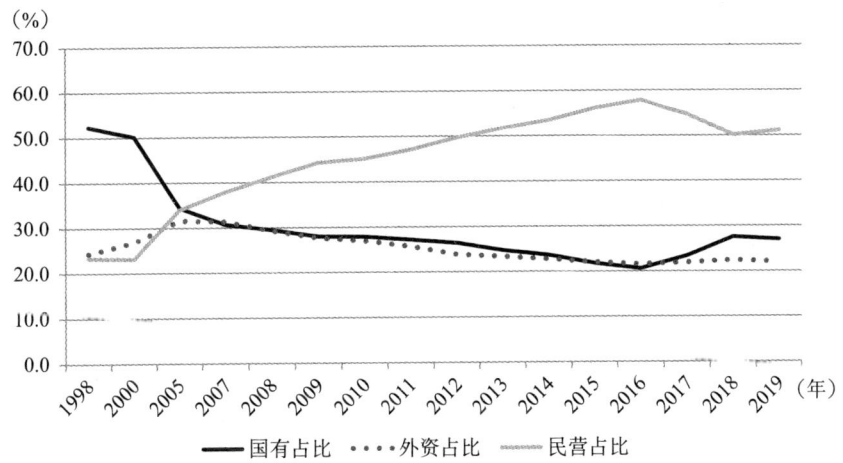

图 5-3　规模以上工业企业营业收入中三种类型企业的比重分布（企业营业收入）
资料来源：作者根据《中国统计年鉴（2020）》数据计算整理。

从图 5-3 不难看出，1998 年以后，国有控股工业企业的营业收入占比一直在下降，港澳台商和外商投资工业企业的营业收入占比也从 2005 年开始下降，只有民营工业企业的营业收入占比一直呈上升态势，基本上与国有控股工业企业呈现出此消彼长的关系。1998 年时，规模以上工业企业的营业收入中,国有控股工业企业占比 52.3%,民营工业企业占比 23.3%;到 2019 年,这一比重颠倒了过来,国有控股工业企业占比仅为 27.0%,而民营工业企业占比已经上升至 51.1%,其中 2016 年民营工业企业营业收入占比还达到过 57.8% 的高峰,国有控股工业企业营业收入占比只有 20.6%。

4. 企业就业人数

1998 年,我国规模以上工业企业用工人数为 6195.81 万人,到 2019 年,这一数据上升至 7929.1 万人。其中,国有控股工业企业、港澳台商和外商投资工业企业及民营工业企业各自的用工人数占比如图 5-4 所示。

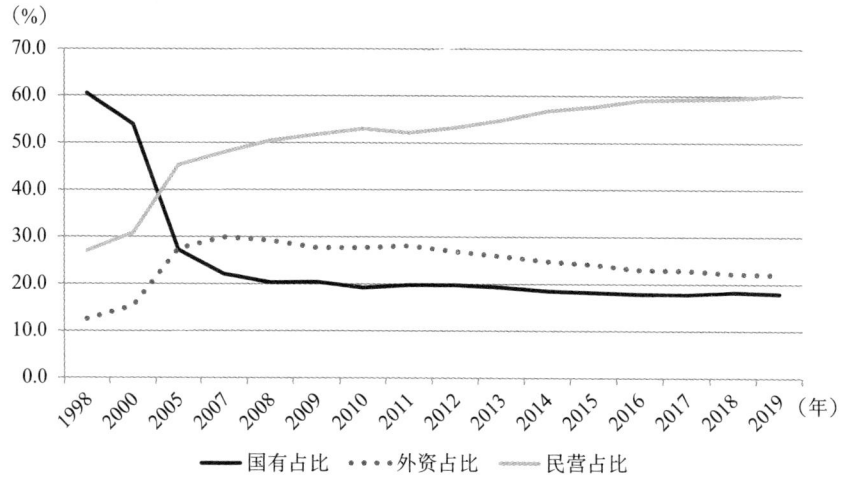

图 5-4 规模以上工业企业平均用工人数三种类型企业的比重分布(企业就业人数)

资料来源:作者根据《中国统计年鉴(2020)》数据计算整理。

从图 5-4 不难看出,规模以上工业企业平均用工人数分布的变化与营业收入分布的变化比较类似。1998 年,国有控股工业企业、港澳台商和外商投资企业、民营工业企业的平均用工人数,分别是 3747.8 万人(占比 60.5%)、775.2 万人(占比 12.5%)、1672.8 万人(占比 27.0%)。在国有企业三年脱困开始的 1998 年,国有控股工业企业在用工方面还是主力军，占比超过 60%，但在随后的 20 多年里比重一直下降。到了 2019 年，国有控股工业企业、港澳台商和外商投资企业、民营工业企业的平均用工人数，分别为 1418.5 万人（占比 17.9%）、1748.3 万人（占比 22.0%）、4762.3 万人（占比 60.1%），民营工业企业已经成了规模以上工业企业用工（就业）的主力军。从图 5-4 中还可以看出，从 2008 年民营工业企业用工占比就超过了 50%，并基本保持逐年上升的态势。

（二）各工业行业

由于《中国统计年鉴》只统计了按注册类型分的私营工业企业相关数据，该口径偏小，本章用"规模以上工业企业－国有控股工业企业－外商投资和港澳台商投资工业企业＝民营经济工业企业"来计算民营经济工业企业的成分。通过对《中国统计年鉴》提供的 2019 年规模以上工业各行业营业收入数据的计算整理，2019 年，我国规模以上工业企业营业收入总数为 1067397.16 亿元，即 106.7 万亿元，我们发现，各个工业行业中所有制成分的比重，呈现出较大的不同，可以分为如下四类。

1. 民营工业企业营业收入占行业比重超过 70% 的行业

通过计算国有控股工业企业、港澳台商和外商投资企业及民营工业企业占行业整体营业收入的比重，发现民营工业企业营业收入占比超过 70% 的行业有 13 个，如表 5-1 所示。

表 5-1　民营工业企业营业收入占行业比重超过 70% 的行业（2019 年）

行业	营业收入及占比	营业收入（亿元）	国有控股工业企业占比（%）	"港澳台资＋外资"工业企业占比（%）	民营工业企业占比（%）
其他采矿业		32.4	0.0	0.0	100.0
木材加工和木、竹、藤、棕、草制品业		8879.9	1.9	4.7	93.4
废弃资源综合利用业		5015.7	7.8	4.9	87.3

续表

行业 \ 营业收入及占比	营业收入（亿元）	国有控股工业企业占比（%）	"港澳台资+外资"工业企业占比（%）	民营工业企业占比（%）
非金属矿采选业	3556.6	12.2	2.2	85.6
纺织业	24665.8	2.8	16.5	80.7
非金属矿物制品业	56269.7	12.5	8.2	79.3
家具制造业	7346.0	1.9	18.9	79.2
农副食品加工业	47412.6	6.7	16.3	76.9
金属制品业	36535.0	8.9	14.8	76.2
印刷和记录媒介复制业	6794.0	8.8	16.2	75.0
纺织服装、服饰业	15617.8	1.3	26.6	72.1
化学纤维制造业	9175.3	12.6	16.5	70.9
橡胶和塑料制品业	25667.0	4.7	24.9	70.5

资料来源：作者根据《中国统计年鉴（2020）》数据整理。

从表5-1不难看出，民营经济在劳动密集型的轻工类行业中，如"木材加工和木、竹、藤、棕、草制品业"（占比93.4%）、"纺织业"（占比80.7%）、"家具制造业"（占比79.2%）、"纺织服装、服饰业"（占比72.1%），还有技术难度不高的"其他采矿业"（占比100%）、"农副食品加工业"（占比76.9%）、"橡胶和塑料制品业"（占比70.5%），营业收入占比都超过了70%。而国有控股工业企业在表5-1的13个工业行业中，基本已经退出，占比均不超过13%，且仅有3个行业的营业收入占比超过10%，分别是"非金属矿采选业"（占比12.2%）、"非金属矿物制品业"（占比12.5%）、化学纤维制造业（占比12.6%），其余行业的国有控股工业企业营业收入占比均为个位数。

2. 民营工业企业营业收入占行业比重50%—70%的行业

通过计算国有控股工业企业、港澳台商和外商投资企业及民营工业企业占行业整体营业收入的比重，发现民营工业企业营业收入占比50%—70%的行业有16个，如表5-2所示。

表 5-2　民营工业企业营业收入占行业比重 50%—70% 的行业（2019 年）

行业 \ 营业收入及占比	营业收入（亿元）	国有控股工业企业占比（%）	"港澳台资+外资"工业企业占比（%）	民营工业企业占比（%）
电气机械和器材制造业	64923.3	7.5	22.7	69.7
文教、工美、体育和娱乐用品制造业	12935.0	4.7	26.7	68.6
皮革、毛皮、羽毛及其制品和制鞋业	11861.5	0.7	31.3	68.0
医药制造业	23884.2	11.1	22.8	66.1
造纸和纸制品业	13335.1	4.4	29.8	65.7
专用设备制造业	30206.0	14.1	20.9	65.0
食品制造业	19510.7	6.7	29.3	64.0
黑色金属矿采选业	3614.8	35.7	2.1	62.2
仪器仪表制造业	7619.2	12.0	28.5	59.5
通用设备制造业	39520.0	12.7	30.3	57.0
黑色金属冶炼和压延加工业	70376.4	35.5	8.0	56.6
化学原料和化学制品制造业	66225.4	21.3	23.6	55.1
酒、饮料和精制茶制造业	15336.1	25.8	20.2	54.0
其他制造业	2275.9	26.3	20.9	52.8
有色金属矿采选业	2752.4	42.6	4.6	52.7
有色金属冶炼和压延加工业	53968.9	36.5	11.5	52.0

资料来源：作者根据《中国统计年鉴 2020》数据整理。

表 5-2 这 16 个民营工业企业营业收入占比 50%—70% 的行业中，尽管 "文教、工美、体育和娱乐用品制造业""皮革、毛皮、羽毛及其制品和制鞋业"还属于劳动密集型产业，但不少行业已经具有一定的资金和技术门槛，如 "医药制造业""电气机械和器材制造业"；部分行业也曾经是国资委 2006 年要求国有经济处于控制地位的行业，如 "装备制造、汽车、电子信息、建筑、钢铁、有色金属、化工、勘探设计、科技等行业或领域要保持较强控制力"行业，但是，钢铁（表中的黑色金属冶炼和压延加工业）、有色金属（表中的有色金属矿采选

业、有色金属冶炼和压延加工业)、化工(表中的化学原料和化学制品制造业),随着民营经济的发展壮大和技术的扩散与进步,民营工业企业在上述一些行业中已经取得了占据行业营收 50%—70% 的重要地位。比如,在钢铁行业(表中的黑色金属冶炼和压延加工业)中,2019 年行业营业收入为 7 万亿元,其中国有控股工业企业、港澳台商和外商投资工业企业、民营工业企业的营业收入占比分别为 35.5%、8.0%、56.6%,民营经济早已是绝对主力。

3. 民营工业企业营业收入占行业比重 30%—50% 的行业

通过计算国有控股工业企业、港澳台商和外商投资企业及民营工业企业占行业整体营业收入的比重,发现民营工业企业营业收入占比 30%—50% 的行业有 4 个,如表 5-3 所示。

表 5-3　民营工业企业营业收入占行业比重 30%—50% 的行业(2019 年)

行业＼营业收入及占比	营业收入(亿元)	国有控股工业企业占比(％)	"港澳台资+外资"工业企业占比(％)	民营工业企业占比(％)
计算机、通信和其他电子设备制造业	111872.9	8.7	48.0	43.3
石油、煤炭及其他燃料加工业	48583.4	56.6	8.7	34.7
煤炭开采和洗选业	21990.1	61.4	4.1	34.5
铁路、船舶、航空航天和其他运输设备制造业	14763.5	51.3	14.4	34.4

资料来源:作者根据《中国统计年鉴(2020)》数据整理。

民营工业企业营业收入占行业比重处于 30%—50% 的行业,只有表中的四个,说明民营经济在这四个行业中的实力还不是那么强大。在"计算机、通信和其他电子设备制造业"中,2019 年营业收入达到 11.2 万亿元,其中,国有控股工业企业、港澳台商和外商投资工业企业、民营工业企业的营业收入占比分别为 8.7%、48.0%、43.3%,港澳台商和外商投资工业企业占比最大,民营工业企业次之,国有企业份额最小。

在另外的三个行业中,"石油、煤炭及其他燃料加工业""煤炭开采和洗选业""铁路、船舶、航空航天和其他运输设备制造业",从营业收入占比来看,还是国有控股工业企业份额最大,占比均超过50%,保持了对行业的控制力,而民营工业企业份额均刚刚超过1/3,小于35%。

4. 民营工业企业营业收入占行业比重在30%以下的行业

通过计算国有控股工业企业、港澳台商和外商投资企业及民营工业企业占行业整体营业收入的比重,发现民营工业企业营业收入占比在30%以下的行业有8个,如表5-4所示。

表5-4 民营工业企业营业收入占行业比重在30%以下的行业(2019年)

行业 \ 营业收入及占比	营业收入（亿元）	国有控股工业企业占比（%）	"港澳台资+外资"工业企业占比（%）	民营工业企业占比（%）
燃气生产和供应业	9451.3	52.6	30.3	17.2
水的生产和供应业	3174.9	71.9	15.1	13.1
开采专业及辅助性活动	2434.6	87.1	3.5	9.4
汽车制造业	80418.1	43.7	48.0	8.3
金属制品、机械和设备修理业	1452.9	54.0	40.9	5.1
电力、热力生产和供应业	68112.8	89.8	5.2	4.9
石油和天然气开采业	8695.2	82.2	17.5	0.3
烟草制品业	11135.0	99.7	0.0	0.3

资料来源:作者根据《中国统计年鉴(2020)》数据整理。

在这八个行业中,民营工业企业营业收入占比中都低于20%,可以说是民营经济尚未完全突破的最后几个行业。这八个行业大致可以分为三类:

第一,垄断行业类。如国家烟草专营的"烟草制品业",民营经济只占了营收的0.3%,非常低,外资占比是0,国有经济绝对控制;国家没有太放开的"石油和天然气开采业"和"开采专业及辅助性活动"

中，国有企业依然是绝对主体，国有控股工业企业占比分别为82.2%和87.1%，民营工业企业占比分别仅有0.3%和9.4%，而外资企业凭借技术实力占据了少量份额。

第二，基础设施和公用事业类，即一些重要基础设施，以及供水供电供气的"水的生产和供应业""电力、热力生产和供应业""燃气生产和供应业"。民营经济有所进入，但营业收入份额都不太高，供水占行业营业收入的13.1%，供电供热占行业营业收入的4.9%，供气占行业营业收入的17.2%（比较知名的民营企业有新奥燃气等）。从行业营业收入份额上来看，国有企业还是主体。

第三，资质管理类。"汽车制造业"和"金属制品、机械和设备修理业（如船舶维修等），"在我国行业管理中，是需要资质管理的，即有比较高的技术、经济门槛，也存在一定的牌照数量限制。在"汽车制造业"中，2019年8万亿元营业收入中，国有控股工业企业占43.7%，港澳台商和外商投资工业企业占48.0%，民营工业企业只占8.3%。在"金属制品、机械和设备修理业"中，国有、港澳台资和外资、民营企业的营业收入比重分别占54.0%、40.9%、5.1%。

在我国大多数行业已经放开的情况下，恰恰是民营工业企业在行业营业收入占比中低于20%的这三类行业，垄断行业类、基础设施及公用事业类、资质管理类，国家对民营企业还没有完全放开，而对这三类行业的管理方式，将在下文进行分析。

三、我国政府对少数特定行业的管理方式

本部分针对垄断行业类、公用事业类、资质管理类行业企业，梳理我国政府在这几类行业中的管理方式。

（一）垄断行业类

从汉代的"盐铁专营"开始，我国历史上就有国家垄断一些行业的传统，或出于弥补国家财政的考虑，或出于国家安全等方面的考虑。而由国家垄断某些产业的专营权利在国外也并不少见。在我国，这类行业的垄断经营者通常是国有企业，这是可以理解的，也是历史的延续。不过，也可以尝试在这些行业中适当引入非国有企业，同时将非垄断性环节分离开来对非国有资本开放。

时至今日，我国的垄断行业大致可以细分为两类，一类是行政性垄断，另一类是自然垄断。

1. 行政性垄断

这些行业由国家通过行政命令的方式实行排他进入。比较突出的有三大行业。

（1）烟草行业，国家专营专卖，《中华人民共和国烟草专卖法》第一条就明确指出，"为实行烟草专卖管理，有计划地组织烟草专卖品的生产和经营，提高烟草制品质量，维护消费者利益，保证国家财政收入，制定本法"[1]。

（2）国防军工，各类武器的生产毕竟事关国家安全、人民安全和社会稳定，我国主要是国有企业从事。近年来，随着"军民融合"政策的深入，国防军工部分非敏感环节、军民通用技术与产品逐渐放开给民营企业进入，但仍然实施资质管理，后文还将深入分析。

（3）矿产资源。《中华人民共和国矿产资源法》第一条指出，"为了发展矿业，加强矿产资源的勘查、开发利用和保护工作，保障社会主义现代化建设的当前和长远的需要，根据中华人民共和国宪法，特制定

---

[1]《中华人民共和国烟草专卖法》1991年6月29日第七届全国人民代表大会常务委员会第二十次会议通过，2009年、2013年、2015年做过三次修订。

本法"。这指出了立法宗旨。第三条明确了"矿产资源属于国家所有，由国务院行使国家对矿产资源的所有权"。第四条明确规定了开采矿产资源的主体，"国家保障依法设立的矿山企业开采矿产资源的合法权益。国有矿山企业是开采矿产资源的主体。国家保障国有矿业经济的巩固和发展"。而石油仅是矿产资源中的一类，属于能源矿产[①]。

通过对《中国统计年鉴》数据的整理，我们发现民营工业企业在2019年"石油和天然气开采业"和"开采专业及辅助性活动"两个行业中的营业收入占比还不到1%，就比较容易理解了。

2. 自然垄断类

自然垄断是指，由于存在规模经济效应和范围经济效应，某些产品和服务由单个企业大规模或网络化生产经营比多个企业同时生产经营更有效率的现象。尽管严格意义上的自然垄断行业非常少见，而且到底哪些行业可以定为自然垄断行业也存在一些争议，但可以认为，从某种程度上看，一些基础设施和公用事业领域带有自然垄断的性质，而且两者在范围上有所重叠。

需要指出的是，对于自然垄断行业中的竞争性环节，近年来国家逐渐对民间资本放开进入，未来有望进一步放开。在《〈中共中央关于制定国民经济和社会发展第十四个五年规划和二〇三五年远景目标的建议〉辅导读本》中，国务院国资委党委书记、主任郝鹏撰写的《激发各类市场主体活力》指出，要"推进能源、铁路、电信、公用事业等行业竞争性环节市场化改革"[②]。

---

① 《中华人民共和国矿产资源法》1986 年 3 月 19 日第六届全国人民代表大会常务委员会第十五次会议通过，1996 年、2009 年做过两次修正。
② 新华社客户端：《"十四五"加快国有经济布局优化和结构调整》，2021 年 11 月 12 日，https://baijiahao.baidu.com/s?id=1683123522041898209&wfr=spider&for=pc。

（二）基础设施和公用事业类

基础设施和公用事业行业与自然垄断行业有重叠，但此行业更突出的特点是其偏公益性，主要向社会提供公共产品和普遍性服务，往往投资较大，生产运营要求稳定，产品或服务品质要求高，而且由于涉及民生，政府对其价格有管制，不允许高价或乱涨价，最典型的行业就是供水供气供电（热）行业。

对于基础设施和公用事业行业，我国常常采用特许经营的方式进行管理。2015年6月1日起施行的《基础设施和公用事业特许经营管理办法》，由国家发展和改革委员会、财政部、住房和城乡建设部、交通运输部、水利部、中国人民银行六部委联合发布。该办法指出"中华人民共和国境内的能源、交通运输、水利、环境保护、市政工程等基础设施和公用事业领域的特许经营活动，适用本办法"。该办法第三条明确，"本办法所称基础设施和公用事业特许经营，是指政府采用竞争方式依法授权中华人民共和国境内外的法人或者其他组织，通过协议明确权利义务和风险分担，约定其在一定期限和范围内投资建设运营基础设施和公用事业并获得收益，提供公共产品或者公共服务"。严格地说，该领域并不完全排斥非国有资本的进入，但由于各种因素，进入的非国有资本还是比较少。

近年来，部分民营企业通过特许经营的方式逐渐进入了一些基础设施和公用事业行业。前文分析的"燃气生产和供应业"中，2019年民营企业已经占到该行业营业收入的17.2%。其中，比较知名的一家是新奥集团。其官方网站披露，截至2020年6月30日，新奥能源在全国运营229个城市燃气项目，为2194.5万个住宅用户和15.7万家工商业用户提供燃气服务，覆盖接驳人口超过1亿人，天然气储配站199座，现有中输及主干管道5.69万公里，累计投运泛能项目108个，在建项目 23 个①。

（三）资质管理类

对于那些非垄断行业、非公用事业的一般性行业，我国出于质量与安全的考虑，除行业正常监管外，在一些行业依然执行资质管理，比如在若干工业行业，采用工业产品生产许可证制度。要进入这些行业，必须取得相应的产品生产许可证。

《中华人民共和国工业产品生产许可证管理条例》第一条就明确指出了立法宗旨："为了保证直接关系公共安全、人体健康、生命财产安全的重要工业产品的质量安全，贯彻国家产业政策，促进社会主义市场经济健康、协调发展，制定本条例②。"

《中华人民共和国工业产品生产许可证管理条例》第二条明确了实行生产许可证制度的范围。"国家对生产下列重要工业产品的企业实行生产许可证制度：（一）乳制品、肉制品、饮料、米、面、食用油、酒类等直接关系人体健康的加工食品；（二）电热毯、压力锅、燃气热水器等可能危及人身、财产安全的产品；（三）税控收款机、防伪验钞仪、卫星电视广播地面接收设备、无线广播电视发射设备等关系金融安全和通信质量安全的产品；（四）安全网、安全帽、建筑扣件等保障劳动安全的产品；（五）电力铁塔、桥梁支座、铁路工业产品、水工金属结构、危险化学品及其包装物、容器等影响生产安全、公共安全的产品；（六）法律、行政法规要求依照本条例的规定实行生产许可证管理的其他产品。"

在《中华人民共和国工业产品生产许可证管理条例》第三条明确

---

① https://www.xinaogas.com/wps/portal/xanyzh/gyxany/gsjj?pageid=gsjj.
② 《中华人民共和国工业产品生产许可证管理条例》于 2005 年 6 月 29 日国务院第 97 次常务会议通过，自 2005 年 9 月 1 日起施行。

了三层意思：一是目录管理，"国家实行生产许可证制度的工业产品目录（以下简称"目录"）由国务院工业产品生产许可证主管部门会同国务院有关部门制定，并征求消费者协会和相关产品行业协会的意见，报国务院批准后向社会公布"。二是明确了可以不实行许可证的范围，"工业产品的质量安全通过消费者自我判断、企业自律和市场竞争能够有效保证的，不实行生产许可证制度。工业产品的质量安全通过认证认可制度能够有效保证的，不实行生产许可证制度"。三是逐步缩小范围，"国务院工业产品生产许可证主管部门会同国务院有关部门适时对目录进行评价、调整和逐步缩减，报国务院批准后向社会公布"。

近年来，我国的工业产品生产许可证经历了多次压减，数量已经大为减少。李克强总理在 2018 年 9 月 12 日的国务院常务会议上决定，再压减工业产品生产许可证 1/3 以上并简化审批，为市场主体减负。经李克强总理签批，国务院 2019 年 9 月印发的《关于调整工业产品生产许可证管理目录加强事中事后监管的决定》，在近年来大幅压减工业产品生产许可证的基础上，再取消了内燃机、汽车制动液等 13 类工业产品生产许可证管理[①]。

虽然总体趋势是减少工业产品生产许可证管理，但若干特定的行业，目前的管理依然比较严格。

比如武器装备科研生产许可证，是指依据《武器装备科研生产许可管理条例》和《武器装备科研生产许可实施办法》，对从事武器装备科研生产许可目录所列的武器装备科研生产活动，申请取得的武器装备科研生产许可的资格证书。具体由国防科工局负责全国的武器装备科研生产许可管理。涉及国家安全，管理严格不难理解。

再如，对汽车生产的资质，我国工业主管部门一直管理得非常严。曾经有一段时间，由于当时汽车生产企业资质在某种程度上是终身制，

---

① http://finance.sina.com.cn/china/2018-09-12/doc-ihiycyfx9228233.shtml。

且没有新增，民营企业要想进入汽车生产行，只能通过收购有资质的国有汽车厂商来曲线进入。如 2003 年比亚迪公司通过收购西安秦川汽车有限公司，进入了汽车制造和销售领域。

2015 年，汽车生产主管部门工信部打破了汽车生产企业资质终身制，将 14 家僵尸车企退市。时至今日，想申请进入汽车制造行业者，可以依据《道路机动车辆生产企业及产品准入管理办法》（工业和信息化部令第 50 号）的相关要求，向工业和信息化部装备工业一司提出申请。

实行资质管理的行业，本质上并不排斥非国有资本。但是，由于历史延续的原因、监管简单化的原因，以及一些非国有企业自身的原因，非国有资本在该领域还处于比较弱势的地位。从改革开放的大趋势来看，该领域应该努力朝着公平开放、公平竞争、公平监管的方向发展。

四、国际经验

世界其他国家国有企业的分布领域和国家对特殊领域的管理，能给我们提供一些借鉴和启示。

（一）世界主要国家国有企业的分布领域

1. OECD 国家各国央企就业占非农就业比重

许多国家都有国有企业，甚至一些国家的某些领域也由国有资本所主导、所控制。经济合作与发展组织 2017 年对 39 个经济体的研究显示，截至 2015 年底，它们的中央政府独资或控股了 2467 家商业导向的企业，其以股权价值（equity value）衡量的资产规模超过 2.4 万亿美元，雇员超过 920 万人。OECD 国家，央企占非农就业比重最大的国家依次是挪威（9.6%）、拉脱维亚（6.7%）、爱沙尼亚（4.8%）、匈牙利（4.2%）、法国（3.5%）、芬兰（3.5%）、捷克（3.4%）、斯洛伐克（3.1%）、意大利（3.1%）[①]（见图 5-5）。

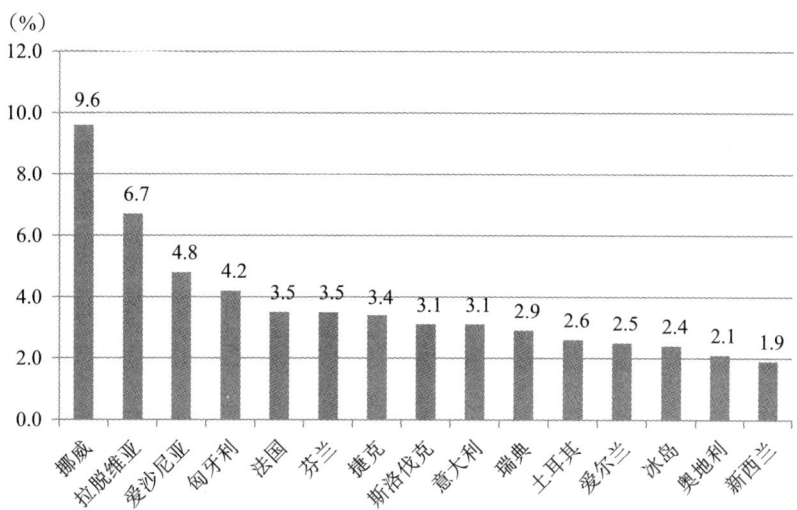

图 5-5　OECD 国家各国央企就业占非农就业比重前 15 名（2015 年底）

总体来看，这 39 个样本经济体的央企高度集中于公用事业等具有网络特征的产业，例如电信、电力、燃气、交通等行业。此外，金融业、采矿业也是国有资本比较集中的行业。

2. 样本国家国有企业的形态

从企业形态来看，这 39 个经济体的央企大致可分为三类：一是国有控股的上市企业；二是国有控股的非上市企业；三是法定公司（stat-

---

[①] OECD (2017), The Size and Sectoral Distribution of State-Owned Enterprises, OECD Publishing, Paris.

utory corporations)① 和准企业（quasi-corporations)②。

这39个经济体的大部分央企（按股权价值计算占92%，按雇员数量计算占84%）是完全按照一般公司法成立的企业，其中，上市公司和非上市公司按股权价值计算基本各占一半，分别为45%和47%。只有少数央企（按股权价值计算占8%，按雇员数量计算占16%）是以法定公司或准企业的形式存在。

除了独资或控股企业外，39个样本经济体中很多政府都在上市公司中保留了重要的少数股权（即国有参股）。39个样本经济体中，总共在134家上市公司中拥有少数股权，这134家公司市值9123亿美元，雇员280万人。

在所有国有股权超过10%的上市公司中，国家持有多数股权（即国有控股）的主要集中在电力和燃气、初级产业、金融和其他公用事业；而国家持有少数股权的，更为普遍的是在电信、制造业、房地产和交通行业。这在某种程度上表明，这39个经济体的央企，也是将其国有资本布局在关键少数领域中。

以法国为例，其在上市公司持有的多数股权和少数股权的企业状况如表5-5所示。法国政府持有核工业巨头阿海珐集团（AREVA）近90%的股权，持有法国电力集团（EDF）85%的股权，持有法国国家人寿保险公司（CNP Assurance）近80%的股权，持有法国巴黎机场近51%的股权。很显然，在核能、电力、保险、机场这些关键领域，法国政府保持了控股，这些大集团大公司在国际上也享有盛誉。在参股方面，法国政府持有橙电信（Orange）23%的股权，持有著名的汽车制造公司雷诺汽车近20%的股权，在空中客车集团公司中亦持有10.93%的股权。

---

① 法定公司（statutory corporations），是由国家根据特定法律设立的公司。它们的确切性质因司法权而异，因此，它们可能是由政府拥有的普通公司（可以有其他股东，也可以没有），或者它们可能是一个由国家政府或次级政府依法建立并控制的没有股东的机构。

② quasi-corporations，准企业，在政府部门内部从事商业活动的实体，也应该视为国有企业，因为其在财务上自主，且明显有定价行为。

表 5–5　2015 年底法国中央政府控股和参股的上市企业状况

国家持有多数股权（≥50%）			国家持有少数股权（10%—49%）		
企业名称及国有股权占比（%）	市值（百万美元）	雇员数量（人）	企业名称及国有股权占比（%）	市值（百万美元）	雇员数量（人）
Areva（88.41） EDF（84.94） CNP Assurance（78.23） Aéroports de Paris（50.63）	52453	209809	Dexia（44.40） Engie（32.76） ERAMET（27.00） Thalès（25.98） Orange（23.05） Renault（19.74） Air France – KLM（17.58） Safran（15.39） PSA Peugeot Group（13.69） Airbus Group（10.93）	237265	981259

资料来源：OECD（2017）。

（二）国外的特殊法人及其改革

前文梳理了世界主要国家的央企，时至今日，有许多是集中于网络特征强、自然垄断的燃气等公用事业或是交通等基础设施领域。那么，这些国家对这些领域的企业是如何进行管理的呢？一种方法是，实行特殊法人制度。

1. 特殊法人的概念、范围与实践

对于特殊法人的概念，陈小洪的表述较为清楚[1]。他指出，日本是

---

[1] 陈小洪："日本特殊法人制度的介绍及其启示"，《管理世界》1997 年第 4 期。

以私人企业为主体的资本主义国家,但存在一些公企业(日语直译)。所谓公企业,按日本东京大学植草益教授的说法是满足"(1)政府及地方自治体(地方政府)所有或根据公法设立并接受公法规则;(2)有偿服务;(3)实行独立核算"三个基本条件的企业。特殊法人是着眼于公企业的"法定性",根据国家的特别企业法设立和规范的公企业。作为特殊法人设立依据的特别法,不是指涉及行业内所有企业的行业法,而是只涉及所设立企业的特别法。他认为,特殊法人的主要事业领域是政策性业务和社会资本的建设和管理。所谓社会资本,是指人类生活和经济发展不可缺少,但由于其有外部性、非排他性,仅靠市场机制不能充分供给的财物(含服务)。产业和生活基础设施是最重要、最狭义的社会资本。根据费用收益特点,社会资本可以分为两类:一类是外部性、非排他性很强,投资基本不能回收或不宜回收的设施和事业,如公园、水利设施、基础科研事业及设施;另一类是非排他性较弱,资金全部或大部分可以回收,因而能按"受益者负担"原则运作的事业和设施,如收费公路、公用住宅、基础通信、部分能源和运输设施(港口、机场)等。

不难看出,特殊法人的主要事业领域就是我们常说的公园及水利设施等公益性事业、回收期较长的基础设施,以及公用事业。综合相关文献,可以发现,国外市场经济国家,对于一些从事公益性事业、公用事业及基础设施运营的企业,采用特殊法人形式进行管理,其中以日本比较典型。

不少文献指出,很多市场经济国家都保持着一定量的政府投资企业,这些企业的性质是公营企业,是特殊法人,且其设立范围主要以非竞争性领域为界[1]。黄河、张旺指出,特殊法人制是不同于《公司法》规定的一般法人的治理方式,实行特殊法人制的机构或企业的组织及有

---

[1] 刘伟东:"《特殊法人:公营企业研究》简评",《经济学动态》2001年第4期。

关关系（治理结构、业务程序、财务等）不受或不完全受《公司法》或《民法》规范，而根据针对该法人的特定法律或规定规范。特殊法人可以是公司，甚至是上市公司，但它们主要受专门法律规范，专门法律未规范的事项才受《公司法》规范。特殊法人通常是日本的称法，在英国被称为贸易基金，在欧洲大陆被称为特殊公司。在发达市场经济国家，特殊法人制是国有单位的基本组织形式之一[①]。

日本的特殊法人制度曾经广受赞誉，但也不是一成不变的，也因应时势进行了改革。日本的特殊法人，尤其是在运输、通信等传统自然垄断行业的特殊法人，在日本战后经济复兴与增长时期，在国家政策实施方面发挥了很大作用，为日本经济的高速增长做出了巨大贡献。但随着时间推移，随着市场规模的扩大与技术水平的提高，一些传统的自然垄断行业，其自然垄断性不断削弱，可竞争性在增强。另外，随着特殊法人的不断发展和作用范围的扩大，在国有企业二重性特征的作用下，其负面效应及其体制本身的弊端也日益突出。特殊法人的增加也导致国家机构的扩大和国家支出的增加，因此，当日本经济高速增长告一段落，社会资本得到一定程度的充实、民间资本不断增加的时候，特殊法人存在的意义便受到人们的质疑。正是在这样的背景下，20世纪80年代，日本开始了战后第一次大规模的特殊法人改革，主要是对三公社的民营化。以日本电信电话公社、日本国有铁道公社、日本专卖公社为代表的特殊法人民营化实质上是将民间资本引入大型国有企业形成公私混合经济体的过程。因引入了私人资本，持股相对分散，对加强管理和监督，提高企业竞争力和经济效益无疑有很大的促进作用。从实践上看，效果也是明显的，是相当成功的国有企业改革的范例[②]。

[①] 黄河、张旺："特殊法人制及其借鉴意义"，《水利发展研究》2004年第12期。
[②] 安洋：《日本特殊法人研究》，吉林大学博士学位论文，2005年10月，第五章、第六章。

2. 以法国电力集团（EDF）为例

这里以法国电力集团（EDF）为例，来查看国外特殊法人的实践操作与特征①。

（1）法国电力集团概况。法国电力集团（ÉLECTRICITÉ DE FRANCE，EDF）是一家法国政府持股84.5%的国有控股上市公司，它是欧洲最大的电力生产商，也是欧洲最大的可再生电力生产商，覆盖发、输、配电的各个环节及能源服务。其在核电领域享誉世界，在20世纪80年代初期就已经进入中国，并在我国大亚湾核电站建设中扮演了中广核集团"老师"的角色。

（2）上市与股权分布。2005年11月21日，作为大型国有企业的法国电力集团成功实现整体挂牌上市，成为法国历史上和欧洲2001年以来最大的企业上市项目，也是2005年全球第二大上市项目。截至2014年12月31日，法国电力的股权结构为：法国政府占84.5%，机构投资者和散户占13.7%，法国电力的员工占1.7%，库存股份（treasury shares）占0.1%。

（3）法国电力集团作为国有企业的法律框架与合同框架。根据相关法律和规定，法国电力集团作为一家法国重点国有企业，其法律框架与合同框架如下：①法国国家持股局（French State Shareholdings Agency，APE）代表国家作为股东；②任何关于财务、投资、并购和出售或者有关公司人员的报酬的决策，必须得到法国政府的批准（1953年8月9日的法令）；③公司面临来自不同部门的众多财务控制：国家巡视员（State Inspector）、审计法院（Cour des Comptes，政府的审计机构）、财务检查局（Finance Inspection）；④主要的合同协议由特定的市场委员会审查，该委员会的角色是确保奖励条件的规范性，其意见是建议性

---

① 贾涛：《法国电力集团的分析与启示》的相关内容，国务院发展研究中心调研报告，2016年第105号。

的；⑤法国电力集团的董事长和 CEO 是由董事会推荐、由法国总统的法令任命的；⑥依照法国宪法第十三条的规定，其董事长和 CEO 是基于以下而任命的：候选人的面试、法国国民议会（French National Assembly）和参议院（Senate）的相关永久委员会的意见；⑦自 2014 年 11 月的股东大会起，董事会可以由 3—18 名成员组成，其中包括由股东大会任命的成员（根据 the Order 的第六条，如果需要可由国家推荐）、1 名国家代表（State Representative，根据 the Order 第 4 条，由经济部长在国家代理人 State Agents 中任命）和 1/3 的根据 1983 年 7 月 26 日法令选出的员工代表。

（4）法国电力作为上市公司的公司治理。法国电力集团不仅是一家国有控股企业，而且还是一家上市公司。作为一家上市公司，法国电力集团必须遵守上市公司的法律和公共部门实体的特定标准。

（5）政企关系。由于法国电力是政府持股 84.5% 的国有控股公司，其从理论上应该贯彻政府这个大股东的意志。同时，法国电力又是上市公司，在多年的运作中已经形成了较为清晰规范的公司治理。因此，法国电力与政府之间的关系主要是两种：一种是法国政府通过国家持股局作为国家代表来行使股东权利；另一种就是相关部门的行业监管或审计。具体而言，法国电力集团还受到来自法国核安全管理局和法国能源监管委员会的行业监管及相关审计。

①法国核安全管理局。法国电力集团中百分之七十多的发电量来自核电，鉴于核反应堆的特殊性和安全性要求，与其相关的政府部门还有 ASN（法国核安全管理局，French Nuclear Safety Authority）。该局负责控制法国境内核设施的安全。

②法国能源监管委员会。法国电力集团是电力供应商，涉及能源相关部门，即法国能源监管委员会（French Energy Regulatory Commission，CRE）。该委员会按照能源政策，保证电力和天然气市场对终端用户的正常功能。其监管领域包括能源网络（访问调控网络及其运行

与发展；网络运营商的独立性）、能源市场（监控能源和碳市场交易；监控零售市场，例如对调整税费提出建议）。

③其他涉及法国电力集团的政府控制程序。其他涉及法国电力集团的政府控制程序主要有：第一，法国电力集团可能会经历国家审计程序，尤其是经济与财务估值评价（economic and financial evaluation assessment）和综合财务检查办公室（General Finance Inspection Office，法语为 Inspection Générale des Finances）的检查。第二，法国电力集团的账目和管理，以及在适用的情况下那些直接持股的主要的子公司，都会处于"审计法院"（Cour des Comptes，为政府的审计机构）的控制之下：报告集团主要实体的工作小时数；报告法国电力集团的薪酬状况；报告对水电优惠的更新情况；报告配电优惠情况。第三，法国电力集团也必须接受由议会执行的审计程序。

五、基本结论

改革开放以来，我国对国有经济的改革、对非公经济的认识，在不断深化。随着国有经济战线的收缩，民营经济已经占据了重要地位，在大部分工业行业中，民营资本基本上已无进入障碍，在相当多的工业行业中，民营经济在行业营业收入中已经超过 50%。截至 2019 年底，民营经济仅在国家有一定限制进入的三类行业的营业收入占比低于 20%。这三类行业是"烟草制品业""石油和天然气开采业"等垄断行业，供水供电供气等基础设施与公用事业行业，以及"汽车制造业"等较高资质管理类行业。

从国际经验来看，世界主要国家的国有企业日益集中于少数重要战略性行业，如供电供气、交通、通信、金融、资源开发等行业，尤其是高度集中于具有网络特征的公用事业。在这些行业中，一些国家采用特殊法人制度来管理国有企业，但特殊法人也在实施改革，逐渐引入民营资本并上市。对于这些行业，国家应该有规范透明的监管政策。

未来，我国可以在更多行业和领域扩大对非国有资本的开放。更重要的是，对于关系国家安全、国民经济命脉、国计民生等行业和领域的界定，不宜过于扩大。对于前瞻性、战略性的高科技产业，以及新型基础设施，也应该鼓励非国有资本进入，保障各类企业公平竞争，使企业在竞争中公平优胜劣汰。

第六章
对外资的限制

改革开放40多年以来,我国对外资的开放力度日益加大。目前,我国已经成为全球对外资开放程度最高的国家之一。不过,对外资设定一些限制,也是全球通行规则。如果把"三公一平一同"作为我国企业发展基本政策,那么对外资设定一些限制,可能意味着对"三公一平一同"的某种程度的偏离,这个问题应该如何处理?

随着我国对发展和安全进行统筹考虑的意识的加强,这个问题变得更加令人关注。2020年12月,国家发展改革委、商务部发布了《外商投资安全审查办法》,并明确规定该办法自2021年1月起施行。这引发了海外市场的广泛关注和多种反应。一种观点认为,《外商投资安全审查办法》是一种保护主义,甚至会导致开放的倒退。也有观点认为,这是一种误读。实际上,对外资进行安全审查和适当限制,是国际普遍现象和通行做法。不仅如此,当今世界经历大变局,全球主要经济体对外资的限制普遍出现收紧的新趋向。尽管各国对外资限制的程度有所差异,但大多以国家安全审查、反垄断审查和特定行业准入限制等三种形式对外资进行适当限制。当然,我们也不应该完全忽视这些误读,而应该合理把握安全审查的界限,避免适当限制成为不当限制和过度限制。在此背景下,研究我国对外资如何逐步开放,下一步将如何使不开放政策更加透明和符合国际惯例,具有非常重要的现实意义。

一、我国外资准入政策的历史演进

我国对外资的开放或准入政策,经历了"地域扩大和产业差异化引入—加速推进与调整优化—负面清单持续缩减"的历史演进过程。这里借鉴一些学者的划分方法,以三大重要历史事件为节点,将其分为三大阶段[①]。

(一) 地域扩大和产业差异化引入阶段(1978—2001年)

这一阶段,我国对外资的开放,主要集中在开放地域上的逐步扩大。从改革开放初期的沿海城市开放,到20世纪90年代的沿江沿边和内陆中心城市开放,我国逐步形成了对外资准入的全方位区域开放格局。与此同时,在外商投资法律体系建设和市场准入等方面也进行了初步构建和探索。

1. 对外资开放的地域逐步扩大

我国对外资的开放,最早是从经济特区先行先试开始的。1979年7月,中共中央、国务院同意在深圳、珠海、汕头和厦门试办出口特区,特许其在对外经济活动中实行特殊政策和灵活措施。1980年5月,中共中央、国务院将出口特区改称为经济特区;同年8月26日起施行的《广东省经济特区条例》,从土地使用价格、进口生产资料的进口税、企业所得税税率等方面为经济特区吸引外商直接投资实行优惠政策提供了法律保障,从而正式拉开了经济特区先行先试的帷幕。此后,对外资

---

① 杨丽花、王跃生:"建设更高水平开放型经济新体制的时代需求与取向观察",《改革》2020年第3期。

开放的地域逐渐扩大。1984年5月,中共中央、国务院决定进一步开放天津、上海、大连、秦皇岛等14个沿海港口城市,并提出逐步兴办经济技术开发区。1985年2月,中共中央、国务院决定在长江三角洲、珠江三角洲和闽南厦漳泉三角地区开辟沿海经济开放区。1988年4月,七届全国人大一次会议决定建立海南经济特区,将海南打造成全国最大的经济特区[1]。1990年4月,中共中央、国务院决定进一步开发、开放上海浦东,上海浦东新区成为我国首个国家级新区,从而初步形成了由点及面的沿海开放经济带。1992年1月和2月,邓小平同志的南方谈话明确回答了长期困扰和束缚人们思想的许多重大认识问题。之后,我国对外开放进入新的阶段,开放地域由沿海地区延伸至沿边、沿江和内陆中心城市。1992年3月,国务院决定进一步对外开放黑龙江省黑河市和绥芬河、吉林省珲春市、内蒙古自治区满洲里市等四个边境城市;同年7月,国务院决定进一步对外开放重庆、岳阳、武汉等五个长江沿岸城市,哈尔滨、长春、呼和浩特、石家庄四个边境和沿海地区的省会城市,太原、合肥、南昌、郑州、长沙、成都等11个内陆地区省会城市[2],以及内蒙古自治区二连浩特市[3],从而初步实现了对外开放的从南到北、由东向西、从沿海到内陆的全面对外开放格局。2000年1月,伴随着西部大开发战略的全面实施,我国对外开放进一步扩大至广大中西部地区。至此,一个从沿海到沿江沿边、再到内陆中西部地区的全方位对外开放格局基本形成。

---

[1] 中共中央党史和文献研究院:《中华人民共和国大事记(1949年10月—2019年9月)》,《人民日报》2019年9月28日,第5版。

[2] 《国务院关于进一步对外开放重庆等市的通知》,《中华人民共和国国务院公报》1992年第23号。

[3] 《国务院关于进一步对外开放二连浩特市的通知》,《中华人民共和国国务院公报》1992年第23号。

2. 对外资开放的法律体系初步构建

1979年7月,五届全国人大二次会议通过的《中华人民共和国中外合资经营企业法》提出,允许外国合营者在我国境内与中国合营者共同举办合营企业。1982年12月,五届全国人大五次会议通过的《中华人民共和国宪法》第十八条规定:"允许外国的企业和其他经济组织或者个人依照中华人民共和国法律的规定在中国投资,同中国的企业或者其他经济组织进行各种形式的经济合作[①]。"此后,我国先后制定了《中华人民共和国涉外经济合同法》(1985年3月)、《中华人民共和国外资企业法》(1986年4月)、《国务院关于鼓励外商投资的规定》(1986年10月)、《中华人民共和国中外合作经营企业法》(1988年4月)、《中华人民共和国中外合资经营企业法》(1990年4月第一次修正)、《中华人民共和国外商投资企业和外国企业所得税法》(1991年4月)等一系列法律法规。这些法律法规,既为我国相关部门管理外商投资提供了法律依据,也为外国投资者在中国投资提供了制度层面的司法保障。此外,为适应WTO规则,我国在2000年10月修订了《中华人民共和国外资企业法》和《中华人民共和国中外合作经营企业法》,在2001年3月修订了《中华人民共和国中外合资经营企业法》,使相关法律条款与WTO规则相一致。例如,修订前的《中华人民共和国外资企业法》第十五条规定:外资企业的物资"在同等条件下,应当尽先在中国购买",修订后改为"按照公平、合理的原则,可以在国内市场或者在国际市场购买"。

3. 对引资项目产业差异化引入的初步探索

20世纪80年代末期,随着储蓄和外汇"双缺口"的逐渐消失,我国利用外资的政策目标更多地转向引进技术、促进产业结构升级,以及

[①] 《中华人民共和国宪法(一九八二年十二月四日第五届全国人民代表大会第五次会议通过)》,《中华人民共和国国务院公报》1982年第20号。

提升全要素生产率①。1986年10月发布的《国务院关于鼓励外商投资的规定》，对外资举办的产品出口企业和先进技术企业，在场地使用费、水电和通信等基础设施、信贷资金、企业所得税、用汇以及进出口手续等方面给予了特别优惠②。1995年6月，原国家计委、原国家经贸委和原外经贸部联合发布的《指导外商投资方向暂行规定》和《外商投资产业指导目录》，将外商投资项目分为鼓励、允许、限制和禁止四类，其中，将鼓励类、限制类和禁止类的外商投资项目列入指导目录，以加强对引资项目的产业引导，从而开启了利用产业指导目录作为基本政策依据的外商投资管理模式，它也是我国对外商投资实施负面清单管理的最早的制度根源③。1997年12月，原国家计委又发布了第二版《外商投资产业指导目录》（以下简称《指导目录》），开始有限度地放开银行、保险、外贸、会计师事务所、律师事务所、零售商业等服务行业。2000年6月，为引进先进技术和设备，发展中西部地区比较优势产业和技术先进的企业，原国家经贸委、原国家计委、原外经贸部联合发布了首版《中西部地区外商投资优势产业目录》。

（二）加速推进与调整优化阶段（2001—2012年）

2001年12月11日，我国正式成为WTO成员。此后，我国对外资的开放进入了一个新的阶段。一方面，通过不断修订《外商投资产业指导目录》和《中西部地区外商投资优势产业目录》，稳步推进双边和多边自由贸易区建设，持续加大对外资的开放力度。另一方面，

---

① 刘建丽："新中国利用外资70年：历程、效应与主要经验"，《管理世界》2019年第11期。

② 《国务院关于鼓励外商投资的规定》，《中华人民共和国国务院公报》1986年第26号。

③ 韩超、朱鹏洲："改革开放以来外资准入政策演进及对制造业产品质量的影响"，《管理世界》2018年第10期。

通过取消外资企业的"超国民待遇",不断调整和优化对外资的开放政策。

1. 产业领域不断扩大

为统筹国内发展和对外开放,优化外资结构,推动产业结构升级,我国于 2002 年 3 月、2004 年 11 月、2007 年 10 月和 2011 年 12 月先后四次修订了《外商投资产业指导目录》,使外资更多更好地流向绿色、高新技术产业[1]。其中,2002 年 3 月发布施行的第三版《指导目录》,基本放开了银行、证券、保险、外贸、运输、旅游、会计审计、法律服务等诸多服务业行业。2007 年 10 月发布施行的第五版《指导目录》,对服务业基本全面放开,但对外资控股比例仍有所限制。2011 年 12 月发布施行的第六版《指导目录》,不仅增加鼓励类条目、减少限制类和禁止类条目,如将外商投资医疗机构、金融租赁公司等从限制类调整为允许类,而且取消了部分领域对外资的股比限制,有股比要求的条目比原目录减少 11 条。与此同时,我国于 2004 年 6 月和 2008 年 12 月两次修订了《中西部地区外商投资优势产业目录》(以下简称《中西部产业目录》)。其中,2008 年 12 月公布施行的第三版《中西部产业目录》共列条目 411 条,比 2004 年 6 月公布施行的第二版目录增加 126 条,修改了原有条目 154 条,进一步扩大了中西部地区开放的领域和范围,适当放宽限制,促进产业转移有序承接,从而使吸收外资和西部大开发、中部崛起战略更好地配合起来。

2. 自由贸易区建设稳步推进

推进自由贸易区建设,是我国对外开放的重要内容。建立双边和多边自由贸易区,既有助于扩大出口,实现出口市场多元化,也有助于吸

---

[1] 郭熙保、罗知:"外资特征对中国经济增长的影响",《经济研究》2009 年第 5 期。

引外资，承接国际产业转移①。自2002年11月与东盟启动自贸区建设以后，我国自贸区建设稳步推进。2003年6月和10月，内地与中国香港、澳门特区政府分别签署了《关于建立更紧密经贸关系的安排》（以下简称"CEPA"）。2005年11月，中国与智利签署自由贸易协定。2007年10月，党的十七大把自由贸易区建设上升为国家战略之后，我国自贸区建设步伐明显加快。此后短短三年时间，我国先后与新西兰（2008年4月）、新加坡（2008年10月）、巴基斯坦（2009年2月）、秘鲁（2009年4月）、东盟（2009年8月）和哥斯达黎加（2010年4月）等国家和地区建立六个自贸区。

3. 取消外资企业的"超国民待遇"

如前所述，自1986年10月开始，我国在场地使用费、所得税减免、利润汇出和再投资等方面，对外资企业给予特别优惠的"超国民待遇"。这一政策虽然在吸引外资工作中发挥了很大作用，但也带来一系列问题。首当其冲的，是造成内资企业竞争力减弱，进而导致"假外资"成风，造成市场秩序的混乱和国家税收的流失②。为此，党的十四届五中全会提出，要"积极合理有效地利用外资，对外商投资企业逐步实行国民待遇"③。2008年1月1日起施行的《中华人民共和国企业所得税法》，实行"两税合一"，将外资企业和内资企业所得税率统一调整到25%。2010年12月1日起，我国决定统一内外资企业和个人城市维护建设税和教育费附加制度，从而，外资企业"超国民待遇"基本取消。

---

① 马相东："新时代中俄自贸区构建的制约因素与推进路径"，《中国流通经济》2019年第12期。

② 唐伟霞："FID中的假外资和外资避税问题研究"，《首都经济贸易大学学报》2009年第1期。

③ "中共中央关于制定国民经济和社会发展'九五'计划和2010年远景目标的建议"，《人民论坛》1995年第10期。

(三) 负面清单持续缩减阶段 (党的十八大以来)

党的十八大以来,通过深入探索对外商投资实行准入前国民待遇加负面清单管理制度,进一步加大对外资市场准入限制的放宽力度。对外商投资实行准入前国民待遇加负面清单管理制度,是我国适应经济全球化新形势和国际投资规则变化的制度创新。这一制度最早是在上海自由贸易试验区被试点的,之后在所有自贸试验区先行先试,再之后在全国逐步被推广。随着我国外资"负面清单"连续缩减,制造业、能源资源、基础设施、农业、金融等领域均实现了对外资的进一步重大开放。

1. 上海自贸试验区试点

2013年9月29日,上海自由贸易试验区挂牌的当天,上海市政府就公布了《中国(上海)自由贸易试验区外商投资准入特别管理措施(负面清单)(2013年)》。该版负面清单共计190条管理措施,负面清单以外的外商投资项目核准和企业合同章程审批均改为备案管理。这标志着外商投资管理模式由正面清单管理模式向负面清单管理模式转变。2013年11月,党的十八届三中全会提出,建立公平开放透明的市场规则,要"探索对外商投资实行准入前国民待遇加负面清单的管理模式"。之后,上海市按照党的十八届三中全会精神和自贸试验区总体方案的要求,在商务部、国家发展改革委的指导和支持下,对2013年负面清单进行了修订。2014年6月30日,上海市政府公布2014年版负面清单,其特别管理措施由2013年的190条调整为139条,调整率达26.8%;与此同时,取消了14条管理措施,放宽了19条管理措施,与2013年相比,进一步开放的比率达17.4%。

2. 所有自贸试验区先行先试

2015年4月,国务院印发适用于上海、广东、天津、福建四个自贸试验区的《自由贸易试验区外商投资准入特别管理措施(负面清单)》,负面清单特别管理措施进一步压减至122条。随后,这一负面清单在2017—2020年连续四年被修订。其中,2020年6月发布的《自由贸易试验区外商投资准入特别管理措施(负面清单)(2020年版)》,将自贸试验区负面清单由2019年版的37条进一步压减至30条,压减比例为18.9%,还有1条部分开放。自贸试验区继续发挥先行先试作用,例如,在医药领域,取消禁止外商投资中药饮片的规定;在教育领域,允许外商独资设立学制类职业教育机构①。

3. 全国逐步推广

2017年10月,党的十九大提出,推动形成全面开放新格局,要"全面实行准入前国民待遇加负面清单管理制度,大幅度放宽市场准入"。此后,我国开始在全国范围实行外资准入负面清单管理。2018年6月,国家发展改革委和商务部发布《外商投资准入特别管理措施(负面清单)(2018年版)》。此版外商投资负面清单借鉴了自贸试验区负面清单的体例与形式,从《外商投资产业指导目录》中独立出来,单独发布,并于2019年6月、2020年6月进行了两次修订。其中,2020年6月发布的《外商投资准入特别管理措施(负面清单)(2020年版)》,将全国负面清单由2019年版的40条压减至33条,压减比例为17.5%,还有2条部分开放,在金融、汽车等行业领域推出了一系列重大开放举措。2020年1月1日起,《中华人民共和国外商投资法》及其实施条例开始施行,《中华人民共和国中外合资经营企业法》《中华人民共和国外资企业法》《中华人民共和国中外合作经营企业法》等"外资三法"同时废止,这在法律法规层面正式确立了准入前国民待遇加负面清单的管理制度。此后,我国在金融、汽车等行业领域继续推出了一系列重大开放举措,例如,在金融领域,从2020年1月1日起,合资寿险公司的外资比例可以达到100%;2020年12月31日,中国银保

---

① 《自由贸易试验区外商投资准入特别管理措施(负面清单)(2020年版)》,《中华人民共和国国务院公报》2020年第22号。

监会发布《关于修改〈中华人民共和国外资保险公司管理条例实施细则〉的决定（征求意见稿）》，拟删除该管理条例实施细则第三条关于"外国保险公司与中国的公司、企业合资在中国境内设立经营人身保险业务的合资保险公司，其中外资比例不得超过公司总股本的51%"的规定。又如，在汽车领域，2020年，我国取消了商用车外资股比限制；2021年1月26日，工业和信息化部新闻发言人黄利斌表示，2022年，我国将取消乘用车外资股比和合资企业不超过2家的限制，届时汽车对外资将全面开放。

二、主要发达国家对外资限制的简史和最新动向

当前，国际经济格局正在发生重大变化：以中国为代表的新兴经济体迅速崛起，美国对世界经济的影响受到挑战；全球新冠肺炎疫情的蔓延对国际贸易和投资造成冲击性影响①。在此背景下，全球主要经济体对外资的限制普遍出现收紧的新趋向。尽管各国对外资限制的程度有差异，但大多以国家安全审查、反垄断审查和特定行业准入限制等三种形式对外资进行适当限制。本部分以美国、日本和德国三大主要经济体为例，分析主要发达经济体对外资限制的简史和最新动向。

（一）美国对外资限制的简史和最新动向

美国作为世界上最大的经济体，拥有良好的营商环境、巨大的国内需求市场和引领全球的科技创新能力，已连续多年成为吸收FDI最多

---

① 赵蓓文："全球外资安全审查新趋势及其对中国的影响"，《世界经济研究》2020年第6期。

的国家。联合国贸易和发展会议发布的《2020 年世界投资报告》显示，美国 2019 年吸收 FDI 总额为 2460 亿美元，占全球吸引外资总量的 16%，仍居世界首位。整体而言，美国对外资准入持中立政策，外国投资者在美国享受国民待遇，外商投资无须审批，只要符合注册地和经营地的法律规定，直接到相关投资部门申报即可。截至 2021 年 2 月底，美国联邦政府尚未通过一项专门针对外商投资的总限制政策，但对涉及国家安全和危害市场公平的涉外并购交易，美国相关部门会展开专项审查，主要包括国家安全审查和反垄断审查。对某些特殊的战略性行业，如重要基础设施、金融业、军工行业、高新技术，美国以立法的形式从根本上对外资明令禁止或严格限制。

1. 对外资的国家安全审查

此项工作主要由美国外国投资委员会（Committee on Foreign Investment in the United States，CFIUS）具体执行。CFIUS 是美国财政部主导的跨部门审查机构，其主要职责是受权审查某些涉及外国投资者在美国的投资交易和某些房地产交易，以确定此类交易对美国国家安全的影响。CFIUS 于 1975 年 5 月在福特政府任期内成立，成立初期权力有限。1988 年 12 月，美国国会通过的《综合贸易与竞争法案》，允许美国总统可以"国家安全"为由阻止外国投资者并购美国企业，并授权 CFIUS 审查评估涉外并购。2007 年 10 月 24 日起实施的《外国投资与国家安全法案》（The Foreign Investment and National Security Act of 2007，FINSA），要求外国收购方和目标美国企业需提前共同向 CFIUS 提交并购材料供其审查[①]。至此，CFIUS 权力得到深度加强。2018 年 8

---

① 参见商务部国际贸易经济合作研究院、中国驻德国大使馆经济商务处、商务部对外投资和经济合作司联合编写的《对外投资合作国别（地区）指南，美国（2020年版）》，第 80—81 页，http://www.mofcom.gov.cn/dl/gbdqzn/upload/meiguo.pdf，2021 年 2 月 20 日。

月13日起实施的《2018年外国投资风险审查现代化法案》（The Foreign Investment Risk Review Modernization Act of 2018，FIRRMA），赋予 CFIUS 更大审查权，并与出口管制相结合，进一步收紧对外资的国家安全审查。根据该法案，CFIUS 的审查范围扩大到军事设施等敏感地区周围的外国投资、关键基础设施和关键技术的转让，"特别关注的国家"对掌握关键技术的美国企业的收购，将受到 CFIUS 的格外关注[1]。2019年9月17日，美国财政部出台 FIRRMA 实施细则草案，将 CFIUS 的管辖范围扩展至外国投资者未获控制权的特定涵盖投资，对关键技术、关键基础设施和个人敏感数据进行了定义，同时对不动产交易规定了细则。2020年2月13日起，FIRRMA 实施细则正式生效[2]。

2. 对外资并购的反垄断审查

美国早在1890年，就颁布了全球第一部反垄断法《谢尔曼法》，设置了价格歧视、排他性交易和附条件交易的相关禁止性规定[3]。1976年，美国通过《1976年哈特－斯科特－罗迪诺反垄断改进法》（Hart-Scott-Rodino Antitrust Improvements Act of 1976，HSR 法）。该法案要求，对达到特定门槛的资产、股票并购，投资者应提前向主管部门申报，在规定的等待期（一般并购为30天，现金并购为15天）过后才能进行并购交易。在等待期内，HSR 法授权美国联邦贸易委员会、司法部反垄断局审查交易涉及的垄断问题。如评估结果认为并购交易损害市场竞争，两部门有权责成外国投资者终止交易。除 HSR 法外，美国联

---

[1] 胡子南、秦一："美国收紧 FDI 国家安全审查新动向、影响以及对策"，《国际贸易》2020年第4期。

[2] 宗良、徐田昊、叶银丹："平台经济：全球反垄断新动向与中国健康发展路径"，《新视野》2021年第3期。

[3] U. S. Department of the Treasury, "CFIUS Laws and Guidance", https://home.treasury.gov/policy-issues/international/the-committee-on-foreign-investment-in-the-united-states-cfius/cfius-laws-and-guidance, 2021年2月20日。

邦贸易委员会和司法部反垄断局可分别以《联邦贸易委员会法》和《反垄断民事程序法》的相关法规强制对涉及外资的并购进行调查。2020年10月，美国联邦贸易委员会和司法部就修订HSR法公开征求意见，拟提议两处修订：一是要求申报方披露其关联方额外信息，并汇总关联方涉及同一发行人的并购情况；二是除非收购方与发行人存在重要竞争关系，10%以下表决权股权及其他证券的收购将被豁免。

3. 特定行业准入规定

美国对基础设施、航空运输、通信、能源、矿产、渔业、水电等领域，对外国投资者设有一定的限制①。在基础设施领域，尽管美国联邦政府尚无专门针对外国投资者的限制政策，但往往实行对等原则。美国《公共土地法》明确要求，允许外国投资者在公共土地上修建铁路和油气管道，但条件是投资者母国给予美国投资者同等权利。在航空运输、通信、水电、核电、沿海和内河航运行业领域，美国联邦政府要求公司的实际控制人必须为美国公民，同时对外国投资者的进入严加限制。例如，非美国公民不得在美航空运营商中拥有超过25%的投票权。在金融领域，美国对外资银行准入的监管和限制极其严格。《外国银行监管加强法》规定，外国银行要在美国设立分行、代理行或代表处必须经联邦储备局批准，且外国银行自身的资产质量、风险管理水平和母国金融监管能力等都需达到美国政府的要求；外资银行直接或间接持有美国银行5%以上的股份也必须经联邦储备委员会的审批。美国对外资参与国内证券交易的要求相对较松，外国企业只要符合注册要求并经过审批程序，即可在美国证券市场进行投资交易。

---

① 参见商务部国际贸易经济合作研究院、中国驻德国大使馆经济商务处、商务部对外投资和经济合作司联合编写的《对外投资合作国别（地区）指南，美国（2020年版）》，第79页，http://www.mofcom.gov.cn/dl/gbdqzn/upload/meiguo.pdf，2021年2月20日。

（二）日本对外资限制的简史和最新动向

近年来，日本国内经济低迷，日本政府在提振国内市场的同时不断地引入外资。日本财务省为负责外资在日本投资管理的主要部门，其为进一步吸引外资，在日本内阁府下设"INVEST JAPAN MOF"，以简化外商投资办理手续，提供一站式服务[①]。日本对外国投资实施"原则放开，例外禁止"，但在具体实践中，个别行业的市场准入仍然很困难。日本限制外资的主要法律法规包括《外汇及外贸管理法》（以下简称《外汇法》）《反垄断法》《防止不正当竞争法》《促进进口和对日投资法》以及各种税法、会计制度等。

1. 对外资的国家安全审查

日本对可能威胁国家安全、公共秩序、公众安全和经济平稳运行的指定行业和核心行业实行外资进入限制，外资进入需要接受事前审批。事前审批主要从维护国家安全，防止关键技术流出的角度出发，是一种事实上的国家安全审查。根据日本新《外汇法》，1992年以前，日本对外国投资实行事前审批制度；1992年之后，改为事后报告制度，原则上对外资给予自由化。2017年以来，日本政府逐步收紧外商投资审查。2017年5月，日本国会通过旨在加强防止安保相关技术外泄的新《外汇法》，强化对日投资审查。2019年11月，日本国会再一次通过的新《外汇法》修正案，将外国投资者需提交审批的持股上限从10%下调至1%，并将武器装备、飞机、太空开发、核能、石油、电力、燃气、通信、广播、供热、铁路、运输、网络安全等20个涉及安全保障相关的行业列入事前审批对象范围。此外，外国投资者及其密切关系者担任董

---

① 参见"INVEST JAPAN MOF Information desk for Foreign Direct Investment（FDI）in Japan"，https://www.mof.go.jp/english/international_policy/invest_japan/index.htm，2021年2月20日。

事会成员、外国投资者向股东大会提议转让或放弃核心行业相关业务的,均需接受事前审批。日本新的外资市场进入政策与美国《2018年外国投资风险评估现代化法案》所列式的27个"敏感技术"行业高度重合。2020年5月8日,日本新《外汇法》开始生效的当天,日本财务省公布需对海外投资者的出资进行事前审查的对象企业名单,共518家,涉及日本国家安全的12个行业(石油、铁路、公用事业、军事武器、航天、核电、航空、电信和网络安全等),包括丰田、索尼、三菱重工、日立、东京电气、中部铁路和软银等,占全部上市公司总数的14%。

2. 对外资的反垄断审查

日本的反垄断体系带有很多美国痕迹。早在1947年,日本就在美国授意下制定了《禁止垄断和维护公平交易法》(简称《反垄断法》)。《反垄断法》规定了垄断、不正当的交易限制、不公正的交易方法以及企业结合四个方面,并根据不同的企业结合类型规定了不同的申报标准。符合申报标准的公司应在交易前填写相应类型的固定格式申报书,向日本公平交易委员会申报该企业结合的交易计划。日本公平交易委员会在受理申报后进行审查,审查分为第一次审查(30日)和第二次审查(90日)。2019年8月29日,日本公平交易委员会公布针对被称为"平台公司"的IT巨头的管制准则草案,首次明确提出美国谷歌等IT巨头适用《反垄断法》中的"滥用优势地位"的管制范围。2019年12月18日,日本公平贸易委员会发布《反垄断法关于企业合并审查的实施准则》《关于企业合并审查程序的政策》(修订稿),同日发布《关于提供个人信息等方面的数字平台运营商和消费者之间的交易中滥用市场优势地位的准则》。2020年5月27日,日本参议院通过《关于提高特定数字平台透明性及公平性的法律》。作为日本限制大型IT企业的首部法律,该法将敦促相关企业披露信息,打造透明度高的经营环境。2020年10月27日,日本公平交易委员会调查亚马逊日本分公司,以确认这家电子商务平台的一项新服务是否违反了《反垄断法》。2021年1

月20日,日本政府将《关于提高特定数字平台透明性及公平性的法律》适用对象标准,拟定为单年度国内流通总额3000亿日元以上规模的电商平台运营方。

3. 对不同行业的准入限制

除《外汇法》规定外,根据行业法规,日本在采矿业、通信业、广播业、物流业和航空运输业等行业,对外资也设有具体的准入限制。不同行业的限制可以分为两大类:一是根据公共基础设施行业法规,对外资单独采取的限制(见表6-1);二是不管是否为外资,出于公共卫生、保健等的考量,需向自治体知事等进行事前审批或备案(见表6-2)。

表6-1　　　　　　　日本根据行业法规对外资的限制措施

行业	对外资的限制	相关法规
广播业	外国自然人、外国政府或其代表、外国法人或团体,不得从事基于广播业 外国自然人、外国政府或其代表、外国法人或团体担任特定董事,或拥有1/5表决权的法人不得成为认定广播持股公司	广播法
电信业	外国自然人、外国政府或其代表、外国法人或团体,以及前者为日本法人代表,或占董事成员的1/3以上,或拥有1/3以上表决权的,不得开设无线电台 NTT持股公司的日本电信电话,禁止外国人持有1/3以上的表决权(包括间接出资) 禁止外国人就任日本电信电话和作为地区公司的东日本电信电话·西日本电信电话的董事	电波法 NTT法
航空业	飞机所有人为外国自然人、外国或外国公共团体、外国法人,以及前者为法人代表或占董事成员1/3以上,或拥有1/3以上表决权的,不得在日注册	航空法

续表

行业	对外资的限制	相关法规
物流	外国自然人、外国或外国公共团体、外国法人，以及前者担任法人代表，或占董事成员1/3以上，或拥有1/3以上表决权的法人，不得从事涉及船舶运输、国际航空运输、国内航空运输的第一种、第二种货物运输（除国际货物运输相关货物利用运输业务外）	货物利用运输事业法
金融业	金融业、证券业、保险业需要进行审批和登记	银行法等
电力、煤气、自来水	需要获得经济产业大臣或者厚生劳动大臣的批准	电气事业法

资料来源：中国驻日本大使馆经济商务处、德勤日本（转引自商务部国际贸易经济合作研究院、中国驻德国大使馆经济商务处、商务部对外投资和经济合作司联合编写的《对外投资合作国别（地区）指南，日本（2020年版）》）。

表6-2 日本公众卫生、保健、公共安全方面对外资的限制措施

	行业	相关法律法规	批准（注册）	受理窗口
公共卫生	饮食店经营业、咖啡馆经营业；乳制品销售业、肉食品销售业；海产品销售业、豆腐制品销售业；其他食品制造业	食品卫生法；各自治理条例	知事（日本各都道府县的行政首长）	保健所
	美容美发业；公共浴室；酒店业	环境卫生法	知事	保健所
保健	药店、医药产品等的一般销售业；药材销售	药品法	知事	保健所
风纪	有歌舞表演的餐馆、饮食店；咖啡馆、俱乐部、舞厅、酒吧；麻将馆、弹子房、游艺场等	风俗营业法	公安委员会	警察署
公共安全	当铺	当铺营业法	公安委员会	警察署
	文物销售业	文物营业法	公安委员会	警察署
	猎枪、气枪的销售等	武器等制造法	知事	警察署
财政	烟草制造业	烟草经营法	财务省财务局局长	日本烟草产业股份公司
	酒类销售业	酒税法	税务署长	税务署
	粮食销售业	粮食法	知事注册	市町村

续表

	行业	相关法律法规	批准（注册）	受理窗口
其他	一般旅游业	旅游业法	国土交通大臣注册	陆运局常驻代表机构
	人才派遣业	人才派遣业法	厚生劳动大臣	公共职业介绍所

资料来源：中国驻日本大使馆经济商务处、德勤日本（转引自商务部国际贸易经济合作研究院、中国驻德国大使馆经济商务处、商务部对外投资和经济合作司联合编写的《对外投资合作国别（地区）指南，日本（2020年版）》）。

（三）德国对外资限制的简史和最新动向

德国为欧洲第一大经济体，全球第四大经济体，也是全球最主要的外资流入国之一。据联合国贸发会议发布的2018—2020年《世界投资报告》，2017—2019年，德国吸收外资流量分别位居全球第五、第六和第十一位。德国对外国投资者较为开放。在法律上，外国投资者与本国投资者享受同等待遇和市场准入条件。但是，近年来，随着全球经济格局的新变化，外资进入德国受到投资审查政策呈现收紧趋势，特别是在一些特定领域，面临越来越严苛的审查。

1. 对外资的国家安全审查

德国对外商投资的安全审查制度，由德国联邦经济和能源部负责实施，其实施相对较晚。2004年以后，德国才开始重视对外商投资的安全审查并逐步建立其相关立法。2004年，德国对实施40多年的《对外经济法》（1961年9月1日起颁布实施）进行修改，增加关于国家安全审查的例外条款，初步建立外资安全审查机制。2009年4月24日起实施的《对外经济法》和《对外经济条例》规定，联邦经济和能源部对欧盟以外的外来投资者收购德国企业股权比例达到25%的项目拥有审查权。2017年7月，德国联邦政府通过《对外经济条例》第九次修正案，强化了对外资并购德国企业的国家安全审查，如将适用范围扩大到关键基础设施，又如将审查期限从两个月延长至四个月。2018年12

月,德国联邦政府通过的《对外经济条例》第十次修正案,将涉及安全相关行业的非欧盟投资者在德国投资审查门槛,由之前的25%改为10%,即只要相关企业被收购的股份达到10%,便属于安全审查范围①。2020年5月,德国联邦政府通过《对外经济条例》第十五次修正案,将医疗卫生领域纳入审查范围,同时将外国政府或军队直接或间接控制的企业列入重点审查范围。2020年10月,德国联邦政府通过《对外经济条例》第十六次修正案,以此完成了在外资审查领域引入欧盟合作机制的准备工作。此外,德国联邦政府正在讨论《对外经济条例》第十七次修正案的有关细节。其修订重点是,将需要着重审查的企业范围扩大到高技术和未来技术的制造商和开发商。从总体发展趋势来看,对于外资的审查将趋向严格。

2. 对外资的反垄断审查

德国是全球最早立法规范反垄断与不正当竞争行为的国家,德国联邦卡特尔局负责外商投资反垄断审查。作为欧盟成员国之一,德国存在两套反垄断法律体系:适用全体欧盟成员国的欧盟《反不正当竞争法》和德国的《反限制竞争法》。德国于1957年就颁布了《反限制竞争法》,其目的是对市场垄断、限制竞争和过度集中造成公开市场失灵等行为做出相应的限制性规定,以保证公平竞争。该法律自1958年1月1日起生效以来,历经10次修订(分别于1966年、1973年、1976年、1980年、1989年、1998年、2005年、2013年、2017年、2021年修订)。推动第九次修订的三大动力:一是应对数字化市场的挑战;二是落实欧盟反垄断民事赔偿指令;三是填补反垄断处罚法中存在的法律漏洞。第九次修订版自2017年6月9日起生效,其最大亮点和创新之处是增设了"数字市场反垄断法条款",尤其是回应了大数据和人工智能

---

① Investment screening, https://www.bmwi.de/Redaktion/EN/Artikel/Foreign-Trade/investment-screening.html,2021年2月26日。

等新事物对反垄断法提出的挑战[①]。2021年1月14日，德国联邦议院通过了《反对限制竞争法》数字化法案，即《数字竞争法》，对互联网公司进行更严格控制。该法是《反限制竞争法》的第十个修正案，意在立法加强处理大数字平台企业的竞争问题。此次修订主要有以下四大变化：一是大幅提高德国互联网企业合并制度的申报门槛；二是为联邦卡特尔办公室引入针对"数字守门人"的新工具；三是贯彻《欧盟指令（EU）2019/1》的要求，以便更有效地调查反竞争行为；四是对垄断行为的处罚规则进行修改。

3. 对特定行业准入规定

在德国，从事某些行业和经营某些项目需要向当地的工商管理部门提出申请，以获得经营许可或者生产许可。需要审批的行业包括：（1）基础设施建设，能源（含发电和供暖公司）；（2）银行、保险、拍卖等行业；（3）武器、弹药、药品、植物保护剂的生产及销售；（4）医疗、药品植物保护剂的生产及销售；（5）出售含酒精饮料的餐饮业；（6）炼油和蒸馏设备的生产和销售；（7）运输和出租公司；（8）动物的批发和零售。

此外，根据德国《和平利用核能及核能风险保护法》，建设和经营核电站和核垃圾处理项目属于禁止投资者进入的领域。

三、关于未来我国对外资开放和限制的一些思路

以上分析表明：一方面，改革开放40多年以来，我国已经成为全球对外资开放程度最高的国家之一，尤其是党的十八大以来，随着我国外资"负面清单"连续缩减，制造业、能源资源、基础设施、农业、

[①] 周万里："德国反限制竞争法的第九次修订"，《德国研究》2018年第4期。

金融等领域均实现了对外资的重大开放;另一方面,对外资适当限制是国际普遍现象和通行做法,尤其是近年来,随着世界经济格局的深刻变化,全球主要经济体对外资的限制普遍出现收紧的新趋向。因此,下一步,我国有必要对外资开放政策进行适当调整和优化。

未来,我国对外资开放和限制的总原则和基本思路,是让对外资安全审查和限制,既契合更大范围、更宽领域、更深层次的对外开放方略,又统筹好经济发展和国家安全两件大事,更符合我国"三公一平一同"新理念和国际高标准贸易和投资规则新要求。

(一) 构建"一体两翼"开放安全保障体系

40多年改革开放的历程,让我们愈发认识到,一方面要坚定不移地扩大开放,另一方面要重视安全。防控安全风险,有利于实行高水平对外开放。为统筹好经济发展和国家安全两件大事,一方面,我国要持续打造国际一流的营商环境,不断降低制度性交易成本,提高贸易投资便利化水平,吸引更多高质量外资来华投资兴业;另一方面,也要强化安全风险防控意识,健全开放安全保障体系,构筑与更高水平开放相匹配的监管和风险防控体系,维护好国家经济安全。为此,可借鉴国际经验,可对外资实行适当的限制,在正确理解、合理界定国家安全概念和内涵的基础上,构建以健全外商投资国家安全审查制度为主体、以建立重要资源和产品的全球供应链风险预警系统及建立健全全口径外债监管体系为两翼的"一体两翼"的开放安全保障体系。

1. 正确理解、合理界定国家安全的概念和内涵

近年来,美国把国家安全概念泛化,作为打压别国经济活动的工具。2021年3月,美国联邦通信委员会以"会造成安全风险"为由,撤销中国联通美洲公司、太平洋网络公司及其全资子公司ComNet在美提供服务的授权。这是继华为和中兴后,借口国家安全问题对中国企业进行打压的又一举动。这种做法不仅对在美外企的合法运营造成影响,

也限制了美国本土用户使用互联网服务的权利和美国本土企业的稳定发展。为此，一方面，我国要敦促美方遵守市场经济原则，停止将国家安全概念泛化、将经济问题政治化的错误做法；另一方面，我国也要正确理解、合理界定国家安全的内涵和概念，谨防利用政府力量对外资进行不必要的压制，除了在特定领域对外资进行比较规范化的限制之外，要继续坚持为外资企业在华投资经营提供"三公一平一同"的市场环境。要从国家安全基本法律规定出发，正确理解、合理界定国家安全的概念和内涵。2015年7月1日起施行的《中华人民共和国国家安全法》第二条明确规定："国家安全是指国家政权、主权、统一和领土完整、人民福祉、经济社会可持续发展和国家其他重大利益相对处于没有危险和不受内外威胁的状态，以及保障持续安全状态的能力①。"因此，要从国家重大利益、重大风险、安全状态等三方面正确理解和合理界定国家安全内涵，谨防将国家安全概念泛化，防范"这也因为涉及国家安全，要限制""那也涉及国家安全，要限制"，而且又缺乏到底如何影响安全的具体而清晰的标准。那样的话，就会走向关门主义。

2. 健全外商投资国家安全审查制度

一是调整优化外商投资安全审查范围，结合我国经济发展的具体情况改进投资审查政策。尽管现行《外商投资安全审查办法》规定的安全审查范围已经比较全面，但伴随着世界经济的发展和全球经济格局的变化，未来可能需要对安全审查范围进行适当修订。此外，科学技术发展的新动态对外商投资安全审查工作也提出了新的要求，如包含大数据、人工智能在内的重要信息技术、关键技术，其产业可能与其他产业存在产业链上的交织重叠。因此，外商投资安全审查工作也应完整覆盖，不能存在链条、环节上的遗漏。二是逐步健全外商投资安全审查申

---

① "中华人民共和国国家安全法（2015年7月1日第十二届全国人民代表大会常务委员会第十五次会议通过）"，《人民日报》2015年12月24日，第15版。

报机制,强化社会对外商投资的监督作用。应加大社会宣传的力度,鼓励有关企业、社会团体和社会公众按照《外商投资安全审查办法》中的规定参与到对外商投资的监督中来。与此同时,要保证社会监督渠道畅通,方便各类市场主体、社会团体和人民群众参与。

3. 建立重要资源和产品的全球供应链风险预警系统,将供应链风险控制到最低程度

随着全球经济一体化的逐步发展,我国企业的供应链愈发复杂,许多重要资源和产品的供应不稳定会直接或间接地影响这些企业的经营活动,给我国经济带来诸多风险。鉴于此,我国应突破以点为对象的风险评估方法的局限性,从时间和空间上明晰各类重要资源和产品从开采、加工、运输到销售过程中的完整链条,运用大数据分析技术,以供应节点为基础,在完整链条中对各类重要资源的供应风险进行有计划的因素识别、定量评价和综合分析工作,并基于这部分工作对风险进行预警,建立起重要资源和产品全球供应链风险预警系统,防范和控制重要资源供应链风险,为我国企业提供务实、灵活、实质性的支持,为我国经济的发展提供更好的保障。

4. 建立健全全口径外债监管体系,严密防范外债对国家经济安全的风险

在我国建设的过程中,外债弥补了资金短板,对经济发展起到了积极的作用。然而,也要防止我国外债规模快速扩张、短期外债占比过高,及其对经济安全所形成的风险。为了更好地管理和使用外债,应建立健全全口径外债监管体系,对不同期限结构的登记外债、企业间贸易信贷、人民币外债进行统一监管。对目前外债监管存在的不足,一方面要对外债风险进行有效的识别和监测,将外债监测与包括规模过大、期限错配和货币错配在内的系统性风险的识别合理地结合起来,提高风险监测水平;另一方面,应针对举借、使用、偿还、经营等不同环节健全外债考核制度,同时完善外债使用过程中的统计核算方法,以求达到提

高外债使用效率的目的，使外债更好地服务于我国的经济建设。

（二）对外资的反垄断审查和合理限制走向规范化、透明化

如前文所述，对外资的反垄断审查，是国际通行做法，包括美国、日本和德国在内的全球主要经济体也一直不断修订相关法律法规，加强对外资的反垄断审查。与美、日、德等发达国家相比，我国反垄断立法较晚，直到2008年8月1日起才开始施行《反垄断法》。因此，可借鉴美、日、德等国经验，加强相关法律法规的修订和完善，并根据新的发展需要制定新的法律法规，促使对外资的反垄断审查和合理限制走向规范化、透明化，营造"三公一平一同"市场环境。

第一，借助区域全面经济伙伴关系协定（RCEP）、中欧全面投资协定（CAI）、CPTPP等协定完善相关法律法规，促使对外资的反垄断审查和合理限制走向规范化、透明化。尽管从自身发展纵向比较，我国对外资的开放已经取得重大进展。但与美、日、德等发达国家横向比较而言，我国对外资开放的程度仍然比美国和欧洲要低；在某些领域，日本看起来也不怎么开放，但我国对外资的"玻璃门""旋转门"和"弹簧门"比日本厉害得多，开放实际上进不来。另一方面，2020年11月15日正式签署的《区域全面经济伙伴关系协定》（Regional Comprehensive Economic Partnership Agreement，RCEP）、2020年12月30日完成谈判的《中欧全面投资协定》（China – EU Comprehensive Agreement on Investment，CAI）、未来可能加入的《全面与进步跨太平洋伙伴关系协定》（Comprehensive and Progressive Agreement for Trans – Pacific Partnership，CPTPP），也对我国营造"三公一平一同"市场环境提出了更高要求。因此，我国应借助RCEP、CAI、CPTPP等高标准国际贸易和投资协定形成的外在倒逼压力，完善相关法律法规，促使对外资的反垄断审查和合理限制走向规范化、透明化，既进一步打破对外资的各种各样"玻璃门""旋转门"和"弹簧门"，又加强反垄断审查和营造"三公

"一平一同"市场环境,推进我国市场环境进一步对标国际先进水平。

第二,制定与数字经济和平台经济相关的新法律法规,构建数字经济反垄断审查体系。数字经济的核心生产要素是数据,其边际成本趋近于零[1];数字经济的主要组织形式是平台,其资产以无形资产为主;数字经济的关键生产工具是算法,能够挖掘出数据的商业价值[2]。平台为了获得更多的用户以及扩大自身的规模,具有取得垄断地位的动机。而占有垄断地位的平台通过使用算法处理数据,可以与未占有垄断地位的平台进行不公平的竞争。近年来,全球数字经济、平台经济快速发展的同时,也形成了互联网科技巨头的垄断行为。为此,包括美国、日本、德国在内的全球主要经济体,纷纷加大了对数字经济和平台经济反垄断审查的相关法律修订和新的立法,以加大对外资的反垄断审查和监管。我国也高度重视数字经济和平台经济的反垄断审查和监管。2020年12月,中央经济工作会议将"强化反垄断和防止资本无序扩张"列为2021年八大重点任务之一。2021年2月,发布《国务院平台经济领域反垄断委员会反垄断指南》。2021年3月,中央财经委员会第九次会议再次强调,要"推动平台经济规范健康持续发展"。因此,未来要制定与数字经济和平台经济相关的新法律法规,构建数字经济反垄断审查体系。

第三,强化竞争政策的基础性地位,修订和新设立相关法律法规。一是推进相关法律与公平竞争审查制度的协同实施。《反垄断法》和《反不正当竞争法》侧重于事中事后监管,公平竞争审查制度则侧重于事前预防,它们的协同实施是继续深化供给侧结构性改革和营造优良的法治化营商环境的抓手,因此应使相关法律与公平竞争审查制度良好配合。二是从法律上确保各类市场主体的平等地位,为公平竞争奠定坚实

---

[1] 申卫星:"论数据用益权",《中国社会科学》2020年第11期。
[2] 肖红军、阳镇、姜倍宁:"平台型企业发展'十三五'回顾与'十四五'展望",《中共中央党校(国家行政学院)学报》2020年第6期。

基础。现有法律法规对非公有产权的保护，弱于对公有特别是国有产权的保护①，应改变这种现状，全面依法平等保护民营经济产权。三是通过公法机制规范和约束行政权力，完善竞争治理机制。我国现行的诉讼制度对抽象行政行为的救济不足，无法有效地应对行政权力滥用对竞争行为的抑制②。因此，应使行政权力在治理竞争过程中行其所应行，运用法律从源头上防范破坏竞争政策基础性地位的可能性。

第四，修订《中华人民共和国价格法》，形成要素自由流动、竞争公平有序的市场价格环境。价格机制是市场机制的核心，市场决定价格是市场在资源配置中起决定性作用的关键。《中华人民共和国价格法》作为价格监管的"母法"，自1998年5月1日正式实施以来，在规范市场价格上发挥了极大作用。随着改革的不断深入，这一法律中的部分条款已不能适应我国经济发展的现实，应对其进行适当修订。一是要统一管价体制和机制，消除"价格主管部门"和"有关部门"并列负责的情况，强化价格部门的统一监管作用。二是适当下放权限，提高工作效率。根据《中华人民共和国价格法》第十九条规定，省以下的价格主管部门没有直接定价权。结合我国经济发展的现实，可以将部分政府指导价、政府定价的定价权限下放到地级市以利当地政府监管。

（三）对特定行业在市场准入和开放政策上采取对等原则

随着我国经济规模的不断增长和质量的不断提高，一方面，国际社会对我国在对外投资和吸引外资过程中对等开放水平不足存在不满，迫切需要我国做出回应；另一方面，在特定行业中实现市场准入和开放政策上的对等，也是我国在实现更高水平的对外开放的进程中所必须完成的任务。当然，各个国家的经济发展水平和开放程度差异巨大，盲目地采

---

① 胡家勇："确立竞争政策的基础性地位"，《学习与探索》2020年第11期。
② 金善明："竞争治理的逻辑体系及其法治化"，《法制与社会发展》2020年第6期。

取对等原则也是不合理的。为了更好地落实对等原则，应明确对等原则的适用范围、合理选择对等开放的推进速度，并就对等开放进行科学评估。

其一，明确对等原则的适用范围，分行业制定市场准入和开放政策。一方面，需要明确对等原则不是全行业无差别的对等原则，而是需要结合具体情况进行具体分析，对行业进行分类，划分出不宜采取对等原则的行业、适合逐步推进落实对等原则的行业以及可以直接采取对等原则的行业。我国仍然是世界上最大的发展中国家，需要立足于社会主义初级阶段的基本国情，对于需要予以保护的行业应坚持自己的利益。另一方面，要认识到对等原则具有两面性。如果采用对等原则的双方对于开放投资市场能够做到权利与义务在整体上的平衡，则对等原则可以推动双方经济的发展；而如果采用对等原则的双方试图借对等之名行保护之实，以对方在某一领域基于国家的现实情况设立的合理限制为自己设立不合理的限制理由，则对等原则会阻碍双方经济的发展。因此，我国应界定并详细阐释对等原则以利国际合作的发展。

其二，选择合理的速度，有序推进外资开放的进程。世界各国的经济发展史表明，无论是发达国家还是发展中国家，都不可能一蹴而就地实现对外开放。"休克"式的开放不仅无法提高效率，反而会给本国经济带来过大的冲击，破坏本国经济安全，这实际上会阻碍对外开放水平的进一步提高。渐次开放外商投资是国际上通行的做法，我国可借鉴国际经验，在缩减负面清单的过程中，根据不同产业的发展水平和所处的发展阶段，在可能的情况下逐步将部分禁止类条目移动至限制类条目中，将部分限制类条目逐步取消。对于自身竞争力较低的产业，应设立一段过渡时期，为产业转型升级提供空间；对于具有较强竞争力的行业，可以将其作为国际经济合作中的筹码先行开放。在建设更高水平开放型经济新体制的过程中，应尽可能地使国内市场受到的冲击处于合理的水平，在开放外资的过程中保证自身的合理利益。

其三，进行科学评估，确保外资开放互惠对等。我国经济总量巨大，许多与我国存在经济合作关系的国家，其经济总量不及我国的一个经济大省。与此同时，我国又是一个具有发展不平衡特点的国家，其不平衡性体现在区域发展水平和行业发展水平的巨大差异之中。在这种情况下，简单的双向开放难以真正实现对等。对等开放应从这种现实情况出发，做出基于科学的评估。为了科学地进行评估，需要注意以下两个要点：一是考量对方国家外资市场目前的实际开放规模，根据双方的法律条文、规章政策和经济数据测算出采取对等原则后我国企业通过对外投资能够获得的市场份额和因吸收外资而失去的市场份额。二是考量对方国家外资市场的潜在规模，考虑到对方国家的外资市场在未来可能发生的变化，避免出现以自身巨大的外资开放换取对方微小的投资空间的情况，在长期中让外资的对等开放真正惠及我国产业和企业。

四、基本结论

尽管全球化在过去几年里遇到了一些波折，并受到了一些怀疑，但从大趋势来看，全球化还将深入下去。同时，我国统筹发展与安全的意识空前强化。在这个大背景下，构建我国企业发展基本政策，就不能不妥善、谨慎处理内资企业与外资企业之间的竞争关系。即使从开放程度最高的国家来看，对外资进行适当限制也是客观存在的政策。我国应该参照高水平对外开放的政策标准，结合自己的实际情况，加强国际谈判和与外资机构的沟通，合理构建自己的外资政策体系，将对外资的合理、有限、规范、透明的限制政策，与"三公一平一同"大框架有机地结合起来，使我国企业发展基本政策更加充实、更加有利于我国经济发展、更加有助于全球经济治理体系的形成。

第七章
对中小微企业的倾斜性支持

中小微企业是保障就业、改善民生、稳定社会、发展经济的基础力量，是大众创业、万众创新的重要载体，也是造就未来大企业的摇篮。中小微企业政策是经济政策体系中不可或缺的重要组成部分。构建我国企业发展基本政策，必须要将中小微企业纳入视野。

一、我国中小微企业的现状

（一）我国中小微企业的界定

中小微企业是相对大企业而言的概念，对中小微企业定义的主要目的是更有效、更科学地实施中小微企业倾斜政策。由于各国经济发展所处阶段以及政策目标的不同，对中小微企业划分标准也不同，因此，全球没有严格、统一的中小微企业定义。在许多情况下，中小微企业的概念与中小企业的概念混用，因为没有必要将微型企业单独列出来。多数国家采用企业的营业收入、资产规模、雇用人数等划分指标，一些国家还按照行业特点进一步细化了标准。一般来说，经济发达国家对中小微企业的划分标准高于发展中国家和经济落后国家，这很容易理解，如欧盟对其成员国制定的统一标准是员工少于250人、营业额不超过5000万欧元或者资产负债表不超过4300万欧元，而在印度尼西亚、越南等国家对中小微企业的划分标准为营业额低于500万美元。

我国《中小企业促进法》对中小企业的定义是"在中华人民共和国境内依法设立的，人员规模、经营规模相对较小的企业，包括中型企业、小型企业和微型企业"。自新中国成立以来，我国的企业规模划分标准共经历过9次标准修订，在2003年的第7次修订时，首次制定中小企业划型标准。2011年工信部等四部门联合颁布了《中小企业划型标准规定》（工信部联企业〔2011〕300号），2017年统计局基于该标准，同时依据《国民经济行业分类》，制定了《统计上大中小微型企业划分办法（2017）》。我国在划分指标选取上，针对不同行业，按照从业人员、营业收入和资产总额三个指标中单个或两个组合的方法，对

16 类行业企业规模进行了划分，区分出了中小微企业。我国的中小微企业划型标准，既考虑了中小微企业倾斜政策落实的需要，还兼顾了统计上的需要。

我国的中小微企业划型标准尚有改进空间。第一，缺少定性原则。我国采取单一定量原则，没有对企业独立性、行业垄断地位等进行规定，会导致扶持对象的错误，如大企业的子公司、控股公司被划为小微企业。第二，对微型企业划分标准过宽，不利于倾斜政策有的放矢，也不符合当前我国的国情，而且界定标准过于复杂，缺乏灵活性。

（二）我国中小微企业已成为推动经济和社会发展的重要力量

到 2018 年底，全国实有市场主体达 1.1 亿户，其中企业 3470 万户，个体工商户及其他主体 7500 万户。3470 万户企业中，按照我们过去的估算，中小微企业约占 99.7%，小型微型企业占 97.3%，也就是说，大型企业有 10 多万户，中型企业有近 100 万户，其他 3300 万户都是小微企业。由于我国的中小微企业统计监测和发布制度尚不完善，没有官方定期发布的报告，因此只能根据 2013 年和 2018 年我国第三、第四次全国经济普查数据，较全面地了解和分析我国中小微企业发展的情况。普查数据中的企业户数是法人单位数量，再加上口径不一样，与上述市场主体的数量不一致。

1. 中小微企业发展迅速，成为吸纳社会就业的主体

2018 年末，我国共有中小微企业法人单位 1807 万家，占全部规模企业法人单位的 99.8%，比 2013 年末增长 115%；吸纳就业人员 23300.4 万人，占全部企业就业人员的 79.4%，比 2013 年末增长 5.5%；拥有资产 402.6 万亿元，占全部企业资产的 77.1%；营业收入 188.2 万亿元，占全部企业营业收入的 68.2%。

2. 私营企业是主体且发展最快

2018 年末，我国中小微私营企业有 1526.5 万家，占全部企业的

84.4%，比 2013 年末增长 166.9%。其中，私营有限责任公司 1359.1 万家，占全部企业的 75.1%，比 2013 年末增长 251.8%。内资企业 1786.4 万家，占全部企业的 98.9%。

3. 东部地区保持绝对优势，发展新格局显现

2018 年末，东部、中部、西部地区中小微企业占比分别是 61.7%、21.3% 和 17%。中西部地区发展提速明显。2018 年末，中部地区中小微企业 384.8 万家，比 2013 年末增长 129.9%；西部地区中小微企业 307.2 万家，比 2013 年末增长 131%。东部地区依然保持优势。2018 年末，东部地区中小微企业 1115.1 万家，比 2013 年末下降了 2.6 个百分点。但东部地区中小微企业经营效益好，仍然占有优势，2018 年东部地区中小微企业平均营业收入 1085.9 万元，分别比中部和西部地区高 11.9% 和 12.1%。

4. 新兴产业持续发展，产业分布渐趋合理

信息技术相关产业占比小幅提升。2018 年末，在我国全部中小微企业中，信息传输、软件和信息技术服务业企业 91 万家（占 5.0%），比 2013 年末增长 319.4%；科学研究和技术服务业企业 114.1 万家（占 6.3%），比 2013 年末增长 250%。

制造业企业占比有所回落。2018 年末，在我国全部中小微企业中有制造业企业 324.3 万家，比 2013 年末增长 44.6%，占比为 17.9%，比 2013 年末下降了 8.7 个百分点。

5. 微型企业占八成以上，发展空间较大

微型企业增速迅猛。2018 年末，我国共有微型企业 1543.9 万家，是 2013 年末的 2.5 倍，占全部企业比重的 85.3%，比 2013 年末提高了 12.4 个百分点。中型企业比 2013 年末增长 1.3%，小型企业比 2013 年末增长 18.3%，都远低于微型企业增速。

6. 新业态、新模式不断诞生

大多数中小微企业主要服务于当地市场，为当地居民提供丰富多彩

的日常服务和商品。也有少部分中小微企业成为大企业的供应商,与大企业建立长期合作关系,为大企业提供零部件和服务。随着我国全球化的进展,还有一些中小微企业参与到全球价值链中,在我国东南沿海地区聚集着大量出口导向型中小微企业。

伴随着我国互联网技术和互联网平台企业的发展,电商模式成为中小微企业的新兴势力。根据天眼查发布的《创业报告2020》,我国共有超过296万家电商相关企业[1]。从地域分布来看,广东省最多,超过63万家,占总数的22%。这些电商主要是中小微企业。

(三) 我国中小微企业的市场竞争力有待提高

我国中小微企业数量过多、寿命不长。世界银行发布的数据显示,各国每千人拥有的中小微企业平均数量为35.8家,而我国是76.9家,差不多高出国际水平一倍。但是我国小企业平均寿命是3年,而美国是8年,日本是12年[2]。

小企业与大企业发展的差距大。据2018年的全国经济普查报告,微型企业的资金产值率仅为26.2%,相当于大型企业的1/3,也比中型、小型企业低30.3个和29.1个百分点[3]。微型企业实现全年人均营业收入49.1万元,是中型企业人均营业收入的43.1%,是大型企业人均营业收入的33.9%。

中小微企业的专业化水平低,创新能力不足。与发达国家相比,我国专业化程度低,行业隐性冠军少。德国、意大利、韩国、日本等国的中小微企业专业化程度高,往往只生产一种产品或从事一道工艺,而且技术水平高;我国的知识型、技术型中小微企业占比不高,多数小微企

---

[1] "5组数据告诉你真实的'创业江湖'",[N].《国际金融报》,2020-07-13 (005)。
[2] https://www.sohu.com/a/330072552_345245.
[3] 资金产值率为营业收入与资产合计的比率。

业新产品新技术开发能力弱，美国这类企业多。

二、对中小微企业实行倾斜性支持的意义

（一）中小微企业有"先天劣势"，需要政策倾斜

在经济社会中，中小微企业的作用不可替代，但相对于大企业而言，中小微企业抗风险能力弱，经济形势稍有变化，中小微企业首当其冲。改善中小微企业生存和发展环境，对中小微企业进行倾斜性支持，几乎是全球各个国家的共同政策。

倾斜政策可以保护小企业生存的基本权利。中小微企业的一般特征是，规模小，量大面广，融资能力差，管理效率低，人才缺乏，竞争力较弱，抗风险能力差，在市场竞争中处于相对劣势地位。很多国家基于"平等"理念，要求保护中小微企业的生存权利。例如：美国要求中小企业局发挥的作用是像"婴儿保暖箱"一样，在企业"幼年时期"给企业提供贷款、培训及政府采购的帮助。当这些企业能够健康成长、独立行走时，中小企业局的"孵化器"功能就结束了[①]。欧盟将中小微企业政策视为社会政策，从融资、培训等各方面支持中小微企业发展。日本对众多零售餐饮业的"夫妻店"实行免税，并制定《大店法》限制大型商场的营业时间，以保护中小微企业和个体经营者的生存权利。

对中小微企业的支持也符合企业自然发展规律。从企业发展规律看，大企业也是从小企业发展起来的。而且，很多大企业是在中小微企业政策的支持下发展壮大的。如美国的联邦快递、苹果、微软、耐克等

---

① 原美国中小企业局副局长在2011年国务院发展研究中心的演讲稿。

几乎所有的美国大企业，在它们幼年期都得益于 SBA 的帮助①。

（二）倾斜政策可以促进大中小微企业共同发展

在关于企业规模与经济增长的关系这个问题上，一种意见认为，企业内部规模经济是促进经济增长的动力，资源应向大企业集中②。这种主张是典型的新古典分析框架下将企业视为先天存在的"黑箱"而得出的结论，没有全面理解经济增长与企业规模之间的内在关系。完全依靠规模经济可能会导致马太效应，扩大大企业与中小微企业间的差距，不利于社会稳定。

从产业分工理论看，发挥大企业和小企业的各自优势，进行分工协作，可以降低成本，加快技术进步。从当前流行的产业生态学理论看，大企业与中小微企业如果建立了良好的生态圈，则更利于产业健康发展，应对快速多变的全球化市场。大中小微企业是一个不可分割的整体，这种规模结构的形成过程，既是资源在既定约束条件下实行最佳配置的过程，也是倾斜政策实施带来的结果。例如，20 世纪 60 年代以来，日本通过鼓励大企业与中小微企业建立分工协作关系，缩小了中小微企业与大企业间的差距，提高整个产业发展的水平，日本的汽车产业、钢铁产业是最典型例子。可以说，日本的中小微企业倾斜政策与产业政策结合得最好③。韩国、中国台湾借鉴了日本经验。中小微企业和大企业是一个整体，它们的经济效率是相互影响的，片面强调任何一方，都可能会使经济产生扭曲，最终给总体经济效率带来损失。

---

① 原美国中小微企业局副局长 2011 年在国务院发展研究中心的演讲稿。
② 张永生："中小企业发展的国际比较、理论解释及中国问题分析"，《中国人民大学学报》，2001（03）：46—53。
③ 中小企业厅编：《中小企业政策の新たな展开》，同友馆 1998 年，第 64—65 页。

(三) 倾斜政策可以激发中小微企业的创新活力和市场竞争力

倾斜政策可以促进中小微企业的创新活力。许多中小微企业更具有企业家的创新精神，很多新产品、新技术是由中小微企业发明的，起到了开辟新兴行业、领域的作用，成为经济增长的新动力。在法国、瑞典和英国尤为明显，这些国家的科学和技术服务中的小型企业比大型企业生产力更高。倾斜性政策可以促进新产业、新技术的培育，美国的硅谷、我国的中关村等为大批初创企业打造了良好的创新环境，使更多的企业能够健康成长。鼓励利用新技术提高创新能力是最好的倾斜政策。例如，可以支持建立大数据、云计算平台，即可为中小微企业提供数据、算法，降低其开发新产品、新技术成本，也可促进开放式创新，让大企业与创新型中小微企业更有效地融合。

倾斜政策可以有效激发市场活力。中小微企业是自由竞争的有力推动者、担当者。美国政府认为高度垄断在很大程度上限制了中小微企业的发展，而限制中小微企业的发展，就等于限制自由竞争，而限制自由竞争必然导致企业活力的削弱、市场僵化，直至经济衰退①。倾斜政策促进中小微企业的发展，可促进各种形式的竞争，在一定程度上克服了垄断造成的一些弊端。各国的反垄断法是中小微企业政策的重要组成部分。

(四) 倾斜政策可促进中小微企业在增加就业等方面发挥作用

中小微企业占全世界企业的大多数，代表了全球约90%的企业和50%以上的就业机会。根据世界银行的估计，到2030年，全世界将需要6亿个就业机会来吸收不断增长的全球劳动力，这使中小微企业发展成为世界各地许多政府的高度优先事项②。在新兴市场，大多数正式就

---

① 林汉川主编:《中国中小微企业发展机制研究》，商务印书馆2003年版，第52页。
② https://www.worldbank.org/en/topic/smefinance.

业岗位由中小微企业创造，它们创造了 10 个就业岗位中的 7 个。

在新兴经济体中，正规的中小微企业贡献了高达 40% 的 GDP。根据 2015 年欧洲中小微企业年度报告，欧盟中小微企业占非金融商业部门就业人数的 67%①。表 7 - 1 列出了 12 个亚洲经济体的数据。平均来看，中小微企业占亚洲国内生产总值的 42%，并提供了超过一半的就业机会。现有的证据基本表明，中小微企业比大企业创造了更多的就业机会，因此可以预期，中小微企业的就业份额将随着时间的推移而增加（相对于大企业），这一点在我国比较明显。

表 7 - 1　部分亚洲经济体的中小微企业在就业和 GDP 中的份额

经济体	中小微企业就业份额（%）	中小微企业 GDP 份额（%）	年份
中国	64.7	60	2011 年、2013 年
中国香港	47	—	2012 年
印度	40	37.5	2015 年、2013 年
印度尼西亚	97	60.3	2009 年、2013 年
日本	69.7	43.7	2012 年
韩国	87.7	47.6	2012 年
马来西亚	65	35.9	2014 年
菲律宾	63.7	35.7	2013 年、2009 年
新加坡	68	45	2012 年
中国台湾	78	30	2011 年
泰国	80.3	39.6	2014 年
越南	46.8	40	2012 年、2011 年

注：GDP 表示国内生产总值。

数据来源：Shinozaki, 2012 "A New Regime of SME Finance in Emerging Asia: Empowering Growth - Oriented SMEs to Build Resilient National Economies"; Yoshino & Wignaraja, 2015 "SMEs Internationalization and Finance in Asia"; 亚太经合组织政策支持小组（APEC Policy Support Unit）2013 年的报告。

---

① https://ec.europa.eu/info/publications/annual - activity - report - 2015 - executive - agency - small - and - medium - sized - enterprises_ en.

(五) 倾斜政策是完善我国社会主义市场经济体制的必然要求

我国将促进中小微企业发展作为长期发展战略，对中小微企业特别是其中的小型微型企业实行积极扶持政策是基本方针①。倾斜政策对我国更具有特殊意义。

一是可以推进我国经济体制改革。发展中小微企业，可以促进民营经济的发展，因为我国中小微企业绝大部分是民营企业。二是可以成为加快我国经济结构调整的重要力量。发展战略新兴产业是我国实现高质量发展的重要途径，一批优秀的中小微企业正在成为新一代信息技术、智能技术的引领者，正在为我国新旧动能的转化做出贡献。三是可以促进社会和谐。发展中小微企业可以为更多的普通百姓提供就业机会，有利于实现共同富裕，有利于缩小社会贫富差距。

(六) 中小微企业支持政策的主要内容

尽管各国中小微企业政策的侧重点和力度有所不同，但改善中小微企业生存和发展环境的根本目标是一致的。美国是高度市场化国家，中小微企业政策以促进公平竞争为主，通过《反垄断法》保护中小微企业利益，侧重经济政策。相对而言，欧盟更强调中小微企业政策目标的社会政策属性，保障就业成为支持中小微企业发展的重要目标。从政策支持对象看，有的国家侧重支持初创企业，有的国家则侧重支持既有企业的发展。从支持内容看，发达国家从融资服务为主的"硬件支持"转向了企业培训、经营咨询为主的"软件支持"。政策目标也会随着经济社会的变化而动态调整，例如，日本在高速发展时期以解决大企业和中小微企业的二元结构为主，现在主要是改善市场环境，提高创新型中

---

① 《中华人民共和国中小企业促进法》第三条。

小微企业的国际竞争力①。

各国支持中小微企业的主要内容归纳起来有如下几个方面：一是通过立法提高中小微企业的地位，保护中小微企业基本权利；二是利用《反垄断法》《政府采购法》、减少规制等为中小微企业创造公平竞争的市场环境；三是利用财税、金融等优惠政策支持中小微企业发展；四是利用产业政策支持中小微企业结构调整；五是鼓励创新帮助中小微企业进行可持续发展；六是建立中小微企业公共服务和培训体系，提高中小微企业经营管理能力，提升中小微企业人力资源的水平；七是帮助企业开拓海外市场；八是让中小微企业参与政策制定等。

三、国际上支持中小微企业的经验

（一）改善法律和监管框架

有效的市场法规、民事司法制度和公共治理是确保各种规模的企业在公平环境中进行公平竞争的基础。监管效率低下、复杂和高合规成本特别不利于新公司和中小微企业，从而抑制企业家精神，并减少企业投资的动力。许多国家都致力于制度和监管框架的最新发展，减少了创业方面的监管壁垒以及初创企业和中小微企业的行政负担。

1. 智能监管

为了推进以中小微企业为中心的法规和政策的制定，以不断改进政府和监管机构的管理质量，"智能监管"（smart regulation）应运而生。智能监管旨在确保监管环境能够及时收集和响应中小微企业的多样化需求，以最有效的方式实现政策目标，并提高监管透明度。智能监管包括

---

① 黑濑直宏：《中小企业政策》，日本经济评论社2006年版，第35—40页。

以下五种类型：

（1）公众咨询。2015年欧盟出台的"更好的监管指南"，要求利益相关者在政策的整个生命周期中，都能表达自己的意见。

（2）灵活的监管方式。2016年韩国出台的"为中小微企业量身定制的监管方法"，要求根据企业规模和实力量身定制监管方法。

（3）法律法规的存量和流量管理。欧盟、加拿大、韩国、墨西哥、美国要求政府在新的规定带来监管成本时，要同步废除或修订现有规定，从而抵消新的监管成本的增加部分。

（4）系统的事后监管评估。在澳大利亚，未进行充分的事前评估的法规，应该在该法规实施后尽快进行再评估，以确保短时间内消除对中小微企业造成的负面影响。

（5）行为洞察。英国政府一直利用行为洞察为公民、中小微企业量身定制公共服务。行为洞察研究旨在解决政府干预的行为偏误，改变政策和公共服务的制定方式，以使政府干预更加有效，更加迅速地响应公众的需求，并考虑遵守法规的行为障碍。

2. 提高公共服务和法律框架的透明度和效率

许多国家已制定改革措施，以增强公共部门的统一性和透明度。

（1）行为规范与反腐败。2018年欧盟的"中小微企业反腐败工具包"推出了C-detector，这是一种用于自我评估腐败风险的工具，旨在帮助那些在欧洲开展业务的中小微企业预防和打击腐败。

（2）法庭数字化。意大利要求对诉讼文件进行强制性电子归档。美国建立了联邦司法机构的综合案件管理系统，该系统能够接受案件归档，并提供在线访问的功能。

（3）改善合同执行。印度在地区一级设立单独的商事法院，目的是提高商业诉讼的及时性和有效性。

（4）替代性纠纷解决（ADR）机制。英国于2016年设立小企业专员，其作为独立的公共机构，为小企业提供有关解决争端等方面的一般性建议和信息。

（5）强化破产制度。希腊于 2017 年颁布了简化后的小企业破产程序，从而可以加快出售破产公司的动产和不动产，或更快地实施破产。

3. 利用数字技术和大数据改善公共管理

一些国家建立了专门的基础设施和平台，以帮助中小微企业与政府部门保持联系，并减轻监管成本。

（1）"一站式"服务平台。瑞士的 e-政府平台为企业与政府之间的沟通提供以客户为中心的集成方法，克服了政府与企业之间的信息孤岛问题。

（2）降低许可证系统的复杂性。2017 年爱尔兰建立的集成式许可证申请服务在线平台，可以简化企业启动业务的许可证程序。

（3）改善税收合规性。意大利利用综合可靠性指数（2019）来促进税收合规性、透明度，以及政府与纳税人之间的对话。

（二）改善市场环境

市场环境是决定企业决策的重要因素。跨国企业或大企业的创新活动、竞争、合作（或串谋）的某些行为，可能会改变市场结构，构成市场垄断力，对中小微企业产生特别的不利影响。改善市场环境对于中小微企业开展业务、创新、增强竞争能力、增加收入和盈利能力以及实现增长至关重要。

改善市场环境主要有如下几个方面：

（1）促进中小微企业国际化。政府通常重视增强中小微企业参与国际贸易和全球价值链的能力，部分国家将中小微企业纳入了更广泛的国际化战略中，还有一些国家则采取了更具针对性的政策，减轻中小微企业国际化和跨境贸易的成本，并提供金融和非金融方面的支持。

（2）公平竞争政策。改进法规和行政规定，比如取消阻碍竞争的部门规定，减少企业进入市场和参与竞争的障碍。实施反托拉斯法，即禁止一些企业滥用支配地位和反竞争协议，同时要控制企业合并的行为。

（3）政府采购。中小微企业一直是政府采购政策议程的中心，一种政策方向是制定战略框架，以增加政府采购市场中的中小微企业数量；另一种政策方向是制订有针对性的计划，以提高中小微企业在公共市场上的投标能力。另外，电子化也是政府采购的主要发展方向。

（4）鼓励进入新兴市场。很多国家政府鼓励中小微企业进入新兴市场，这些市场对创新产品有大量的需求（例如某些可再生能源技术），这样中小微企业的技术或产品将获得巨大的经济效益，这些新企业也可以有效解决众多劳动者的就业问题。

（三）改善基础设施

高速网络和创新基础设施是商业环境的关键支柱之一。规模较小的企业在使用此类基础设施方面处于劣势，许多国家通过升级基础设施、增加投资、协调地方政府和加强国际合作，以促进中小微企业更好地利用相关基础设施。

（1）国家层面的工作。重点是加强私营部门对基础设施发展的参与，使中小微企业越来越多地参与政策辩论和政策制定过程，例如通过公众咨询或多方利益相关者讨论等机制参与。

（2）地方层面的工作。地方政府在交通运输、能源、水和卫生或宽带等中小微企业关键领域负责政策设计和实施，主要是制订基础设施投资的地方长期规划，构建多层次的治理和协调系统，增强跨部门投资的协调机制，加强对地方政策的监测和评估。

（3）建设智慧城市。智慧城市使用数字技术来收集、存储和分析实时大数据，并数字赋能公共管理系统和通信技术，目的是使重要的城市基础设施和服务更高效、更互联。

（4）战略性的公私伙伴关系（PPP）。考虑到日益紧缩的政府财政环境,许多国家动员私人资源建立PPP,以扩大基础设施方面的投入。

(5)部署创新活动平台。中小微企业的创新活动可以通过共享专业知识和物理设施来促进,创新产业集群可以扩大企业的扶持覆盖面,吸收更多的参与者,提高整个系统的收益。

(四) 促进融资

信息不对称、交易成本高和经营管理不规范等原因,解释了为什么中小微企业在获得融资方面比大企业面临更多的困难。尽管银行融资仍然至关重要,但近年来替代性金融手段已经取得了进展,尤其是数字化改变了中小微企业融资模式,金融科技(例如众筹、区块链)成为支持中小微企业获得融资的主要政策趋势。

第一,稳步扩大信用担保活动。信用担保是使用最广泛的促进中小微企业获得融资的政策工具,自2008年金融危机以来,担保活动的规模和力度已大大增加。许多国家的政府扩大了信用担保计划的范围和预算,这些计划要么对所有中小微企业开放,要么针对特定的群体,例如涉农企业、新创办企业或女性创业者。同时,各国也重视对具有高增长潜力的创新企业的支持。例如,韩国计划在2018—2021年提供2万亿韩元的贷款担保,对象是那些从创投基金获得融资的中小微企业。

第二,新的风险投资方法。各国已将政策重点从直接参与股票基金转到共同投资和设立组合基金上。2017年加拿大设立Venture Capital Catalyst Initiative(VCCI)以建立大型组合基金和替代模型的投资组合,拓展风险投资生态系统。韩国的早期股权投资,旨在通过给予天使投资人的税收优惠、早期投资人的配套资金来促进股权投资。2018年英国商业银行的British Patient Capital,旨在对英国高增长潜力的公司进行长期投资。通过与私营部门股票基金一起投资,这项25亿英镑的计划将在10年内支持总计75亿英镑的受益企业。

第三,将金融支持与非金融支持相结合。中小微企业在自身财务运营和管理技能上比较薄弱，通过提供非金融服务，例如咨询类服务，并与金融服务相结合，可以使政策干预更加有效。信用担保计划通常在企业准备会计报表和金融市场信息、咨询类服务方面提供协助，以提高企业的竞争力和生产率。另外，全球的小额信贷机构也越来越多地提供了非金融支持。

第四，利用金融科技、数字化平台和区块链等工具。近年来，监管沙盒越来越流行，其允许金融行业的创新者在实时环境中测试他们的产品或业务模型，而无须遵循某些法律要求。该方法于2015年被英国采用，后来逐渐被澳大利亚、加拿大、丹麦、中国香港、马来西亚和新加坡等其他司法管辖区采用。另外，韩国和日本等国家的政府已采取举措，帮助企业利用无形资产来获得融资。

（五）帮助提升人力资本

第一，让中小微企业员工参与培训和再教育。政策的侧重点是降低企业的培训成本并提高培训后的收益。许多OECD国家已实施了税收优惠政策，以减少公司为培训员工而产生的成本。小企业也经常接受直接的培训补贴计划，例如，培训券可帮助中小微企业从授权个人或机构购买培训。各国还加大了对中介机构的投资，例如组织针对中小微企业的集体培训，以减轻企业负担。

第二，使用技术推广计划改造传统企业。政府资助的技术推广计划旨在推动企业对新技术的引进，并提高企业使用新技术的能力。技术推广服务通常由技术专家提供，他们主动与企业联系以提供咨询服务。新加坡2018年设立的"国家工作场所学习卓越中心"。旨在帮助企业建立在职培训结构，企业通过申请资助，获得培训费用的减免。2018年英国实施的"小型企业领导力计划"预期在第一年为2000名小型企业领导人提供管理培训，旨在帮助企业提高生产效率。

第三，加强中小微企业管理技能。各国政府可使用多种工具来帮助中小微企业建立管理技能,通过数字诊断工具来帮助中小微企业识别其管理缺陷,设立培训班和讲习班,或者直接提供管理指导。管理技能的重要组成部分是财务计划和管理。二十国集团和经合组织的《中小微企业融资高级原则》已认识到需要增强企业家和小企业主的财务技能和战略眼光。

第四,开发具有适应性和企业家精神的人力资源。许多经合组织国家最近制订计划,以发展横向技能,使个人能够发挥创造力,采取主动行动,充当解决问题的人,有效管理资源并建立金融和技术知识体系。举措包括创业教育和创业培训计划,以及有关创新和变更管理的工作场所培训。这些能力使企业家和企业家雇员能够激发活力,适应变化,因此对于中小微企业的创新和业务增长至关重要。在许多经合组织国家,学校和职业教育中,培养企业家技能和企业家思维方式已成为教育政策的中心任务。

(六) 帮助获得创新资源

中小微企业在获得新技术、数据和网络方面面临特定的障碍。政府可以借助数字化转型,将创新支持政策更好地聚焦于规模较小的企业,建立产业集群、孵化器和加速器,制定数据开放制度和适合小型企业的知识产权框架。

第一,加快中小微企业数字化转型。数字技术的采用是中小微企业过渡到新一轮生产技术革命的关键杠杆和前提。政府要为中小微企业提供有针对性的金融支持和技术援助,以支持技术升级为导向,并辅以技能和企业管理方面的培训和指导。法国 2018 年出台的《中小微企业数字化转型国家战略》提出,通过地区代金券向中小微企业提供数字化转型的资金。德国 2017 年出台的《数字化(Go Digital)》要求为中小微企业提供有关 IT 安全性、在线营销和数字业务流程的外部咨询。西班牙、丹麦、新西兰还分别就特定部门出台了有针对性的支持政策,比如电子零售贸易。

第二，修订国家创新政策支持包。在科技和创新政策制定中，应该采取更有针对性的方法。首先，在过去的十年中，研发税收优惠政策已成为支持整个经合组织地区商业创新的主要工具，其越来越多地面向中小微企业。其次，直接的资金支持仍然是各国政府比较偏好的方式，但更加强调相关支持计划的可竞争性。最后，中小微企业通常被纳入国家级创新政策的框架之中。比利时的《智能专业化战略（2015—2019）》、智利的《创新计划（2014—2025）》、爱沙尼亚的《创业成长计划（2014—2020）》、德国的《高科技战略》（2014年起）和挪威的《创业行动计划》（2015年起）都旨在从国家战略层面加快中小微企业的科技创新步伐。

第三，扩大商业创新网络，并让中小微企业参与其中。将中小微企业连接到国家、地区乃至国际创新网络是其转型和成长的关键条件，产业集群政策是技术升级和融入全球价值链的优先政策扶持渠道。当然，相关政策要基于国家自身的市场条件、技术和竞争力的变化。在全球化背景下，产业集群进一步提升了自身专业化水平，并在国内和国际上建立了不同行业间产业集群的联系，这种基于网络的方法有力地促进了产学研和跨学科的创新互动。例如，十个波罗的海国家（丹麦、瑞典、挪威、芬兰、德国等）共同制订了"BSR星际计划"，目标是把来自不同国家的强大研究环境、产业集群和中小微企业网络连接到新的战略联盟中，政府在国家层面上通过多边努力进一步推动产业集群发展，并积极部署加速器和孵化器。

第四，开放和保护数据、创新资产。各国政府一直在推广开放政府数据（OGD）的方法，以期将公共行政管理产生的数据提供给公众，并为包括中小微企业在内的公司提供机会，以相对较低的成本利用大量数据达到商业目的。与此同时，欧洲和美国也在加强商业秘密的保护，比如《欧洲商业秘密指令》（2016年）和美国的《捍卫商业秘密法》（2016年）。对数据隐私的担忧可能会给较小的企业带来新的障碍，他们的自身能力不足以应对复杂的监管环境。欧盟于 2018 年 5 月推出的《通用数据保护条例》旨在协调整个欧洲的数据隐私法，明确的目标是保护和增强欧盟公民的数据隐私权。

四、我国中小微企业支持政策的成效与不足

（一）成效

从 20 世纪 90 年代后期开始，我国陆续出台了一系列法律法规及相关政策，2020 年 17 部委联合出台了《关于健全支持中小企业发展制度的若干意见》，成为中小微企业基本制度建设的指导性文件，也表明我国中小微企业发展制度体系走向成熟。

1. 建立了支持中小微企业发展的基础性制度

一是建立中小微企业法律法规体系。1999 年我国在国民经济和社会发展主要任务中第一次提到"加强对中小企业的扶持力度"，中小微企业政策开始初露端倪。2000 年，国务院发布了《关于鼓励和促进中小企业发展的若干政策意见》，这是我国改革开放后国家出台的第一个鼓励和促进中小企业发展的文件①。2002 年 6 月 29 日颁布的《中华人民共和国中小企业促进法》，从资金支持、创业扶持、技术创新、市场开拓、社会服务五个方面规定了支持中小微企业发展的法律措施。它的颁布标志着中小微企业发展进入了法治化道路②。2017 年 9 月修订了

---

① 国务院发展研究中心课题组：《中小企业发展：新环境新问题新对策》，中国发展出版社 2011 年版，第 35—38 页。

② 秦志辉、姜梅："中小企业十年辉煌之路"，《中国中小企业》，2012（09）：20—25 页。

《中华人民共和国中小企业促进法》，从财税支持、融资促进、创业扶持、创新支持、市场开拓、服务措施、权益保护、督查检查八个方面修订完善了支持中小微企业发展的法律措施。2019年，中共中央、国务院联合颁布了《关于促进中小企业健康发展的指导意见》，提出23条意见。在上述法律法规和政策意见的指导下，国务院各有关部门和各级政府纷纷出台了相应的配套政策与措施，多地政府制定了中小微企业促进条例。

二是完善公平竞争制度。实施了市场准入负面清单制度，破除不合理门槛和限制。建立和推行公平竞争审查制度，2016年发改委等五部门出台了《公平竞争审查制度实施细则（暂行）》，又于2020年4月进行了修订，完善审查流程和标准等；2019年12月全国开展妨碍统一市场和公平竞争政策清理，共清理政策6000余件①。

三是优化政务服务和监管制度。推行"放管服"改革，简化办事流程，减少审批事项，企业开办"一网通办""一业一证"，App实现事项"秒批""秒办"。建立政企沟通机制，主动听取中小微企业意见。推行"互联网+监管"，对环保等实行差异化监管。各地对标世行指标，优化营商环境②。

2. 建立中小微企业财税支持制度

一是建立了财政专项支持制度。中央财政设立中小企业科目，安排中小企业发展专项资金，有条件的地方设立了中小企业发展专项资金，主要用于支持中小微企业公共服务体系和融资服务体系建设。建立了国家中小企业发展基金公司制母基金，有条件的地方政府设立了中小企业发展基金，支持初创中小微企业，促进创新创业。

二是降低小微企业税负政策。对小微企业实施所得税、增值税的优

---

① 根据国务院发展研究中心企业研究所的调研结果。
② 根据2021年国务院发展研究中心企业研究所营商环境调研报告。

惠政策，提高小规模纳税人增值税起征点，建立了全国统一的纳税系统，清理了行政事业性收费，建立涉企收费目录清单。其实，企业在减税降费上获得感最强①。2020年实施阶段性大规模减税降费，全年为市场主体减负2.6万亿元，其中减免社保费1.7万亿元②。

三是推进政府采购支持中小微企业制度。2002年通过的《中华人民共和国中小企业促进法》专门规定"政府采购应当优先安排向中小企业购买商品或服务"，该法2017年修订后，规定"国务院有关部门应当制定中小企业政府采购的相关优惠政策，通过制定采购需求标准、预留采购份额、价格评审优惠、优先采购等措施，提高中小企业在政府采购中的份额"。2011年出台《政府采购促进中小企业发展暂行办法》，2019年进行了修订，该办法成为我国政府采购支持中小微企业发展的纲领性文件，明确规定预算总额的30%以上给中小企业，其中，预留给小微企业的比例不低于60%，并且对中小微企业参与其他政府采购项目竞标给予6%—10%的价格扣除。此外，鼓励大企业获得政府采购合同后分包给中小微企业。围绕政府采购促进中小微企业发展，各地也都出台了相应的实施办法。一些地方推行"网上交易""信用监管"，大幅简化交易手续，降低中小微企业参与政府采购的门槛。

3. 不断完善中小微企业融资促进制度

为解决民营企业和小微企业融资难融资贵突出问题，2019年党中央、国务院出台了《关于加强金融服务民营企业的若干意见》，2020年中国人民银行等八部门联合印发《关于进一步强化中小企业金融服务的指导意见》。

---

① 2021年3月5日第十三届全国人民代表大会第四次会议发表的《政府工作报告》，提出将小规模纳税人增值税起征点从月销售收入10万元提高到15万元，对小微企业和个体工商户年应纳税所得额不到100万元的部分，在现行优惠政策基础上，再减半征收所得税。

② 2021年3月5日第十三届全国人民代表大会第四次会议发表的《政府工作报告》。

一是建立差别化货币信贷制度。推动落实普惠金融定向降准政策并降低利率。通过支小再贷款、再贴现，引导商业银行向小微企业贷款扩大。

二是建立了以国有商业银行为核心的多层次金融服务体系。五大国有商业银行成立了普惠金融部门，制定了小微企业贷款增速目标，2020年大型商业银行普惠小微企业贷款增加50%以上，稳步发展中小银行、小额贷款公司和互联网金融，发挥政策性金融机构和担保机构的引导作用[①]。鼓励创新金融产业和服务，支持发展信用贷、供应链金融。推动金融科技赋能金融机构服务中小微企业。

三是完善中小微企业直接融资支持制度。大力发展创投，改革注册制，支持中小微企业上市，建立了新三板，扩大直接融资渠道。

4. 建立中小微企业创新发展制度

一是建立了创业创新扶持制度，重点支持创业创新载体建设。为培养一批示范带动强的"双创"基地，2016年工信部印发了《国家小型微型企业创业创新示范基地建设管理办法》。

二是支持中小微企业"专精特新"发展制度。2013年工信部制定的《关于促进中小企业"专精特新"发展的指导意见》是纲领性文件，利用财税金融政策，鼓励中小微企业加大研发投入和技改力度，落实中小微企业研发费用加计扣除政策，支持"专精特新"中小微企业培育，鼓励大中小微企业融通创新发展。地方根据指导意见制定配套细则，东部地区培育了大批"隐形冠军"。

5. 建立了中小微企业管理体制和服务体系

一是建立了中国特色中小微企业管理体制。经多年的改革调整，依据《中华人民共和国中小企业促进法》，目前我国已经形成了由"国务院促进中小企业发展工作领导小组"统筹，以工信部中小企业局为主、

---

① 2021年3月5日第十三届全国人民代表大会第四次会议发表的《政府工作报告》。

科技部等其他九部委各有侧重、地方政府省地县三级分别有相应机构的中小微企业政府管理体制①。国务院促进中小企业发展工作领导小组，组长由副总理担任，小组成员由工信部、财政部、发改委、科技部等17个部门组成，负责促进工作统筹领导，组织实施促进中小微企业发展政策，对中小微企业促进工作进行宏观指导、综合协调和监督检查。工信部牵头承担促进全国中小微企业发展的管理职能。

二是完善中小微企业服务体系。2011年出台了由工信部等五部门制定的《关于推进中小企业服务体系建设的指导意见》。目前，初步建立了政府公共服务、市场化服务、社会化公益服务相结合的中小微企业服务体系，重点推行国家中小企业公共服务示范平台认定，支持示范平台发展。少数地方推动公共服务平台网络建设，服务资源互联互通，如合肥建立了中小微企业"1＋13＋X"一体化公共服务平台网络，以市中小企业服务中心为核心，与13个县级窗口平台及"X"家行业技术平台联结②。

三是探索建立中小微企业国际化服务制度。支持中小微企业海外投资与并购，鼓励中小微企业运用电子商务开拓海外市场，优化商事综合服务。2017年开展了支持中小企业参与"一带一路"建设专项行动。

6. 建立中小微企业合法权益保护制度

制定了《保障中小企业款项支付条例》。2020年7月14日国务院颁布，规定大型企业应该按照行业规范、交易习惯合理约定付款期限并及时支付款项，对延迟支付款项的大型企业按照每日利息的万分之五支付逾期利息，并且开展清欠专项行动，地方政府建立了清欠台账、清欠考核机制。地方政府还建立了中小企业投诉机制。

---

① 国务院发展研究中心课题组："中小企业发展：新环境·新问题·新对策"，2011年，第37—39页。

② 国务院发展研究中心企业研究所调研结果。

（二）不足

1. 政策的配套性不足

配套法规和政策措施的制定及调整进展缓慢，目前多数省份启动地方条例的修订工作，有的地方出台的支持政策"虚多实少"。中央和地方与中小企业促进法相关的现有行政法规、部门规章和规范性文件尚未进行相应调整。中小微企业信用制度建设滞后，不能满足促进中小微企业发展及服务监管的需要。不少地方在探索建设信用信息系统，但中小微企业信用信息分散在各部门及公用事业单位，共享运用难。

2. 平等待遇缺乏有效保障

市场准入仍有隐性壁垒，"准入不准营"问题依然突出[①]。一些政府采购项目仍然偏重企业注册资本、经营年限、品牌等指标，实际上将中小微企业排除在外。一些市政公用事业工程招标，往往是大企业中标再转包或者分包给中小微企业，"大企业中标，小企业干活"。行政手段配置生产要素也不鲜见，政府愿意支持大企业、龙头企业，在土地供应、招商引资、招投标等方面优先照顾大企业。

在实际中，中小微企业获得财政扶持仍然很难。目前地方财政扶持资金种类比较多，分部门、分行业采取"点对点"项目管理方式，呈现分散化、难以形成合力，资金使用效率不高，效益也不够好。多头申报、频繁申报也加重了企业负担。部分地方财政扶持资金申请门槛偏高，中小微企业往往难以企及，有的还需要支付费用通过中介争取。另外，中小企业发展专项资金支持不平衡矛盾突出，目前国家的专项资金主要支持国家级示范城市、示范企业，县级以上财政根据实际情况安排中小企业发展专项资金，因此，反而造成越是需要支持的、条件差的城市和企业，反而得不到财政支持。中小企业发展基金的带动作用不强，

---

① 根据国务院发展研究中心优化营商环境条例第三方评估调研。

到 2019 年底，全国只有北京、深圳、广州等部分城市设立，且投资金额不大，最高的深圳只有 35 亿元，多数基金公司运作不理想，投资初创企业动力不足，政府对投资风险容忍度低，基金公司怕追责①。政府针对中小微企业的服务机构和平台不少，但运作效率低、专业性不强、服务广度和深度不够，不能满足企业差异化、高质量的服务需求。

3. 融资难融资贵问题尚未有效缓解

一是融资难融资贵。银行贷款难，尤其是信用贷款、长期贷款和无还本续贷都难；抵押担保难，动产和权利质押的相关机制不完善，银行接受的担保物范围窄，且抵押率低，有时还要求以企业主个人或家庭财产作担保，造成有限责任无限化；直接融资难，公开发行股票上市门槛高，"新三板"、区域股权市场缺乏融资功能，中小微企业股权融资、债券融资占比很小。融资贷款利率高，而且还有中介费用。由于信息不对称、信用不完善，以及"个人问责"的存在和信用风险的袭扰，金融机构对中小微企业风险偏好没有大的改变，融资中的存贷挂钩、以贷转存、借贷搭售理财产品等捆绑销售现象，以及惜贷、压贷甚至抽贷、断贷等依然存在。差异化监管政策落实不到位，银行对中小微企业贷款仍有后顾之忧，不敢贷、不愿贷、不能贷的局面依然没有太大改变。还有值得关注重视的问题是，在一些地方，部分大型银行为了完成普惠金融业务和考核目标，凭借其资金实力和利率优势，对地方中小银行的正常信贷业务形成挤压效应，导致中小银行优质客户流失。

二是动产担保融资制度不完善，政策性担保机构作用有限，中小微企业获得担保融资难。目前，我国动产和权利担保物权没有统一的登记制度，中小微企业以知识产权、存货、机器设备等为担保品进行担保融资，在实践中往往难以落地。在应收账款融资中，供应链核心企业配合确权积极性不高，影响应收账款融资的开展。一些地方虽然成立了政策

---

① 根据国务院发展研究中心企业研究所的调研。

性担保机构，但资金规模普遍偏小，服务能力水平不高，与银行间的合作关系有待完善，再加上代偿不允许税前扣除、风险补偿和损失核销政策不明确等原因叠加，担保放大倍数很小，对促进中小微企业融资作用有限[①]。

三是多层次资本市场体系不健全。目前，主板、创业板只有极少数优质中小企业能够达到上市标准，"新三板"、区域股权市场定位不清晰，投资者受限，流动性不足，融资功能没有充分发挥。政府对天使投资、风险投资、私募股权投资的政策引导不够，资金大量向后端尤其是拟上市公司集聚，对初创期、成长期、科技型创业企业投资不足。

4. 对中小微企业权益保护力度不够

一是拖欠情况仍普遍。地方财政能够用于清偿的财力有限，大型企业清偿的主动性也不强。中小微企业普遍反映应收账款占销售收入比重大、账期长，到期后有的还会延期支付。这客观上加大了中小微企业贷款需求，增加了企业流动资金压力和贴息成本。

二是权益保护力度不足，侵权行为屡禁不止。侵犯企业和企业家财产权益的行为时有发生。有的滥用公权力强迫低价转让股权、资产；有的未严格履行法定程序就查封、扣押、冻结企业和企业主财产；"新官不理旧账"问题依然存在。执行和纠正涉产权案件阻力较大，动力不足。知识产权案件举证难、周期长、成本高、赔偿低，即便胜诉也面临"赢了官司、输了市场"的局面，严重挫伤了企业的研发创新积极性。

三是涉企收费不规范，负担仍然不轻。政府直接向企业的收费大大减少了，但是一些含有收费的事权在政府内部下放，或放给与部门关联较强的评审中介机构。有的政府部门实施行政审批时，要求企业委托中介机构开展各类技术审查、论证、评估、检验检测、鉴证鉴定等，并作为受理条件，这些服务项目多、费用高。还有极少数地方利用权力影

[①] 根据国务院发展研究中心优化营商环境条例第三方评估调研。

响,强制企业购买指定产品或者承揽工程,要求企业赞助捐赠等。

四是行政监管和执法不规范。行政监管和执法"一刀切"现象较为普遍,有的地方一家企业出事故,往往要求辖区内同行业所有企业停产整顿整改。个别地区污染治理简单化,"一刀切"或"一关了之",而且投诉渠道不畅,调查处理不及时。

五、一些建议

(一) 提升中小微企业可持续发展能力

1. 助力中小微企业数字化发展和转型

支持数字化、网络化、智能化为中小微企业赋能。重点培育面向中小微企业的数字化服务商、数字化平台,鼓励大型企业及专业平台建设面向中小微企业的云制造平台和云服务平台,发展适合中小微企业智能制造需求的产品、解决方案和工具包,完善中小微企业智能制造的支撑服务体系。

2. 建立开放融合的创新支持制度

一是支持立足产业生态带动中小微企业创新发展。新技术推广往往依托于整个产业层面的技术突破,产业生态系统的良性循环可以确保产业链条上,中小微企业实现技术更新换代。鼓励大企业向中小微企业开放共享资源,围绕创新链、产业链打造大中小微企业协同创新平台。实施大中小微企业融通发展专项工程,打造一批融通发展典型示范和新模式。搭建更多共性技术研发平台。

二是大力培育专精特新中小微企业。重点培育一批核心基础零部件(元器件)、关键基础材料等卡脖子领域的中小微企业。研发费用加计扣除比例提高到100%。

三是加强创新服务平台的个性化指导服务，包括提供信息情报、业务诊断、制订发展计划，以及技术援助、咨询和培训。

四是加强中小微企业知识产权保护。健全快速协同保护机制，建立纠纷多元化解决机制，完善行政调解机制，建立维权援助机制，提高知识产权专业化指导服务能力。

（二）加大中小微企业财政金融支持力度

1. 健全融资支持政策

一是大力发展普惠金融。鼓励银行做好普惠金融服务，优化存款利率等监管制度，让银行有动力更多地加大对中小微企业的服务，为他们提供更多低成本的资金，增加对小微企业的贷款投放能力。鼓励科技赋能金融，扩大金融服务辐射面。

二是积极拓宽融资渠道。发展双创专项债务融资工具、创业投资基金类债券、创新创业企业专项债券等产品。促进中小微企业依托应收账款、供应链金融、特许经营权等进行融资。完善知识产权质押融资风险分担补偿机制，发挥知识产权增信增贷作用。引导金融机构对小微企业发放中长期贷款。

三是扩大直接融资。加快中小企业首发上市进度，为主业突出、规范运作的中小企业上市提供便利。落实创业投资基金股份减持比例与投资期限的反向挂钩制度，鼓励支持早期创新创业。鼓励地方知识产权运营基金等专业化基金服务中小微企业创新发展。

四是加强融资担保作用。加强银保合作，发挥国家融资担保基金作用，提高中小银行融资服务能力。研究开发中小微企业担保保险产品，推进政策性银行分类分账改革。

五是细化分类监管考核机制。修订金融企业绩效评价办法，适当放宽考核指标要求，激励金融机构加大对小微企业的信贷投入。细化小微企业贷款不良容忍度管理制度，完善授信尽职免责规定。

2. 完善财税支持政策

一是减轻中小微企业税费负担。推进增值税等实质性减税，对小微企业、科技型初创企业实施普惠性税收减免。适当降低社会保险费率，清理规范涉企收费。

二是完善政府采购。消除隐性采购壁垒，加快政府采购网一体化建设，提高政府采购便利性和透明度，向专精特新中小微企业倾斜。

（三）完善监管框架

1. 健全信用制度

加快部门信用信息的互联互通，依托全国公共信用信息共享平台建设全国中小微企业一体化信用系统。

2. 完善公平竞争制度

首先，进一步放宽市场准入。破除各种不合理门槛和限制，打造公平竞争环境。建立全国统一的市场准入负面清单，缩减市场准入负面清单事项，推进"非禁即入"落实。其次，主动服务中小微企业。进一步深化对中小微企业的"放管服"改革。继续推进审批制度改革，减少审批，优化环节。强化公平竞争审查制度的刚性。最后，坚决保护企业及其出资人的财产权和其他合法权益。

3. 创新监管和服务方式

一是探索智慧监管。智慧监管是在行政命令型监管和放松管制之间找到的一种折中方案①，公众咨询（丹麦）、"一对一"规则（德国）和监管影响评估（澳大利亚）就是不错的尝试。世界银行发布的《2013 年营商环境报告：更智慧地对中小企业进行监管》预测智慧监管将成为监管改革的一种新趋势。

---

① 张毅、王宇华、王启飞："'互联网＋'环境下的智慧监管模式"，《上海行政学院学报》2020 年第 21 期，18—27 页。

二是公共服务数字化。为精准、高效服务和施策,加强我国数字(智慧)政府建设,提高服务和治理中小微企业的能力和水平,推进"惠企直达"和"治理直达"。

六、基本结论

从过去几年的数据来看,我国中小微型市场主体的数量呈现出连续快速增长的势头,这的确鼓舞人心,有了源源不断的中小微企业,就拥有了经济增长的活力和韧性。对中小微企业进行倾斜性政策支持,在许多国家都是一项共识,我国也已经继续强化和完善这方面的政策。不过,从"三公一平一同"的视角来看,以民间资本为基础的中小微企业,还面临很多不同等对待和不公平竞争,还必须与更加强势的国有企业打交道。在我国高质量发展进程中,我们应该将对中小微企业的倾斜性支持,作为一项企业发展基本政策,在改变对民营中小微企业的思想认识,提升它们的可持续发展能力,进一步细化财税和金融支持措施,进一步改进政府监管和公共服务等方面着力,使我国中小微企业这一江活水流得更加波澜壮阔。

| 第八章 |

对一些技术、产品、行为的特殊监管措施

企业发展基本政策的核心是平等发展、公平竞争,但是对某些可能涉及国家安全的特殊产品或技术,以及对企业的某些行为,还是需要进行特别监管。人们比较熟悉的是出口管制实体清单,比如美国将华为列入实体清单之中,禁止对其出口芯片,也限制其使用含有美国技术和软件的芯片。为了应对新冠肺炎疫情的蔓延,不少国家和地区对相关物品的进口采取减免税费的政策,而对出口则采取限制或者禁止措施。据笔者不完全统计,2020年1—4月,全球101个国家或地区采取了199条管制措施,包括出口和进口限制措施。本章将首先分析并试图论述国际上的有关做法,进而论述对一些技术、产品和企业行为采取的特殊监管措施,应该如何纳入企业发展基本政策的框架,应该如何避免在整体上与"三公一平一同"相冲突。

一、国际上的多边出口管制体系

政府对一些产品、技术进行特别监管，最典型的政策就是对这些产品或技术进行出口管制。从国际上看，当前出口管制主要有两种形式：一类是多边出口管制，是指几个国家的政府，通过一定的方式建立国际性的多边出口管制机构，商讨和编制多边出口管制清单，规定出口管制的办法，以协调彼此的出口管制政策与措施；第二类是单边出口管制，主要是指一国根据本国的出口管制法律，设立专门的执行机构，对本国某些商品的出口行为进行审批并采取发放许可证的方式。单边出口管制完全由一国自主决定，不对他国承担义务与责任。实践中看，无论是多边出口管制还是单边出口管制，管制的手段基本类似，主要是通过制定管制清单、名录或者目录（以下统称"管制清单"）、实施出口许可等方式进行管理。目前，主要国家基本都形成了相对完善的出口管制体系，但管制清单是随着政治、经济、国际形势的变化而动态调整的。一些临时管制清单还带有很强的偶发性和随机性，尤其是国际局势动荡及经贸摩擦下引致的"管制竞赛"或对等制裁，给企业正常生产经营带来了一定影响，那么应该如何进一步完善出口管制体系，应该如何帮助企业提高经营合规性，就变得越来越重要。

最典型的国际多边出口管制组织是1949年11月成立的巴黎统筹委员会，其正式名字是"输出管制统筹委员会（Coordinating Committee for Multilateral Export Controls）"，因其总部设在巴黎，通常被称为"巴黎统筹委员会"（以下简称"巴统"）。巴统是第二次世界大战后西方发达工业国家在国际贸易领域纠集起来的一个非官方的国际机构，包括美国、英国、法国、德国、意大利在内共有17个成员国，其宗旨是限制成员国向社会主义国家出口战略物资和高技术。被巴统列为禁运清单的有军事武器装备、尖端技术产品和稀有物资等三大类上万种产品。随着国际政治经济形势的变化和科技水平的提高，一些国家为了获取更大的经济利益，不断突破巴统的禁运限制，使其管制范围持续缩小，还有一些国家把巴统作为相互进行贸易战的工具，直到1994年4月1日，巴统正式宣告解散，失去了继续存在的理由，但是类似的非正式运作机制延续了下来，形成了五个非正式组织，包括瓦森纳协定、桑戈委员会、核供应国集团、澳大利亚集团、导弹及其控制技术管制制度。除此之外，还有一些多边出口管制机制是以非正式条约的形式存在，主要有不扩散核武器条约、禁止生物武器公约以及禁止化学武器公约。

（一）五个非正式组织

1. 瓦森纳协定（The Wassenaar Arrangement，WA）

瓦森纳协定又称瓦森纳安排机制，全称是"关于常规武器和两用物品及技术出口控制的瓦森纳协定"。瓦森纳协定签署于1996年7月，由巴黎统筹委员会转型而来，是一个自愿的武器出口控制机制，旨在通过信息通报机制，提高常规武器、敏感两用物项及技术转让方面的透明度，从而协助成员国规范出口管制法规，防止相关敏感物项和技术扩散，其本质是维护国家的战略利益。该协定包含两份控制清单：一份是军民两用产品和技术清单，涵盖了九大类物项与技术；另一份是军用产品清单，涵盖了各类武器弹药、设备及作战平台共计22类物项与技术。

目前，瓦森纳协定有美国、日本、英国、俄罗斯等40个成员国。按照规定，成员国可以自行决定是否发放敏感产品和技术的出口许可证，在自愿基础上向其他成员国通报有关信息，但实质上各成员国权益并不完全对等，美国等国家具有更大的话语权。举个例子，捷克拟向中国出口"无源雷达设备"时，美便向捷克施加压力，迫使捷克停止这项交易。

2. 桑戈委员会（Zangger Committee，ZC）

桑戈委员会于1971年成立，其宗旨是根据《不扩散核武器条约》第三条第二款，制定向未参加该条约的无核国家出口核材料、设备和技术的控制条件和程序。该委员会制定了核出口控制"触发清单"，由A、B两个备忘录和一个附件组成。其中，备忘录对原材料和特种裂变材料以及为加工、使用或生产特种裂变材料而设计或制造的设备或材料出口下了定义，并规定出口"触发清单"上的项目须接受国际原子能机构的保障监督。该委员会的"触发清单"对成员国没有法律约束力，只是对各国制定核出口政策起指导作用。各成员国采用承诺函形式接受"触发清单"，由各国常驻国际原子能机构代表致机构总干事对"触发清单"及其修改予以确认。桑戈委员会现有39个成员国，每年5月和10月在维也纳召开两次会议，主要讨论核出口控制政策及"触发清单"的修改问题。1997年5月，中国以观察员身份出席了该委员会会议，同年10月16日，中国正式加入桑戈委员会，积极参与桑戈委员会的各项活动。

3. 核供应国集团（Nuclear Suppliers Group，NSG）①。

核供应国集团于1975年成立，是一个由有核供应能力的国家组成的集团，其宗旨是确保主要核供应国协调和加强核出口控制，防止核领域敏感物项的扩散。加拿大、法国、联邦德国、日本、英国、美国和苏联七个主要核出口国在伦敦多次召开会议，通过了《核转让准则》和《核两用品触发清单》（与核有关的两用设备、材料、软件和相关技术的转让准则）。该集团通过上述"两个准则"实施出口控制，要求进口国接受国际原子能机构全面保障监督作为核出口条件，严格控制敏感核物项及技术（如后处理、铀浓缩和重水生产）的出口。核供应国集团现有48个成员国，每年召开一次全体会议，审议两个准则的执行情况。

---

① 资料来源：核供应集团官网，www.nuclearsuppliersgroup.org。

我国历来反对核武器扩散，始终致力于国际防止核武器扩散。自20世纪90年代以来，我国先后颁布了《核出口管制条例》《核两用品及相关技术出口管制条例》，通过法制手段对核及其两用品和相关技术实施严格的出口管制措施。2004年6月我国正式加入核供应国集团后，根据核供应国集团出口准则，对上述两条例进行了相应修订，将进口国接受全面保障监督作为核出口条件，并引入了全面控制原则。

核供应国集团和桑戈委员会都是核供应国单方面组成的对核出口实行控制的非正式组织。相比之下，核供应国集团以进口国接受全面保障监督为核出口条件，出口管制范围也进一步扩大到与核有关的两用设备、材料和相关技术等。

4. 澳大利亚集团（Australia Group，AG）[①]

澳大利亚集团是那些通过实行出口控制统一化来确保其出口不被用于化学或生物武器研发的国家的非正式论坛。1984年初，联合国的一个调查小组发现，伊拉克违反《1925年日内瓦议定书》，在两伊战争中使用了化学武器，而且在其用于研制化学武器的化学前体与原料中，至少有一部分来自合法的贸易渠道。鉴于此，一些国家针对可能被用于制造化学武器的一些化学品实施了出口管制。但这些管制措施缺乏协调一致性。面对这种情况，澳大利亚建议实施出口管制的国家举行一次会议，以协调各国的出口许可措施并增进相互合作。于是，1985年6月，后来以"澳大利亚集团"著称于世的组织在布鲁塞尔举行了第一次会议，15个与会国和欧洲委员会都同意：提高现有出口管制措施的成效、预防化学武器扩散是一项有价值的探索工作。自此，澳大利亚集团定期召开会议。目前，澳大利亚集团参加国的数目已扩大到了42个，欧洲委员会也是集团参与方。澳大利亚集团的参加国并不承担任何具有法律

[①] 资料来源：澳大利亚集团官网，https://www.dfat.gov.au/publications/minisite/theaustraliagroupnet/site/ch/index.html。

约束力的义务。其合作的有效性纯粹依赖于它们对不扩散生化武器目标的共同承诺及其各自所采取的相应措施的力度。澳大利亚集团每年在巴黎举办年会后，探讨如何通过提高各参加国出口许可措施的有效性，来防止潜在的扩散分子获得研制生化武器所需的各种原料。集团所探讨的出口管制范围也不断深化，比如，20世纪90年代初，面对两用原料被转用于生物武器研制计划的相关证据，各参加国决定对特定的生物用品采取出口管制措施。目前，已制定了包括与化学武器、化学两用品、生物两用品、生物制剂、植物病原体、动物病原体等相关的6个一般管制清单，可用于制造或处理生化武器的技术和设备均被列入其中，以此来应对层出不穷的各种新威胁、新挑战。

5. 导弹及其控制技术管制制度（Missile Technology Control Regime，MTCR）

20世纪80年代，印度、巴西、埃及等国初步建立导弹工业，还有十几个国家制订了导弹发展计划。美国等一些国家认为如不及时制止导弹技术的扩散，势必危及美国自身及其盟国的安全利益。1982年5月，美国开始与英国磋商建立相关出口控制制度问题；7月，美国、英国、法国、德国、意大利、日本、加拿大举行第一次会议；7月，七国召开续会，就制定MTCR达成一致意见。1987年，在美国的倡导下，美国、加拿大、法国、西德、意大利、日本和英国等七国经过秘密磋商，达成了《与导弹有关的敏感转让准则》以及《设备、软件、技术附则》，这两个文件构成了MTCR的基础。前者明确了MTCR的宗旨是对可能用于发展核武器、化学和生物武器等大规模杀伤性武器运载系统（不包括有人驾驶飞机）的转让项目加以控制，后者旨在帮助落实对于MTCR附件项目的出口控制。此后，MTCR的准则和附件历经数次修改。各成员国根据MTCR准则和附件，制定了有关出口控制法规；由各成员国政府自行判断有关转让是否会被用于运载大规模杀伤性武器，并据此决定是否批准某一项出口。MTCR每年举行一次年会，各成员国定期相互通报发放导弹相关出口许可证的情况,并对出口控制中的有关问题进行讨论。

(二) 三个重要的国际条约

1. 《不扩散核武器条约》

1968 年 6 月 12 日,联合国大会通过了关于禁止核武器扩散的条约,7 月 1 日在莫斯科、伦敦和华盛顿开放签署。1970 年 3 月 5 日生效,有效期为 25 年。1995 年 5 月 11 日,《不扩散核武器条约》审议与延期大会决定条约无限期延长。2000 年、2005 年、2010 年先后举行了《不扩散核武器条约》审议大会。2010 年 3 月 10 日,中国、法国、俄罗斯、英国、美国外长发表关于《不扩散核武器条约》的联合声明。截至 2011 年 12 月,共有 190 个国家被批准或加入。作为现有国际核不扩散机制的基石,《不扩散核武器条约》近年来面临多重危机。

2. 《禁止生物武器公约》

《禁止生物武器公约》全名《禁止细菌(生物)及毒素武器的发展、生产及储存以及销毁这类武器的公约》,于 1975 年 3 月 26 日生效。截至 2020 年 4 月该公约共有 183 个缔约国。中国于 1984 年 11 月 15 日加入公约。该公约的主要内容是:缔约国在任何情况下不发展、不生产、不储存、不取得除和平用途外的微生物制剂、毒素及其武器,也不协助、鼓励或引导他国取得这类制剂、毒素及其武器。公约要求缔约国在公约生效后 9 个月内销毁一切这类制剂、毒素及其武器,缔约国可向联合国安理会控诉其他国家违反该公约的行为,要求缔约国阻止可能协助制造或获取生物武器的原料的转移,对于禁止和销毁生物武器、防止生物武器扩散发挥了不可替代的重要作用。

3. 《禁止化学武器公约》

《禁止化学武器公约》全称为《关于禁止发展、生产、储存和使用化学武器及销毁此种武器的公约》,于 1993 年 1 月在巴黎签署,1997

年 4 月 29 日正式生效，至 2021 年 2 月，共有 193 个缔约国。《禁止化学武器公约》的目标和宗旨是消除化学武器的危害，促进化学工业的国际合作和技术交流，使化学领域的成就完全用于造福人类，增进所有缔约国的经济和技术发展。《禁止化学武器公约》第一条是禁止缔约国协助、鼓励或诱导任何人从事公约禁止的任何活动，或发展、生产、获取或储存化学武器。公约第六条要求各缔约国确保有毒化学品及其前体的发展、生产、获取、保有、转移或使用不得服务于公约禁止之目的。此外，《关于执行和核查的附件》的第六、第七与第八部分对公约附表所列举的化学品的贸易做出了特别限制规定。

为了预防和惩治利用有毒化学品等实施恐怖活动的行为，我国全国人大常委会于 2001 年 12 月通过了《中华人民共和国刑法》修正案（三），明确将非法制造、运输、储存或投放毒害性物质等危害公共安全的行为定为犯罪，并规定了相应的刑事处罚。根据《禁止化学武器公约》缔约国大会相关决定，我国于 2020 年对《各类监控化学品名录》进行了修订，将公约增列的附表化学品纳入清单，并于 2020 年 6 月 3 日起施行。根据《禁止化学武器公约》规定，我国应按时提交各类清单。截至 2020 年底，我国共接待了禁化武组织 593 次视察。

二、主要国家的出口管制体系

主要发达国家出口管制制度由来已久，且各有特点，美国建立了一套完备的出口管制体系，实施出口管制时间长，历史经验丰富；欧盟形成了统一的出口管制立法和清单，但各成员国又有独立性和自主性；日本则采用跟随战略，视美欧的行动相机抉择。

(一) 美国出口管制体系

出口管制是美国采取的一项重要国家战略，其主要目的一方面是通过限制美国最敏感的技术和武器、防范武器和技术（尤其是大规模杀伤性武器）的扩散来保障美国国家安全利益；另一方面是阻止可疑最终用户获得相关武器与技术，以维护美国国家优势地位。美国是最早进行出口管制的国家，除了参与国际多边出口管制体系外，美国也建立了一套完整的出口管制体系。

美国出口管制监管和执法部门范围广泛，包括但不限于美国商务部、司法部、财政部、国土安全部门、美国海关等多个政府机构。大家熟知的是美国商务部下设的产业和工业安全局（Bureau of Industry and Security，BIS），主要负责管理军民两用品（Dual Use）和技术出口。美国国务院分管武器出口，财政部负责与经济制裁有关的商品出口，美国国务院、核能管理委员会、能源部分管核技术和产品出口。

美国的出口管制法律体系繁杂，从大的方面可以分为两类：一类是民用品出口管制法律体系，由《出口管制改革法案》（ECRA）、《出口管理条例》（EAR）、《国际紧急经济授权法》（IEEPA）构成；第二类是军品出口管制法律体系，由《武器出口管制法》（AECA）及其施行条例《国际武器贸易条例》（ITAR）构成[①]。因军品出口管制复杂，我们重点讨论民用品和军民两用品的出口管制。

1. 美国扩大了出口管制的"技术"范畴

《出口管制改革法案（ECRA）》是美国出口管制的上位法。2018年8月，美国为了加强出口和投资控制，避免关键技术向最终用途、最终用户和目的地转移，签署出台了《出口管制改革法案》，取代1979年制定的《出口管理法（EAA）》。《出口管理法》和《出口管制改革

[①] 彭爽、张晓东："论美国的出口管制体制"，《经济资料译丛》，2015年2月。

法案》都是由美国国会制定的,《出口管制改革法案》通常被视为《出口管理法》在效力上的延续,基本上保留了《出口管理法》自制定以来的出口管制实践、政策和定义,是美国出口管制主要的上位法。相比之下,《出口管制改革法案》扩大了管制范围,提出对一些不属于《1950年国防产品法》规定的14类新兴技术和基础技术实施额外限制,包括生物技术、人工智能(AI)和机器学习技术、定位、导航和定时(PNT)技术、微处理器技术、先进计算技术、数据分析技术、量子信息和传感技术、物流技术、增材制造(3D打印)、机器人、脑-机接口、高超音速空气动力学、先进材料、先进的监控技术①。《出口管制改革法案》要求商务部在识别受管制的新兴和基础技术时,需要考虑相关技术在外国的发展程度、实施出口管制措施对相关技术在美国发展的影响及其向外国扩散的影响。

《出口管制条例(EAR)》是《出口管制改革法案》落地执行的实施细则,由产业和工业安全局(BIS)制定,主要对原产于美国的商品、软件和技术的出口、转出口等进行限制,包含军用品、军民两用品和民用物品都在其管辖范围内。美国出口管制法扩大了"技术"的概念。《出口管制条例》将"技术"定义为物品的开发、生产、使用、操作、安装、维护、维修、大修或翻新所必需的信息,并按照最低允许标准(De Minimis Level)来确定该产品(或技术)是否来自美国或美国原产地,进而决定是否采取管制措施。所谓最低允许标准,是指即便是外国生产的产品,如果产品总价值中25%以上属于受控制的美国原产的内容(如果交易对象是被认定为支持恐怖主义国家的国家,则为10%),就需要从BIS获得再出口许可证。对于少部分产品,只要其含有美国原产内容(无论比例多少)就要受到《出口管制条例》管制。

---

① 魏简、康凯:"美国出口管制改革对中国的影响及应对",《国际经济合作》,2018(11):33—36页。

BIS 根据上述法律法规进一步制定管制规则、管制清单及详细指引等，进一步明确受管制的具体产品、技术以及限制或禁止出口的国家。比如说，BIS 依据《出口管制改革法案》和《出口管制条例》制定了一个"商业管制清单（Commerce Control List，简称 CCL）"，包括十大类技术：核材料、化学制品和微生物、材料加工、计算机、电子产品、通信与信息安全、传感器和激光器、导航和航空电子、海洋探测、航空和推进系统。每一类项下都会有详细的出口产品分类编码（ECCN）、管制理由、适用国家以及许可例外等信息。《出口管制改革法案》新增的 14 类新兴技术和基础技术也被纳入商业管制清单（CCL）。

除了商业管制清单，BIS 还制定了"实体清单（Entity List）"。被列入实体清单的公司和企业将会受到较 CCL 的规定更为严格和广泛的出口管制。2019 年以来，华为以及 114 个相关企业被列入了实体清单。正是这个原因，美国一些公司不再向华为出售软件和零件，导致华为转向依靠国产或者其他国家的软件和零件。出口管制下的清单和名单还包括被拒人员名单、未经核实名单、特别指定国民和受阻人员名单、被封杀名单、被禁止名单及因武器扩散而被制裁者的名单等①。

美国实施的管制清单不是一成不变的，而是基于国家利益、产业安全、国际形势的变化随时调整的。过去 5 年来，美国 BIS 对出口管制政策进行了多次修订。比如说，2016 年 6 月 22 日，BIS 为增强执法的透明度及可预测性，对《出口管理条例》有关处罚的内容进行了修改，颁布实施了《行政案件处罚指引》（以下简称《处罚指引》），进一步细化了美国出口管制项下有关行政处罚措施和裁量因素。2020 年以来，美国出口管制政策修订次数更加频繁。1 月 3 日，美国商务部推出了对于新兴技术和基础性技术管制的第一条具体实施意见，对人工智能识别

---

① 李竹影：美国出口管制系列（一）：美国出口管制概述，http://www.tradeinvest.cn/information/7246/detail。

地理图像的软件进行为期一年的临时管制并立即生效①。3月29日，美国商务部工业与安全局（BIS）根据瓦森纳协议，对《商务部控制清单（Commerce Control List，CCL）》和《出口管制条例》修订的有关规则正式生效，以实施2019年12月"瓦森纳安排"全体会议对"关于两用物项和技术的瓦森纳安排清单"做出的调整。9月15日，美国海外投资委员会（CFIUS）修改部分条款，将CFIUS对某些"关键技术"交易的强制申报要求与美国出口管制许可要求联系起来，对于某些需要获得出口许可才能转让的美国商业企业关键技术，在转让给外国投资者或对外国投资者拥有重大权益的各方时须向CFIUS申报。

2. 更广义的"出口"概念

在美国出口管制法律下，"出口"是一个极其广义的法律概念，几乎囊括了源于美国的产品（或技术）的所有流转过程，其所要考察的是这些产品（或技术）的最终用户或最终用途是否可能为美国出口管制限制或禁止的对象，是否需要事先获得美国出口管制的许可，如无许可，则可能违反了美国的出口管制法律②。

《出口管制条例》还定义了出口范围，包括从美国出口（export）、从其他国家再出口（re-export）、视同出口（deemed export）、境内转运（in-country transfer）以及美国境外的某些交易。这些提法已经超越了"从美国出口"这一狭窄的概念。相对来说，大家对出口的认识是充分的，主要是指向美国境外实质运送、转移来源于美国的受管制产品、技术或物品，这是出口管制最普遍的情形。

再出口（re-export），是指将来源于美国的受管制物品或技术从A

---

① 池志培、张晓洁："美国出口管制改革与实施"，《和平与发展》，2020（03）：58—76页，134—135页。

② 刘婷、潘芳："不可忽视的美国出口管制之二：聊聊出口那些事"，https://www.chinalawinsight.com/2018/05/articles/compliance。

国实质运送、转移至 B 国的再出口行为。根据《出口管制改革法案》和《出口管制条例》的规定，如首次出口受到出口管制监管，对随后的二次或多次再出口也同样有权监管，即后续无论进行多少次再出口，同样会受到美国出口管制监管。比如说，2017 年美国对中兴展开调查和制裁，其理由之一是认为中兴向伊朗出口高科技产品从而违反了再出口规定。现实中，再出口是一种常见的规避做法，即先将来源于美国的受管制物品（或技术）出口至贸易自由程度较高、贸易监管较少的国家或地区，然后采取再出口的手段试图规避美国监管部门的追踪。然而，美国出口管制法律考察的是最终用户和最终用途地，上述做法还是会触犯美国法律的。

视为出口（deemed export），是指在美国境内向美国境内或境外的外籍人士（美国公民、拥有美国居留权或受保护的主体除外）传输、提供无形资产，包括技术、源代码、系统或其他任何受到美国出口管制法律管辖的知识产权，但不包括科研界广泛传播、作为基础科学研究、非加密的技术、信息等。在这种情况下，虽然没有实质上的出口行为，但这些书面或口头传达信息的行为也会被视为"出口"。提供形式包括当面、通过电子形式传输、下载、上传等，其中还包括大学、科研机构、研发中心等组织进行的培训、教学。如上述信息或技术在第三国再次被传送到另一第三国，也会构成前述"再出口"。

境内转运（in-country transfer），指的是在来源于美国的产品或技术出口至某国后，随后在该国内被转卖。需要注意的是，许多中国企业认为产品是"中国制造"，不属于美国生产、制造的出口产品，在国内销售似乎并不会违反美国出口管制法律，但如果该"中国制造"的产品包括达到一定占比的美国的原创技术、组件，那么即使在国内销售，也可能受到美国政府的出口管制，需要先获得美国有关部门对该技术、组件的出口管制许可。

总体上看，美国对"出口"的定义进行了扩大解释，覆盖了美国产品（或技术）出口的各种情况和流转情形，企业在贸易进出口过程中应当谨慎对待，确保遵照美国的出口管制法律进行贸易活动。

3. 严密且完整的执法体系

过去很长一段时间，一些企业对美国出口管制法律的认识不到位，对一些出口行为也不够重视，但是近年来越来越多的企业因违反美国出口管制法律而被美国制裁或处罚。一般来说，美国出口管制执法机构主要通过三种方式进行违法行为认定。

一是最终用户和最终用途核查。美国出口管制法律法规要求出口公司尽一切合理努力了解其用户，以确定最终用途、最终用户、最终目的地以及与交易或活动相关的其他事实符合出口管制的要求。BIS 会定期或随机对申请出口许可证或敏感高危领域的产品进行核查。根据核查请求，美国的出口公司需要将进口美国产品的外国企业以及最终用户向 BIS 进行披露，BIS 获取相关信息后，可能会直接与外国企业取得联系，并要求派人进驻该企业或提供最终用户的其他相关信息等。比如说，2018 年 8 月 24 日，美国商务部正式宣布罗斯科·霍华德为中兴公司特别合规协调员，称其对中兴通讯的运作有"前所未有的获知权限"，负责协调、监督、评估和报告中兴及其全球子公司和关联公司遵守美国出口管制法律的情况。假如外国企业拒绝配合提供上述信息，或者 BIS 无法判断出口的产品是否被用于其他有别于出口商申报的出口用途，进而无法判断该出口是否违反《出口管制条例》规定时，BIS 就会将该外国实体列入"未经核实名单（Unverified List，UVL）"，限制其进口美国相关产品。

二是行政调查令。美国出口管制机构可以直接要求向与外国企业存在业务往来的美国公司发出行政调查令，要求其提供指定外国企业的相关信息、邮件、数据等。这些调查令通常是要求"保密"进行的，即仅针对该美国公司中的特定员工，且不得向其他任何人披露，包括公司股东、总部或其他员工。所以，美国政府可以在被调查的外国企业不知情的情况下收集该企业可能违规的相关证据。

三是调查与跟踪。美国出口管制执法机构还可以利用各种方式跟踪或调查受到出口管制法律限制的产品、技术与软件。例如，跟踪整个产品供应链中各个环节产品的去向，甚至要求美国公司在相关软件中嵌入追踪程序等。这也使美国政府在其法律管控的产品出口交易中做到"无孔不入"，对任何产品实施实时监控和追踪。

四是紧急行政执法。除上述常规做法以外，美国可以依据《国际紧急经济权力法（The International Emergency Economic Powers Act, IEEPA）》进行特殊监管。《国际紧急经济权力法》虽不是专门针对出口管制的法律，但由于其法律实施范围的模糊性，往往成为制裁的有力工具。1977年美国国会制定《国际紧急经济权力法》，赋予总统一定权力。根据该法案，美国总统可以在国家处于"不寻常且有极其严重威胁（unusual and extraordinary threat）"的情况时，宣告国家进入紧急状态，且无须先得到国会批准。但该法案却没有对"不寻常且有极其严重威胁"给出明确定义，总统执行的弹性较大。比如，1979年时任总统卡特首次使用《国际紧急经济权力法》，向伊朗进行贸易制裁，并冻结伊朗在美国的资产。再比如，2020年8月6日，时任美国总统特朗普依据《国际紧急经济权力法》签署了两份针对TikTok（抖音）和WeChat（微信的国际版）的行政令，要求从行政令发布之后45日起，禁止任何受美国管辖的个人或实体与TikTok、WeChat进行交易。一周以后，8月14日，特朗普总统再次利用《国际紧急经济权力法》签署了另一份行政令，要求字节跳动（TikTok母公司）在该行政令发布之后90日内剥离其在美国的资产与相关数据（通过TikTok或Musical.ly收集）的权利与利益。

总的来看，美国出口管制的法律体系和执法体系非常完整，对出口管制的态度是十分明确的，政策也是趋严的，最近几年的监管执法对包括中美两国企业在内的全球所有企业都产生了较大的影响。

(二) 欧盟出口管制体系

伴随着一体化进程的不断深化,在出口管制方面,欧盟逐步建立了一系列共同政策。比如,针对军品出口管制,欧盟制定了《欧盟一般军用物项清单》;针对两用物品出口管制,欧盟制定了具体法律《第428/2009号欧盟理事会规章》(以下简称《规章428/2009》),该规章旨在促进合法贸易,使管制机构可以集中对两用物项的出口、转运、中间商及过境进行管制,并打击欺诈行为。由于欧盟构成的特殊性,现阶段欧盟出口管制政策对各成员国的意义仍主要体现为政治上的约束力而非法律上的限制力。各成员国根据欧盟层面的法律和清单制定本国的出口管制法、两用品清单和军品清单,尤其是在军品出口管制问题上分歧较大,对欧盟制定的军品出口管制政策及管制清单仅作为参考,不得直接取代各国清单。出口管制的最终执行与决策权均由各成员国的出口管制机构自行决定(见表8-1)。

表8-1　　　　　　　　主要国家出口管制管理机构

国家	两用物项许可证管理机构
英国	商业、创新与技能部
法国	预算部
德国	联邦经济与出口管制局
荷兰	海关进出口局
瑞典	战略产品监督部门
西班牙	对外贸易总秘书处,工业、旅游与贸易部
葡萄牙	消费特别税及海关总局
意大利	国际贸易部
丹麦	丹麦企业建设局
芬兰	外交部对外经济关系局
希腊	经济与财政部-国际经济政策总局,进出口机制局
波兰	经济事务部

续表

国家	两用物项许可证管理机构
爱尔兰	企业、贸易与就业部
奥地利	经济与劳工部
比利时	布鲁塞尔首都大区对外关系部,瓦隆大区部,费兰德大区外交部武器贸易监测部门

欧盟采取四种出口许可形式,分别是欧盟通用出口许可、国家通用出口许可、全球出口许可,以及单项出口许可(见表8-2)[1]。

表8-2　　　　　　　　欧盟四类许可制度

出口许可类型	主要内容
欧盟通用出口许可	根据欧盟理事会2011年11月修订的《规章428/2009》,目前有6种欧盟通用出口许可根据不同的物项分别发向不同的国家
国家通用出口许可	由成员国在符合《规章428/2009》的条件下独立颁发。出口商不必受数量和价值方面的限制向某些国家出口两用物项,但要与欧共体通用许可的规定相一致
全球出口许可	由欧盟成员国独立发放给某一出口商的,涵盖出口到一个或多个国家或最终用户的两用物项许可
单项出口许可	一般由欧盟成员国独立发放给某一出口商的,涉及最终用户的许可

欧盟对两用物项实施全面管制,其出口管制清单涵盖计算机、电信、电子、航空、生化、核等多个领域的产品与技术。2015年10月,欧盟更新了《规章428/2009》的管制清单,涉及100余个品目的修改,重点加强了对机床、航空技术、飞机折叠翼系统、宇航设备和民用无人机等相关产品的管制。2020年11月9日,欧洲理事会和欧洲议会代表就一项修订条例达成临时政治协议,其中规定了欧盟管制两用物项出口、中介、技术援助、过境和转让的制度。这项新法规为欧盟与成员国之间就广泛的新兴两用技术的管控协调提供了新的依据,以支持在整个

---

[1] 彭爽、李利滨:"论欧盟的出口管制体制",《经济资料译丛》2018年第1期。

欧盟范围内有效执行管控。新规定还引入了对出口商的尽职调查义务和合规要求，通过在全球范围内采用更加趋同的出口管制方法来增强国际安全和全球公平竞争。

（三）日本出口管制体系

日本的出口管制政策主要跟随美国政策。根据出口审查和管制需要，日本政府建立了以《关税法》《外汇及外国贸易法》《进出口交易法》和《出口贸易管理令》为主体的出口管理法律体系。其中，《外汇及外国贸易法》于1949年颁布，是日本外汇兑换及对内外的直接投资进行管理的法律，也是日本实施出口管制的核心依据。根据该法规定，大规模杀伤性武器、核能相关物品、化学及生物武器相关物品、尖端材料等均被列入技术出口管制对象范围[1]。以《外汇及外国贸易法》为基础，日本经济产业省随后还制定了《出口贸易管制条例》，作为出口管制的具体管理办法。《出口贸易管理令》详细规定了在出口前需要事先申请许可的产品以及出口审批手续。

日本政府管理贸易的部门为经济产业省（以下简称"经产省"），在日本全国主要城市设有地方分支机构（经济产业局、冲绳经济产业部），各分支结构在经产省授权下可以负责审批、许可等贸易管理工作。其中，负责对技术出口进行审查和监管的部门是经产省贸易经济协力局下的"安全保障贸易审查课"和"安全保障贸易管理课"[2]。

根据《外汇及外国贸易法》，日本安全保障贸易管理制度框架具体可分为清单管制和全管制，而全管制又分为可能被用于大规模杀伤性武

---

[1] 中国贸促会："日本的外贸政策"，http://www.ccpit.org/Contents/Channel_3999/2007/0618/515876/content_515876.htm。

[2] 王玲："日本实行重大技术出口审查机制综述"[J]，《全球科技经济瞭望》，2011（12）：18—27。

器相关货物管制、可能被用于常规武器的相关货物管制。

一是清单管制,主要是要符合《瓦森纳协定》和日本《出口贸易管理条令》中的规定,比如出口产品如果符合《出口贸易管理令》附表一所列第一类至第十五类的货物和技术,且符合《对〈出口贸易管理令〉附表一及〈外汇令〉附表规定的货物或技术进行规定的省令》规定的规格时,原则上需要取得经济产业大臣的许可。

二是全面管制政策。2002年4月起,日本政府开始实行全面管制政策(Catch - all)的出口管制制度,要求企业确认所有出口货物和技术的最终用途和最终用户。全面管制政策以事先申报、企业自查、事后严惩为主。经济产业省制定了《全面控制出口管制外国最终用户名单》(以下简称《名单》),且每年修订一次,规定日本出口企业在向被列入《名单》的企业和组织出口有关敏感货物、技术时,须向日本经济产业省进行"事前咨询",得到认可后方能出口;如果有企业违反制度,相关单位会受到刑事处罚、行政制裁或警告处分(见表8-3)。

表8-3说明了清单管制与全面管制的区别。

表8-3　　　　　　　　　清单管制与全面管制的区别[1]

类型	清单管制	全面管制	
		可能被用于大规模杀伤性武器相关货物	可能被用于常规武器的相关货物
管制对象	《出口贸易管理令》附表一第一类至第十五类货物	《出口贸易管理令》附表一第十六类货物	
管制地域	所有地域	除白名单国家以外的所有地域	联合国武器禁运国家	除白名单国家和联合国武器禁运国家之外的所有地域

---

[1] 陈天华、马啸驰:日本出口管制制度简介,https://www.chinalawinsight.com。

续表

类型	清单管制	全面管制	
		可能被用于大规模杀伤性武器相关货物	可能被用于常规武器的相关货物
申报条件	应取得许可	满足"通知要件"或"客观要件"("用途要件"或"客户要件")时应取得许可	满足"通知要件"或"用途要件"时应取得许可	满足"通知要件"时应取得许可

实践中看，中国一直是日本出口管制的重要管制对象国。从2002年以来，中国的受管制企业数量逐年增加，至2018年5月，日本经济产业省公布的全管制最终用户清单中，有529家中国企业和机构上榜，其中有69家中国企业和机构（中国香港3家，中国台湾1家），主要针对生物、化学、导弹和核四大领域。

三、我国出口管制的制度框架

（一）基本框架

我国出口管制法律体系主要由法律、行政法规及部门规章三个层次构成。就法律而言，《对外贸易法》是实施出口管制的重要立法基础，《海关法》《刑法》也为禁止或者限制出口提供了相关法律依据。我国自20世纪90年代末陆续建立了涉及"核、生、化、导"等两用物项作为规制对象的6部出口管制行政法规，包括《中华人民共和国监控化学品管理条例》（2011年修订）、《中华人民共和国生物两用品及相关设备和技术出口管制条例》（2002年）、《中华人民共和国导弹及相关物项和技术出口管制条例》（2002年）、《中华人民共和国核出口管制条例》(2006年修订)、《中华人民共和国核两用品及相关技术出口管制条例》(2007年修订)以及《有关化学品及相关设备和技术出口管制办法》(2002年)。

(二) 最新进展

长期以来,我国的出口管制规则散落在各项行政法规中,缺少高位阶层面的总则性规定。为了完善出口管制法律体系,适应国际新形势需要,2017年6月16日商务部公布了《中华人民共和国出口管制法(草案征求意见稿)》。2020年10月17日,全国人大常委会第二十二次会议表决通过了《中华人民共和国出口管制法》(以下简称《出口管制法》),这是我国专门关于出口管制的第一部法律,弥补了我国出口管制制度的法律空白。2019年12月初审以来,全国人大常委会分别在2020年6月、2020年10月完成了二审和三审,最终,《出口管制法》得以通过。与其他法律制定过程相比较,《出口管制法》的立法进程明显提速,整个立法过程耗时不足10个月。该法出台的时机正值中美关系紧张局面波及技术领域的微妙时刻,突显了我国对等保护关键性产品和技术的关切。

根据《出口管制法》规定,在中央层面,商务部、国家禁化武办(工信部)、国防科工局、中央军委装备发展部等部门继续作为国家出口管制管理部门负责相关工作。在地方层面,省、自治区、直辖市人民政府有关部门在授权内负责出口管制相关工作。

我国《出口管制法》涵盖出口管制政策、管制清单、管制措施以及监督执法等各方面内容,确保管制物项、管制主体和行为全覆盖。从管制方式上看,《出口管制法》规定了出口管制清单、临时管制、禁止以及全面管制四种情形。

一是出口管制清单。《出口管制法》第九条规定,国家出口管制管理部门应会同有关部门制定、调整管制物项出口管制清单,并及时公布。管制清单圈定了出口管制的范围。目前，中国针对核、生物、化学、导弹等敏感物项及军品制定了对应的出口管制清单（见表8-4）。

表8-4　　　　　　　　我国出口管制清单制度

领域	管理清单及目录
一般货物	禁止出口货物目录
技术	禁止出口限制出口技术目录
两用物项	两用物项和技术进出口许可证管理目录
军品	军品出口管理清单
核	核出口管制清单
	核两用品及相关技术出口管制清单
导弹	导弹及相关物项和技术出口管制清单
生物	生物两用品及相关设备和技术出口管制清单
化学	有关化学品及相关设备和技术出口管制清单
	监控化学品管理条例名录
	易制毒化学品进出管理目录

《出口管制法》第二条规定，公民、法人和非法人组织向外国组织和个人提供管制物项也属于出口管制的范围。该规定与美国出口管制条例中的"视同出口"概念较为类似，即中国主体在中国境内向外国实体提供管制物项也属于受《出口管制法》规制的"出口"。按照《出口管制法》第四十五条的规定，管制物项的再出口或者从保税区、出口加工区等海关特殊监管区域和出口监管仓库、保税物流中心等保税监管场所向境外出口，需依照《出口管制法》的有关规定执行。相比美国EAR规定，我国《出口管制法》中并没有对"再出口"进行明确规定。2020年底，我国商务部、海关总署发布2020年第75号《两用物项和技术进出口许可证管理目录》，规定进出口本目录的物项和技术，不论该物项和技术是否在本目录中列明海关商品编号，均应依法办理两用物项和技术进出口许可证。

二是临时管制政策。国家出口管制管理部门出于维护国家安全的需要，对不属于出口管制清单的货物、技术和服务实施临时管制，并予以公告。临时管制实施期限不超过两年，期限届满前应当及时评估，根据评估结果决定取消临时管制、延长临时管制或者将临时管制物项列入出口管制清单。

三是禁止政策。国家出口管制管理部门会同有关部门可以禁止相关管制物项的出口，或者禁止相关管制物项向特定目的国家和地区、特定组织和个人出口。

四是全面管制制度，主要是针对未列入出口管制清单、未实行临时管制的物项，出口经营者知道或者应当知道，或者得到国家出口管制管理部门通知，相关物项可能存在危害国家安全和利益等风险的，也实行出口管制。

《出口管制法》第四十四条还规定了该法的域外执法管辖。在中华人民共和国境外的组织和个人，违反本法有关出口管制管理规定，危害中华人民共和国国家安全和利益，妨碍履行防扩散等国际义务的，依法处理并追究其法律责任。这意味着，外国企业如果在境内违反出口管制规定（例如，涉及刑事犯罪共犯），或者在境外对从中国购入的受控物项实施再出口时发生违规问题，有可能被追究相关法律责任。

总的来说，《出口管制法》系统梳理了之前的出口管制制度，使相对松散的现有出口管制法规、规章等可以更好地统筹协调、发挥作用；《出口管制法》具有更清晰的制度设计与执法保证措施，且更具可预见性及可操作性。一方面，《出口管制法》明确了出口管制范围，除传统的军民两用物项、军品、核之外，还参考对外贸易分类标准，将其他与维护国家安全和利益、履行防扩散等国际义务相关的"货物、技术、服务等"均纳入管制物项，包括管制物项相关的技术资料等数据。另一方面，该法也明确了管制主体及行为，包括从中国境内向境外转移管制物项，以及中国公民、法人和非法人组织向外国组织和个人提供管制物项，以上行为均受该法约束。

四、基本结论

本章以出口管制为重点,论述了国际上一些主要国家如何对一些产品、技术及企业行为进行特别监管。总体上看,出口管制是国家维护战略安全、维持竞争优势的一种政策。不过,这种政策的界限并不容易把握,如果缺乏细致、谨慎的评估和讨论,就有可能被滥用。近两年来,国际出口管制的一个基本态势是加强对高技术的管制,尤其是美国不断更新实体清单,我国一些企业就被列入其中。

目前,国际上普遍采用美国制定的高技术产品出口管制目录,然而,各国对"高技术"的界定存在一定模糊性,由此,对实体清单的制定也就有了随意性。一方面,被列入实体清单的进口企业被剥夺了相关企业的贸易机会,企业发展受到负面影响;另一方面,出口国的企业可能会因为失去这些贸易机会而丧失一部分市场。

正是因为存在这样的模糊性和随意性,以及可能给进口企业和出口企业带来伤害,所以出口管制等特殊监管措施的制定和实施,应该慎之又慎。当然,对一些技术、产品、企业行为进行特殊监管,不仅限于出口管制,还包括其他政策措施,譬如,对于重要军工产品的生产企业,政府有关部门可以派出监管人员驻企业或到企业进行检查监管。如果政府实施这些政策举措,则应该事先对产品及所包含技术的可能用途,以及这些用途对本国战略安全、竞争优势所带来的影响,进行认真分析,同时对实施这些政策举措后的影响公平竞争和营商环境的因素和后果,进行详细评估。

| 第九章 |

招商引资与优惠政策

招商引资是我国地方政府利用外部资源、助推本地经济发展的重要路径。改革开放以来，财税、土地、金融、基础设施和公用事业等方面的优惠政策，始终是地方政府推动招商引资工作发展的重要手段。由于优惠政策意味着对少数企业的倾斜性支持，特别是大型的国有企业和外资企业往往享受到更多更大的支持，这方面的优惠政策并不完全公平，可能会引发违背"三公一平一同"的质疑。从全球背景来看，近年来，国际贸易和投资规则体系发生深刻调整，规则一致、竞争中性、知识产权保护、环境保护、政策透明度和反腐败等"边境后"措施正在成为国际贸易和投资协定的新趋势，"三公一平一同"原则也将成为国际社会对我国企业发展的新要求。不过，即使在美国这样自认为有很高的公平竞争程度的国家，地方政府在招商引资中也会实行一些鼓励政策和优惠措施，也会与投资者进行个案谈判来确定鼓励和优惠方案。因此，如何在"三公一平一同"大政策前提下，将地方政府招商引资中的优惠政策纳入更加规范、更加符合国际惯例和国际规则的轨道，将是一项重大课题。本章将对我国地方政府的招商引资优惠政策进行梳理，并对美国、日本、德国等主要发达国家的有关做法进行介绍，然后提出一些政策改革思路。

一、我国招商引资优惠政策的历程

改革开放以来,我国地方政府招商引资工作,根据其主要对象的不同,可以分为以引进外资为主、外资内资并重这两个阶段。

(一) 以引进外资为主阶段

招商引资的第一阶段是二十世纪八九十年代。这一阶段,我国招商引资工作处于起步和探索阶段,招商引资对象主要以引进港澳台资和外资为主,招商引资优惠政策也基本面向港澳台资和外资企业。

我国的招商引资优惠政策最初是从经济特区吸引外资开始的。1980年8月26日起施行的《广东省经济特区条例》① 第十四条规定:"特区企业所得税税率为百分之十五。对在本条例公布后两年内投资兴办的企业,或者投资额达五百万美元以上的企业,或者技术性较高、资金周转期较长的企业,给予特别优惠待遇。"1983年9月,中共中央、国务院印发的《关于加强利用外资工作的指示》,在放宽税收政策、提供一部分国内市场、放宽对设备进口和产品出口的限制等方面,对外资企业提出了明确的优惠政策。譬如在所得税方面,对中外合资经营企业,实行"免二减三"政策②。而根据1984年10月1日起施行的《国营企业调节税征收办法》,当时特区外国营大中型企业所得税税率高达55%。1986年10月发布的《国务院关于鼓励外商投资的规定》,对外商投资

---

① 《广东省经济特区条例》,《中华人民共和国国务院公报》1980年第13号。
② "免二减三"指的是合营期在十年以上的,从开始获利的年度起,头两年免征所得税,从第三年起减半征收所得税三年。

举办的产品出口企业和先进技术企业,在场地使用费、水电和通信等基础设施、信贷资金、企业所得税、利润汇出和再投资等方面,均给予了特别优惠的"超国民待遇"①。

1992 年邓小平南方谈话之后,我国引进外资力度进一步加大。当年 10 月,党的十四大报告提出,要"进一步扩大对外开放,更多更好地利用国外资金、资源、技术和管理经验"。此后,引进外资被当作改革开放的标志,政策上对外资企业的优惠进一步加大②。一些地方政府率先成立了诸如招商局、外商投资服务中心、国际投资促进中心等招商引资机构。随后,地方政府竞相出台更大力度的招商引资优惠政策。有的地方政府甚至突破国家基本税率和"两免三减半"的优惠政策底线,出台"四免四减""五免五减"的税收优惠政策,或者直接承诺零税费。这种行为引起学术界的一些批评。有学者认为,地方政府过度介入招商引资,不仅造成政府职能缺位、错位和越位,而且导致招商引资初衷难以实现,甚至导致公共权力滥用③。

(二) 外资内资并重阶段

招商引资第二阶段是从 21 世纪初至今,随着国内国际形势和环境发生重大变化,我国招商引资对象也出现了一个重要变化,从之前的以引进外资为主,逐步转向外资内资并重。特别是东部沿海地区经过 20 多年的发展,到 21 世纪初已经达到中等收入国家水平。2005 年,上海、北京、天津、浙江、江苏、广东、山东等 7 省份的人均 GDP 已经

---

① 《国务院关于鼓励外商投资的规定》,《中华人民共和国国务院公报》1986 年第 26 号。

② 路风、余永定:"'双顺差'、能力缺口与自主创新——转变经济发展方式的宏观和微观视野",《中国社会科学》2012 年第 6 期。

③ 王洛忠、刘金发:"招商引资过程中地方政府行为失范及其治理",《中国行政管理》2007 年第 2 期。

超过 2500 美元，而国际经验显示，跨区域投资在人均 GDP 达到 2500 美元左右时进入加速阶段。因此，中西部加大了从东部沿海地区招商引资的力度。我国招商引资优惠政策，也随之由对外资企业的优惠从"超国民待遇"转为国民待遇。2008 年 1 月 1 日起施行的《中华人民共和国企业所得税法》，实行"两税合一"，内外资企业的所得税率统一为 25%。2010 年 12 月起，我国取消了对外资企业最后两项税收优惠政策，从而基本取消外资企业的"超国民待遇"。尽管如此，但又产生了新的问题，譬如，各地方政府竞相出台诸如以更多税收返还和更低土地价格的优惠政策，吸引外地投资者，甚至出现了"引税"现象。例如，京津冀地区某区政府违规自定"招商引税"政策，采取将部分税款返还给纳税人和中介人的办法吸引区外企业到本区注册，使国家税收遭受 2 亿多元的损失①。由于一些优惠政策被认为是加剧了地方政府恶性竞争，严重影响了企业公平竞争和统一市场环境，所以受到了批评②。2013 年 11 月，党的十八届三中全会通过的《中共中央关于全面深化改革若干重大问题的决定》提出，要"按照统一税制、公平税负、促进公平竞争的原则，加强对税收优惠特别是区域税收优惠政策的规范管理"③。2014 年 11 月，国务院印发的《关于清理规范税收等优惠政策的通知》强调：在全面清理已有的各类税收等优惠政策的同时，要从统一税收政策制定权限、规范非税等收入管理、严格财政支出管理等方面切实规范各类税收等优惠政策，并从建立评估和退出机制、健全考评监督机制、建立信息公开和举报制度、强化责任追究机制等四方面建立健

---

① 李向前、孙俭："揭开'招商引税'背后的黑幕——审计署京津冀特派办查处 M 区'招商引税'问题前后"，《中国审计》2003 年第 20 期。
② 楼继伟："建立现代财政制度"，《人民日报》2013 年 12 月 16 日，第 07 版。
③ 《中共中央关于全面深化改革若干重大问题的决定（二〇一三年十一月十二日中国共产党第十八届中央委员会第三次全体会议通过）》，《人民日报》2013 年 11 月 16 日，第 01 版。

全长效机制。不过 2015 年 5 月，国务院又发出了《关于税收等优惠政策相关事宜的通知》，对一些政策细节进行了调整。

进入"十三五"之后，一方面，美国、日本、德国等主要发达经济体大力实施"再工业化"战略，引导智能制造等高端制造业从中国、印度等新兴经济体向发达国家回流；另一方面，东南亚、南亚等发展中经济体利用低要素成本优势大力承接国际产业转移，纺织业等部分中低端制造业从中国向东南亚、南亚周边国家快速转移。我国吸引外资因此受到很大冲击，实际使用 FDI 增长速度不仅不断下滑，而且外商投资企业实际使用 FDI 占全社会固定投资比重等运行指标也持续下降。商务部数据显示，我国实际使用外资年均增长速度，从"十五"时期年均的 12.3%，大幅下滑至"十二五"时期的 3.5%，"十三五"时期进一步下滑至 1.0%；实际使用 FDI 占全社会固定资产投资的比重，也相应从"十五"时期年均的 8.4%，大幅下滑至"十二五"时期的 1.9%，"十三五"时期进一步下滑至 1.5%（见表 9-1）。因此，"稳外资"成为近几年的重要任务。从 2017 年 1 月起，国务院连发四个"稳外资"文件，即《国务院关于扩大对外开放积极利用外资若干措施的通知》（2017 年 1 月）、《国务院关于促进外资增长若干措施的通知》（2017 年 8 月）、《国务院关于积极有效利用外资推动经济高质量发展若干措施的通知》（2018 年 6 月）和《国务院关于进一步做好利用外资工作的意见》（2019 年 11 月）。自 2020 年以来，新冠肺炎疫情给全球跨境投资带来巨大冲击。联合国贸发会议 2021 年 1 月 24 日发布的《2020—2021 年全球投资趋势与展望》指出，2020 年全球跨境投资同比降幅达 42%。为进一步加强"稳外贸""稳外资"工作，2020 年 8 月，国务院办公厅再次印发《关于进一步做好稳外贸稳外资工作的意见》，在引导加工贸易梯度转移、给予重点外资企业金融支持、加大重点外资项目支持服务力度、降低外资研发中心享受优惠政策门槛等方面提出 15 项政策措施。

表 9-1　　中国外商投资运行情况比较（2001—2019 年）

	2001—2005 年	2006—2010 年	2011—2015 年	2016—2019 年
实际使用 FDI 增长率	12.3	10.7	3.5	1.0
实际使用 FDI 占全社会固定投资比重	8.4	4.1	1.9	1.5
规上外商投资企业工业增加值增长率	16.1	13.0	7.0	4.6
外商投资企业税收占全国税收比重	20.9	22.5	20.9	19.4

资料来源：作者根据商务部《中国外资统计公报 2020》数据整理计算得到。

在这样的背景下，从 2017 年起，地方政府再次掀起了新一轮招商引资热潮。下面以中部六省份为例介绍。湖北、湖南、河南、安徽、江西五省先后制定新的招商引资和"双招双引"文件，从加大财政、税收、金融支持，加大土地供给、人才和用工保障等方面给予优惠政策（见表 9-2）。不仅如此，越到基层政府，招商引资优惠力度越大。以湖北省为例，各地级市政府纷纷将招商引资工作列为"一号工程"。2017 年 1 月，武汉市和鄂州市最早把招商引资作为其赶超发展"一号工程"。同年 4 月，武汉市委和市政府印发《关于全面推进招商引资"一号工程"的实施意见》。随后，襄阳市、孝感市、黄冈市等湖北省所有 16 个地级市政府先后提出实施招商引资"一号工程"。以高额奖励招商引资是"一号工程"最大的特色。例如，根据 2018 年 1 月 1 日起开始实施的《武汉市招商引资奖励办法（试行）》，对该市新引进注册落户的企业，其实际固定资产投资在 2 年内累计达到 2 亿元人民币以上的，最高可获得 800 万元人民币的奖励。

表 9-2　　中部六省招商引资文件（2017—2020 年）

序号	省份	文件名	成文日期	主要招商引资政策
1	湖北	《湖北省人民政府关于新形势下进一步加大招商引资力度的若干意见》	2017年3月31日	加大财政支持、加大税收支持、加大金融支持、加大土地供给保障、加大人才及用工保障
		《关于进一步提高新时代招商引资和招才引智工作质量的若干意见》	2018年8月29日	加大招商引资财政奖励力度、金融支持力度和土地保障；加大招才引资资金投入，采取人才津贴、人才奖励、项目资助、创业扶持、股权投资、贷款贴息等方式给予综合资助
2	安徽	《安徽省人民政府关于进一步做好招商引资工作的意见》	2017年5月8日	依法制定和落实招商引资优惠政策、加大金融支持、加强土地供给保障；引进高层次人才和急需紧缺人才，计入招商引资实绩
3	江西	《江西省人民政府关于进一步扩大开放打造招商引资新优势的实施意见》	2017年5月22日	支持各地制定完善招商引资优惠政策、落实税收优惠政策、加大财政支持、强化用地保障、加大融资支持、创新人才政策、降低物流用工成本
4	湖南	《湖南省人民政府关于积极推进招商引资工作的通知》	2017年9月5日	推动引资引技引智有机结合；支持各地制定招商引资优惠政策、强化财政专项资金引导作用、落实税收支持政策、强化用地保障、降低企业运营成本、支持外来企业拓宽融资
		《湖南省进一步加强招商引资工作的若干政策措施》	2020年10月9日	重奖增量促引进（单项投资最高可获1000万元奖励；叠加享受奖励，累计不超过2000万元）、保障用地促落地（对优势、特色产业，在确定土地出让底价时给予优惠支持）
5	河南	《河南省人民政府关于加强新形势下招商引资工作的意见》	2020年7月11日	加强金融支持、优化土地保障、加大奖励力度、夯实人才支撑

续表

序号	省份	文件名	成文日期	主要招商引资政策
6	山西	《山西省人民政府关于积极有效利用外资推动经济高质量发展的实施意见》	2019年10月25日	出台健全招商引资协作机制等16方面举措

资料来源：作者根据中部六省省政府网站发布文件整理得到。

二、我国地方政府现行主要优惠政策及其面临的挑战

综合各地招商引资优惠政策，可将我国地方政府现行的主要优惠政策归纳为提供税收优惠、强化土地保障、加大财政支持、加强金融支持等十个方面。在新的发展环境中，这些政策正面临挑战。

（一）我国地方政府现行主要优惠政策

1. 提供税收优惠

税收优惠是改革开放初期地方政府招商引资最主要的优惠政策。2014年国务院开展清理规范税收等优惠政策以来，税收优惠政策规范多了，但仍为地方政府招商引资的重要优惠政策。例如，中部六省份中，湖北、安徽、江西、湖南四省2017年发布的招商引资文件均含税收优惠政策（见表9－3）。从中也可以看出，现行的税收优惠政策有两大新的特点：一是对外资企业和内资企业一视同仁，享受同样的税收优惠，不再对外资企业实行特别的税收优惠政策；二是激励科技创新，助推地方经济高质量发展。例如，江西省2017年招商引资政策提出，对设在赣州市的鼓励类产业的内资企业和外商投资企业，减按15%的税率征收企业所得税；对经认定为高新技术企业的外商投资企业，减按

15% 的税率征收企业所得税。

表 9–3　中部六省份中的四省现行招商引资税收优惠政策（2017—2020 年）

序号	省份	文件名	成文日期	主要招商引资政策
1	湖北	《湖北省人民政府关于新形势下进一步加大招商引资力度的意见》	2017年3月31日	加大税收支持：落实国家西部大开发企业所得税优惠和技术先进型服务企业税收减免政策，鼓励各地在法定权限范围内，用足用活税收优惠政策，为企业发展提供政策支持
2	安徽	《安徽省人民政府关于进一步做好招商引资工作的意见》	2017年5月8日	制定优惠政策：各市、县政府及开发区可在法定权限范围内，制定出台招商引资优惠政策；深入落实国家、省出台的结构性减税、普遍性降费、财政性奖励等支持政策，通过多种渠道降低企业经营成本，不断增强对外来投资的吸引力
3	江西	《江西省人民政府关于进一步扩大开放打造招商引资新优势的实施意见》	2017年5月22日	落实税收优惠政策：支持符合条件的外商投资企业和内资企业按国家和省有关规定享受相关税收减免和优惠政策；对部分外商投资项目，在投资总额内进口自用设备，实行免征关税政策；对设在赣州市的鼓励类产业的内资企业和外商投资企业，减按 15% 的税率征收企业所得税；对符合规定条件的内资研发机构和外资研发中心采购国产设备全额退还增值税；对经认定为高新技术企业的外商投资企业，减按 15% 的税率征收企业所得税
4	湖南	《湖南省人民政府关于积极推进招商引资工作的通知》	2017年9月5日	落实税收支持政策：对国家鼓励发展的外商投资项目进口设备，在符合规定的范围内，免征进口关税和进口环节增值税；积极落实国家对服务贸易创新试点城市和服务外包示范城市经认定的技术先进性外商投资服务企业的税收优惠政策；对符合规定的外资研发中心进口国内不能生产或性能不能满足需要的科学研究、科技开发和教学用品，免征进口关税和进口环节增值税；对其采购国产设备全额退还增值税

资料来源：作者根据湖北、安徽、江西、湖南省政府网站发布文件整理得到。

2. 强化土地保障

和税收优惠相似,土地价格优惠也是改革开放初期地方政府招商引资最主要的优惠政策。随着我国经济转入高质量发展新阶段,土地资源变得越来越稀缺,土地价格优惠政策也规范多了,但仍为地方政府招商引资的重要优惠政策。如中部六省份中,2017 年湖北、安徽、江西三省和 2020 年河南、湖南两省发布的招商引资文件均含强化土地保障政策(见表 9-4)。从中也可以看出,现行的用地保障政策有两大倾斜:一是对重大项目明显倾斜;二是对先进制造业等重点产业倾斜。例如,2017 年湖北、安徽、江西三省招商引资政策均提出,在确定土地出让底价时,对这两类项目,按不低于所在地土地等别相对应《全国工业用地出让最低价标准》(以下简称《全国标准》)的 70% 执行。

表 9-4　中部六省份中的五省现行招商引资强化土地保障政策(2017—2020 年)

序号	省份	文件名	成文日期	主要招商引资政策
1	湖北	《湖北省人民政府关于新形势下进一步加大招商引资力度的若干意见》	2017 年 5 月 31 日	加大土地供给保障:对纳入省招商引资重大项目库的项目可依法享受土地价格优惠,优先纳入供地计划,优先保障土地供给;对入库企业依法取得的工业用地可按土地出让合同约定分期缴纳土地出让价款,首次缴纳比例不低于 50%,一年内缴清;对优先发展产业的工业项目,按不低于所在地土地等别相对应《全国标准》的 70% 执行
2	安徽	《安徽省人民政府关于进一步做好招商引资工作的意见》	2017 年 5 月 8 日	加强土地供给保障:对省重点调度的招商引资项目优先纳入供地计划;对省确定的先进制造业等优先发展产业且集约用地的鼓励类外商投资工业项目优先供应土地,在确定土地出让底价时可按不低于所在地土地等别相对应《全国标准》的 70% 执行

续表

序号	省份	文件名	成文日期	主要招商引资政策
3	江西	《江西省人民政府关于进一步扩大开放打造招商引资新优势的实施意见》	2017年5月22日	强化用地保障：对优先发展产业且用地集约的工业项目，土地出让底价可按不低于所在地土地等别相对应《全国标准》的70%执行；鼓励各地创新供地模式，降低企业用地成本；支持创新创业园区和标准厂房建设，省市财政按有关规定给予补助，对项目有关行政事业性收费全免，服务性收费可按最低标准减半；对省重大经贸活动中签约的鼓励类重大投资项目，优先保障用地计划
4	河南	《河南省人民政府关于加强新形势下招商引资工作的意见》	2020年7月11日	优化土地保障：深化产业用地市场化配置改革，工业用地可以采取长期租赁、先租后让、弹性年期供应、作价出资等形式；探索增加混合产业用地供给；提前对出让土地进行综合勘评，推动新建产业项目"拿地即开工"；优化产业用地规划，对新签约省重点招商项目用地实行全省统筹、优先保障、量身定制；现有工业项目提高土地利用效率和增加容积率的，不再征收土地价款差额
5	湖南	《湖南省进一步加强招商引资的若干政策措施》	2020年10月9日	保障重大项目用地：对符合全省产业发展规划的优势、特色产业项目给予用地支持；对世界500强、中国500强、民营500强、行业领军企业来湘设立企业总部自建办公物业用地，实际投资金额超过2亿元（或外资3000万美元）的重大投资项目，结合新增建设用地计划指标和增减挂钩节余指标统筹保障合理用地需求；对全省确定的优先发展产业且为用地集约型工业项目的，在确定土地出让底价时给予优惠支持

资料来源：作者根据湖北、安徽、江西、河南、湖南省政府网站发布文件整理得到。

3. 加大财政支持

财政支持与税收优惠有联系也有区别。近年来，财政支持日益成为地方政府招商引资的重要优惠政策。如中部六省份中，2017年湖北、安徽、江西三省和2020年河南、湖南两省发布的招商引资文件均含财政支持政策（见表9-5）。从中也可以看出，与用地保障政策相类似，现行的财政支持政策也有两大倾斜：一是对新设总部经济和世界500强、中国500强新设立功能性总部；二是重大项目和先进制造业等重点产业倾斜。如湖南省2020年招商引资政策提出，对新引进的总部经济、重大先进制造业、企业抱团产业转移和有进出口实绩的外贸实体等四类项目进行重奖，其中，对世界500强来湘新设立中国区总部、对中国500强和民营500强来湘新设立企业总部，最高奖励其在湘企业1000万元。

表9-5 中部六省份中的五省现行招商引资财政支持政策（2017—2020年）

序号	省份	文件名	成文日期	主要招商引资政策
1	湖北	《湖北省人民政府关于新形势下进一步加大招商引资力度的若干意见》	2017年3月31日	加大财政支持：对省招商引资重大项目库的落地项目，积极协助项目单位争取中央预算内补助资金，优先安排省内预算内相关资金；充分发挥省级促进外贸及引资专项资金引导作用，加大对招商引资支持力度；鼓励各地设立招商引资专项资金，可对上一年度招商引资落地项目，新增地方财力、新增固定资产投资和实收注册资本增资，给予不同等次的奖励补助；对招商有突出贡献的各类商业协会、中介组织和个人予以奖励
2	安徽	《安徽省人民政府关于进一步做好招商引资工作的意见》	2017年5月8日	加大财政支持：深入落实国家、省出台的普遍性降费、财政性奖励等支持政策，通过多种渠道降低企业经营成本，不断增强对外来投资的吸引力；支持符合条件的招商引资企业申请"三重一创"、制造强省、科技创新、技工大省等各类专项扶持资金；对重大产业项目，参考项目落地成本、投资进度和对经济发展贡献等，分别在项目开工、投产和达产后，给予一定的资金扶持

续表

序号	省份	文件名	成文日期	主要招商引资政策
3	江西	《江西省人民政府关于进一步扩大开放打造招商引资新优势的实施意见》	2017年5月22日	加大财政支持：统筹省商务发展专项资金和中央外经贸、服务业发展专项资金等商务类资金，探索设立省招商引资基金，采取"政府引导、地市承接、资本招商、市场运作"模式，以资本促招商；鼓励各地出台加快总部经济发展政策，对国内外500强企业、跨国公司、中央企业在江西省设立地区总部、研发中心、技术中心、采购中心、结算中心等，给予适当补助；对当年实际现汇进资1000万美元以上的重大外资项目，经审核认定后给予奖励
4	河南	《河南省人民政府关于加强新形势下招商引资工作的意见》	2020年7月11日	加大奖励力度：鼓励各地设立招商引资专项资金，根据新增地方财力、新增固定资产投资和实收注册资本增资等，对招商引资落地项目给予不同等次的支持奖励；对符合产业发展方向的重点扶贫招商项目前期费用给予一定资金补助；对引进世界500强、中国500强企业等重大招商项目，按照"一企一策""一事一议"制订推进方案和扶持政策；对成功引进外来资金的招商引资中介机构或企业，按照有关规定给予相应奖励
5	湖南	《湖南省进一步加强招商引资的若干政策措施》	2020年10月9日	重奖增量促引进：对新引进的总部经济、重大先进制造业、企业抱团产业转移和有进出口实绩的外贸实体四类项目进行重奖。其中，对世界500强来湘新设立中国区总部、对中国500强和民营500强来湘新设立企业总部，最高奖励其在湘企业1000万元；对县市区或园区引进世界500强、中国500强和民营500强首次落户湖南的，每个项目分别奖励300万元、200万元、100万元

资料来源：作者根据湖北、安徽、江西、河南、湖南省政府网站发布文件整理得到。

4. 加强金融支持

和财政支持一样，金融支持也是近年来地方政府招商引资的主要政策。例如，中部六省份中，2017年湖北、安徽、江西、湖南四省和2020年河南发布的招商引资文件均含加强金融支持政策（见表9-6）。从中也可以看出，现行的金融支持政策有三大倾斜：一是重点支持重大项目建设和融资，如2017年湖北和安徽两省、2020年河南省招商引资政策均提出，发挥各类政府性产业发展基金引导作用，支持重大招商项目建设和融资。二是重点支持外来企业境内外上市。例如，2017年湖北、江西和湖南三省2017年招商引资政策均提出，支持内外资企业在上海、深圳及境外证券交易所上市。三是对外资企业实行一定的特别支持。例如，2017年湖南省招商引资政策提出，支持外商投资企业依法依规在主板、中小板、创业板和境外上市；支持外商投资企业发行企业债券、公司债券、可转换债券；支持外商投资企业引入私募股权投资机构，通过股权融资方式缓解融资需求。

表9-6 中部六省份中的五省现行招商引资金融支持政策（2017—2020年）

序号	省份	文件名	成文日期	主要招商引资政策
1	湖北	《湖北省人民政府关于新形势下进一步加大招商引资力度的若干意见》	2017年3月31日	加大金融支持：推广运用PPP模式，鼓励和引导社会资本参与PPP项目的建设营运；发挥长江产业基金、省级股权投资引导基金等投资基金作用，引导社会资本投入，支持重大招商项目建设；拓展企业融资渠道，支持企业采取境内外上市等多种方式融资；对境内外上市及挂牌企业给予一定奖励；加大跨境交易管理改革力度，直接投资项下外汇登记及变更登记下放银行办理，境内外投资主体可直接到银行办理相关外汇登记业务；外商投资企业外汇资本金账户开户个数不受限制，可异地开户，实行意愿结汇，利润可按规定直接到银行办理汇出

续表

序号	省份	文件名	成文日期	主要招商引资政策
2	安徽	《安徽省人民政府关于进一步做好招商引资工作的意见》	2017年5月8日	加大金融支持：充分发挥各类政府性产业发展基金引导作用，支持重大招商项目融资；鼓励各地依法合规以股权投资形式参与招商项目，并选择灵活退出机制；鼓励吸引包括外资在内的社会资本在安徽省发起设立产业投资基金，并同等享受相关优惠政策；对科技含量高、市场前景好的新上企业，可依据有关规定在一定期限内给予一定额度贷款贴息
3	江西	《江西省人民政府关于进一步扩大开放打造招商引资新优势的实施意见》	2017年5月22日	加大融资支持：充分发挥省发展升级引导基金等政府投资基金作用，优先支持对就业、经济发展、技术创新贡献大的招商引资项目融资；支持内外资企业在上海、深圳及境外证券交易所上市，按照有关规定由省财政一次性补助500万元人民币；支持符合条件的内外资企业发行企业债券、公司债券、可转换债券和运用非金融企业债务融资工具进行融资；鼓励金融机构加大对外资参与特许经营项目的信贷和跨境资金结算支持；鼓励金融机构为外资跨国企业开办跨境人民币资金集中运营、人民币跨境融资业务
4	湖南	《湖南省人民政府关于积极推进招商引资工作的通知》	2017年9月5日	拓宽融资渠道：加大金融机构对外来投资企业的信贷支持力度，在风险可控范围内适当延长授信期限，设置更加灵活的还款方式和符合法律规定的多种担保方式；对通过深沪交易所、"新三板"湖南股权交易所发行私募债券的企业，省财政按规定给予贴息补助；支持符合条件的企业境外上市，对首发上市融资的，省级财政按规定给予一次性费用补助；支持外商投资企业依法依规在主板、中小板、创业板和境外上市；支持外商投资企业发行企业债券、公司债券、可转换债券；支持外商投资企业引入私募股权投资机构，通过股权融资方式缓解融资需求

续表

序号	省份	文件名	成文日期	主要招商引资政策
5	河南	《河南省人民政府关于加强新形势下招商引资工作的意见》	2020年7月11日	加强金融支持：发挥政府性产业发展基金引导作用，支持重大招商项目融资；鼓励各地依法合规以股权投资形式参与招商项目；引导各类金融机构进一步创新服务理念，开发符合招商引资项目特点的金融产品和业务模式；积极完善股权、债券、融资租赁、资产证券化、融资担保、信用保险等金融工具，引进私募基金、社会资本和信托资金，推动项目与市场对接，满足项目融资需求。对新上市及挂牌企业，按规定给予奖补

资料来源：作者根据湖北、安徽、江西、湖南、河南省政府网站发布文件整理得到。

5. 加强基础设施和公用事业配套建设支持

加强基础设施和公用事业配套建设的支持，是地方政府招商引资的主要优惠政策之一。我国各级经济开发区、高新技术产业开发区、出口加工区、保税区等各类工业园区大多采用此种优惠政策。近年来，最典型的便是河北雄安新区。2021年3月2日，雄安新区印发《关于加快实现"五新"目标，高标准高质量推进雄安新区建设发展的指导意见》，提出将加快构筑对外连通高速铁路网和高速公路网，建设城市骨干路网，推进水域水网综合整治和功能提升。加快推进重点片区和重点项目建设、老城区改造提升和乡村振兴，打造标志性建筑、标志性区域，实施关键节点景观提升，加快智慧城市建设和智慧体验场景落地。据了解，雄安新区2019年重点建设项目67个当年全部实现开工，2020年重点建设项目全部实现开工建设；近两年累计完成投资近2000亿元，重点建设项目中近30个已完工，50多个项目计划于2021年陆续完工。"十四五"期间，雄安新区将继续围绕对外连接基础设施、市政基础设施、公共服务与产业配套、生态环境治理和保护等方面，推进各个项目有序建设，包括学校、医院、酒店等城市配套基础设施也同步推进。

6. 帮助招工和培训

帮助招工和培训，也是地方政府吸引外资的优惠措施之一。以2012 年河南省引入富士康为例。2012 年 8 月，富士康郑州公司需要新招收 20 万名工人。同年 8 月 4 日，河南省政府省长办公会决定协助富士康招募工人：将 20 万名任务分配给该省 17 个省辖市政府和 1 个省直辖县级行政单位（济源示范区）的同时，由省财政厅给新招收到富士康工作的工人每人每月 200 元的补贴，这份补贴发放到 2012 年底。据不完全测算，这笔财政补贴可能达到上亿元人民币。

7. 国资注入或国有企业支持性合作

国资注入或国有企业支持性合作，是最近几年兴起的优惠方式。以 2020 年安徽省合肥市引入蔚来汽车为例。2020 年 2 月 25 日，合肥市政府对外发布，蔚来汽车与其达成协议，蔚来汽车中国总部项目将落户合肥。同年 4 月 29 日，蔚来汽车对外宣布，其与合肥市建设投资控股（集团）有限公司（以下简称"合肥建投"）、国投招商投资管理有限公司（以下简称"国投招商"）、安徽省高新技术产业投资有限公司（以下简称"安徽高投"）等战略投资者签署关于投资蔚来中国的最终协议：蔚来汽车将向蔚来中国投资 42.6 亿元人民币，同时注入中国范围内包括整车研发、供应链与制造、销售与服务、能源服务等核心业务与相关资产（估值 177.7 亿元人民币）；合肥建投、国投招商和安徽高投等战略投资者将向蔚来中国投资 70 亿元人民币。投资完成后，蔚来汽车将持有蔚来中国 75.9% 的控股股份，合肥建投等三大战略投资者将合计持有蔚来中国 24.1% 的股份。合肥建投、国投招商和安徽高投都具有国资背景。其中，合肥建投是合肥市国资委授权经营的国有独资公司；国投招商是由国投创新与招商资本联合牵头发起设立的专业私募股权管理机构；安徽高投是安徽省投资集团产业板块统筹运作平台，是安徽省委、省政府产业培育、产业引领、产业整合的重要投融资平台。

这笔国资的注入，堪称蔚来汽车的"救命稻草"。蔚来汽车2019年和2020年财务报告显示：2019年，其净亏损高达112.96亿元；2020年，其全年实现营业总收入162.58亿元，同比增长107.8%。

8. 征地拆迁与厂区建设方面的支持

征地拆迁与厂区建设方面的支持，也是地方政府现行招商引资优惠的主要政策之一。尽管其不是直接优惠，但政府有很多投入，所以也算是优惠政策。以湖南省邵阳经济开发区2021年的"春雷行动"为例。2021年3月9日，邵阳经济开发区提出，开启产业项目建设"春雷行动"，把征地拆迁、安置项目建设及交付、土地报批、土地出让、融资、招商引资六大方面作为主攻方向，全面推进园区发展。在征地拆迁攻坚行动中，计划在100天内完成征地2451亩，拆迁房屋414栋、迁坟5269棺的目标任务，保障重点产业项目和商业配套项目用地；开展安置项目建设、交付攻坚行动，推进安居小区建设扫尾、产权办证及交付使用等，破解安置难题。

9. 配套企业的引进和产业链供应链的强化

近年来，配套企业的引进、产业配套体系的促进、产业链供应链的强化等措施，越来越成为地方政府招商引资的创新措施。截至2021年3月，江苏、江西、湖南、湖北、安徽、广东、山东等20多个省份纷纷借鉴推广浙江省2019年首创的产业链"链长制"招商模式。产业链招商是以培育产业集群为目标，以"建链、补链、强链、延链"为重点，以"招大引强"为着力点，以招引标杆性企业和引擎性项目为核心，推动产业链攀升和价值链提升发展的一种招商引资新模式。产业链"链长制"是2019年浙江省商务厅提出的针对开发区工作的一项制度创新。"链长制"要求各个开发区聚焦在产业链上，通过做好"九个一"（即一个产业链发展规划、一套产业链发展支持政策、一个产业链发展空间平台、一批产业链龙头企业培育、一个产业链共性技术支撑平台、一支产业链专业招商队伍、一名产业链发展指导专员、一个产业链发展分工责任机制、一个产业链年度工作计划）机制，"巩固、增强、创新、提升"产业链。该模式在招商引资上取得了良好效果。2020 年，浙江实际使用外资 157.8 亿美元，同比增长 16.4%，增速高于全国 12.4 个百分点。

10. 研发支持，人才引进鼓励支持

党的十八大以来，我国地方政府招商引资越来越注重"双招双引"（招商引资、招才引智）。研发支持和人才引进支持日益成为我国地方政府招商引资优惠政策的重要形式。例如，2018 年 8 月发布的《湖北省关于进一步提高新时代招商引资和招才引智工作质量的若干意见》提出，加大招才引智资金投入，推进省"百人计划"、省新时代高层次人才工程、急需紧缺专业技术人才引进培养工程、楚商楚才"回归"创新创业工程等重大人才项目，大力引进科技领军人才、企业家人才、高技能人才、青年人才和高水平创新团队，采取人才津贴、人才奖励、项目资助、创业扶持、股权投资、贷款贴息等方式给予综合资助。对顶尖人才给予政府特级专家津贴。又如，2020 年 7 月发布的《河南省人民政府关于加强新形势下招商引资工作的意见》提出，夯实人才支撑，要"落实高层次人才认定和支持政策，保障招商引资企业各类人才享受相应的奖励补贴、薪酬、税收优惠等政策。各地要制定实施人才引进政策，为来豫创新创业的各类人才开辟'绿色'通道。大力发展职业教育，为招商引资项目储备职业技术人才"。

（二）我国地方政府现行优惠政策所面临的挑战

以上分析表明，改革开放以来我国地方政府招商引资实行的优惠和奖励政策，总体上来看，仍然是针对特殊对象的"特惠"政策。然而，当前以及更长一个时期，各地招商引资"特惠"政策却面临如何处理"三公一平一同"这一原则的新挑战。

"三公一平一同"经过党的十八届三中全会、十九届四中全会的论述，已经基本定型。这是我国企业发展政策的重大转折，尽管这个转折并非在过去两三年突然出现，也不可能在未来两三年全面实现，但这体现了国内政策的大潮流。同时，"三公一平一同"也体现了全球经贸规则变化的大潮流。近二十年来，特别是2008年全球金融危机以来，国际贸易投资规则体系发生深刻调整，国际贸易投资规则朝着更高水平方向发展。WTO体系下，主要关注的是以关税减让和非关税壁垒减少等边境措施，较少关注"边境后"措施。随着跨国公司把生产布局到全球以后，诸如规则一致、竞争中性、知识产权保护、环境保护、政策透明度和反腐败等"边境后"措施正在成为区域或国家间贸易投资谈判的新议题①。这些新议题中，规则一致和竞争中性政策对我国现行的招商引资优惠和奖励政策将产生较大冲击。本部分以新近与我国密切相关的《区域全面经济伙伴关系协定》（Regional Comprehensive Economic Partnership Agreement，RCEP）、《中欧全面投资协定》（China–EU Comprehensive Agreement on Investment，CAI）、《全面与进步的跨太平洋伙伴关系协定》（Comprehensive and Progressive Agreement for Trans–Pacific Partnership，CPTPP）为例，阐述这一问题。

《区域全面经济伙伴关系协定》是我国与东盟10国及日本、韩国、澳大利亚、新西兰在2020年11月15日正式签署的多边自由贸易协议。《区域全面经济伙伴关系协定》的签署，标志着全球最大的自由贸易区成功起航，是我国继加入WTO之后又一重大开放成果。《区域全面经济伙伴关系协定》包括20个章节，涵盖货物、服务、投资等全面的市场准入承诺，纳入了较高水平的货物和服务贸易、投资、知识产权、电子商务、竞争政策、政府采购等内容。其中，《区域全面经济伙伴关系协定》的竞争政策明确了各方须共同遵循的竞争立法和执法原则。这

---

① 许培源、刘雅芳："国际贸易投资新规则对国际生产投资布局的影响"，《经济学动态》2019年第8期。

无疑对我国地方政府招商引资优惠和奖励政策产生了新的挑战。今后，各级政府的行政决定、行政程序、行政措施等行为都要依规行事，否则就可能会构成贸易争端。此外，《区域全面经济伙伴关系协定》中还有170项软性义务，将构建好的营商环境上升为国际义务，各级政府应将其作为内部硬约束，构建开放、公平、透明、便利的营商环境。

2020年12月30日完成谈判的《中欧全面投资协定》，对标国际高水平经贸规则，是一项全面、平衡和高水平的投资协定。高水平主要体现在，该协定涉及领域远远超越传统双边投资协定，谈判成果涵盖市场准入承诺、公平竞争规则、可持续发展和争端解决四方面内容。在公平竞争规则方面，中欧双方立足于营造法治化营商环境，就国有企业、补贴透明度、技术转让、标准制定等与企业运营密切相关的议题达成共识。其中，中国承诺规范国有企业行为，根据商业规范行事，在购买和销售商品或服务时不得存在歧视。

《全面与进步的跨太平洋伙伴关系协定》是我国正在考虑加入的多边自由贸易区。2020年11月，习近平主席在出席亚太经合组织（APEC）领导人非正式会议时提出，中国将积极考虑加入《全面与进步的跨太平洋伙伴关系协定》。2021年3月，《国务院政府工作报告》和《中华人民共和国国民经济和社会发展第十四个五年规划和2035年远景目标纲要》均再次提出"积极考虑加入《全面与进步的跨太平洋伙伴关系协定》"。与《区域全面经济伙伴关系协定》相比，《全面与进步的跨太平洋伙伴关系协定》是一个更高水平的多边自由贸易协定，关注数字经济、服务业、高科技、金融、保险、医药专利等，对于我国现有经济体制和现行贸易投资规则都将产生更大的挑战。从《全面与进步的跨太平洋伙伴关系协定》现有条款看，一般认为，在货物的国民待遇与市场准入、国有企业与指定垄断、竞争政策、跨境服务贸易、电信服务、电子商务、知识产权、劳工标准、监管的一致性、卫生与植物卫生措施等方面与我国现行制度规则差异较大,有较大的接受难度①。

由此可见,尽管这些协定并不直接使用"三公一平一同"这个概括性表述,但"三公一平一同"也将成为国际贸易投资协定的基本要求。这无疑对我国现有的招商引资优惠政策形成巨大挑战。

三、主要发达国家的招商引资优惠政策

不过,几乎所有国家都会采取吸引性政策来招商引资,这些吸引性政策有很多优惠、支持措施,而且也并非对所有投资者完全一视同仁。尤其是地方政府,也会在招商引资方面进行相互竞争,竞相推出优惠政策以吸引更多投资和更中意的企业。美国、日本和德国等主要发达国家也不例外。难道这些国家,特别是其地方政府的招商引资政策,就不违背其国内的公平竞争法则吗?就不违背国际经贸规则大潮流吗?我们以美国、日本和德国三大主要发达国家为例来进行分析,以便更好地阐述招商引资优惠政策如何与"三公一平一同"相衔接。

(一) 美国招商引资优惠政策

相对而言,美国联邦政府比较注重"普惠"企业发展政策,但地方政府也有一些招商引资的"特惠"政策。

近年来,美国联邦政府最大的"普惠"政策,就是特朗普政府任期内联邦政府实施的减税政策。从 2018 年 1 月 1 日起,特朗普政府实

---

① 白洁、苏庆义:"CPTPP 的规则、影响及中国对策:基于和 TPP 对比的分析",《国际经济评论》2019 年第 1 期。

施自里根政府税改以来最大规模的税制改革。此次税改主要集中在企业所得税、个人所得税、跨境税制等方面。其中，最核心的改革是企业所得税税率改革：其税率从之前最高 35% 的累进税率调整为 21% 的单一税率，从而将其税率从之前在 35 个 OECD 国家的最高水平降到了之后的平均水平。跨境税制改革方面，一是来自其境外子公司（10% 持股比例要求）的股息可享受 100% 的所得税豁免；二是对境外子公司历史累积境外收益一次性征税，汇回税率从此前最高 39.6% 的税率调降至 15.5%（现金）和 8%（非现金资产）。特朗普政府税改使美国企业所得税税率大幅降低，产生一个由中低税率为主导的洼地效应，既促进美国在国外的直接投资资本回流本土，也可能会吸引外国直接投资资本流入美国[1]。

美国联邦政府的"普惠"政策也包括此前就存在的对外贸易区优惠政策。美国建立对外贸易区（Foreign-Trade Zones，FTZ）始于 20 世纪 30 年代的"大萧条"时期，是依据美国《1934 年对外贸易区法案》而建立的，第一个对外贸易区于 1936 年 1 月在纽约市建立。截至 2020 年 12 月底，美国共建立 298 个对外贸易区，遍布美国 50 个州以及波多黎各领地，其中，得克萨斯州最多（33 个），加利福尼亚州 17 个，纽约州 14 个，北卡罗来纳州 6 个。美国对外贸易区内的"倒转关税减免（Relief from Inverted Tariffs）"等特殊政策，可以帮助企业规避贸易保护，有助于吸引外资从事加工制造业[2]。倒转关税减免，是在原料或零部件进口关税税率高于产成品关税税率情况下，在对外贸易区生产加工为成品后进入美国关境时，企业有权选择按照较低的税率缴纳关税。

---

[1] 郑联盛、陈旭："特朗普税改'冲击波'：经济影响与政策应对"，《国际经济评论》2018 年第 3 期。

[2] Jafar Alavi, Henry Thompson, "Toward a Theory of Foreign Trade Zones", The International Trade Journal, vol. 3, no. 2, 1988, pp: 203-217.

对外贸易区的税收优惠制度还包括：(1)进口货物入区时无须立即缴纳关税，直到商品实际进入美国关境消费时才缴纳相应的税费；(2)入区外国货物再出口时，无须缴纳关税，也不受配额限制；(3)外国货物在不同对外贸易区之间转移时，即使需要进出美国关境，也无须缴纳关税；(4)区内企业可享受更为简化、便利的海关程序，同时区内用于出口的外国及本国产品免缴州或地方存货税①。这一系列优惠政策，降低或延迟了区内企业应缴税款额，为企业周转资金提供了便利，以吸引外资。

美国地方政府最大的"特惠"政策，是对雇用本地员工的基金资助和税收优惠等支持性政策。促进本地就业是美国各州和地方政府招商引资的一个重要目的，而基金资助和税收优惠则是美国各州和地方政府招商引资政策占比最高和次高的激励政策工具。据"选择美国"网站统计，2020年，美国各州的基金资助项目、税收优惠项目分别为973项和891项，占所有招商引资激励项目总数（2165项）的44.9%和41.2%。因此，美国各州和地方政府都制定基金资助和税收优惠政策促进本地就业，尤其是支持本地中小企业发展来促进本地就业，因为中小企业有利于本地就业，而其初创期往往面临资金不足等问题。加利福尼亚州在这方面的举措最多：一是融资项目鼓励参与的银行等金融机构为融资困难的小型企业贷款，最高贷款额为500万美元；二是新增就业抵税项目规定，新增就业纳税人的抵税额度为每位符合要求的员工薪水的35%，每位员工最高抵税金额为56000美元；三是小型企业（750名员工以内企业）贷款担保项目，旨在协助本土企业创造和保留就业岗位。纽约州的举措也不少：一是刺激就业税收抵扣项目规定，企业在投资后的第一年和第二年，如果新增就业达到一定水平，就可以获得相当于投资额2.5%的税收抵扣；二是合格新兴产业就业税收抵扣政策规定，3

---

① 马雁："美国对外贸易区'出口倍增'实现机制探析"，《天津社会科学》2016年第3期。

年内每年新增一名员工给予1000美元税收抵扣。得克萨斯州则设立了企业基金，对于新搬迁或扩建企业，如果投资额显著且创造一定数量的高额工资岗位，将获得现金奖励。

美国地方政府的"特惠"政策，还包括通过税收优惠和融资支持等举措引导外来资金促进本地研发、科技创新和新兴产业发展，以及生态环保和绿色发展。这方面的优惠政策也主要是税收优惠和基金资助。例如，在加利福尼亚州，研发抵税项目规定，企业获得的研发税补贴可能是年度研究经费经一定计算后超支部分的15%，或是支付给第三方机构的基础研究费用的24%；产业发展债券融资项目规定，为购买制造设施和设备的制造商提供免税利率，其利率一般低于传统融资方式的20%—30%。又如，在纽约州，污染控制税收抵扣政策规定，用于建设或改进处理工业废料或大气污染设施的投资，只要经过认证符合纽约州现行法律、法规和规定，可在支付投资的当年，对其经营收入应付州税部分进行抵扣；新兴产业的税收抵扣政策则规定，合格新兴技术公司资本税抵扣相当于合格投资额的10%—20%。再如，在得克萨斯州，可再生能源激励措施规定，对于制造、销售或安装太阳能、风能等可再生能源设施的企业可免除特许经营税；得克萨斯新兴技术基金则通过现金资助方式，促进该州新兴技术的研究、发展和商业化。

下面以福耀集团（全称为福耀玻璃工业集团股份有限公司）在美国俄亥俄州投资10亿美元和富士康科技集团（鸿海科技集团，全称为鸿海精密工业股份有限公司）在美国威斯康星州投资100亿美元为例，分析美国地方政府的税收优惠和抵扣等"特惠"政策。

自2014年来，福耀集团已在福耀美国（福耀玻璃美国有限公司）投资超过9.77亿元，在美国俄亥俄州、伊利诺伊州、密歇根州三个州投资建厂。其中，总投资约为6亿美元的俄亥俄州代顿工厂2016年10月正式投产。在竣工庆典新闻发布会上，福耀集团董事长曹德旺表示，未来，福耀集团在美国的整体投资将达到10亿美元，提供5000个就业岗位。福耀集团之所以投资美国俄亥俄州，除了运输和能源成本低廉、税收负担小、交易透明等因素，俄亥俄州招商引资的优惠力度也是重要因素。据中央电视台《中国财经报道》栏目组2016年10月对福耀美国代顿工厂的实地采访，俄亥俄州和代顿市为福耀美国至少提供了三方面补贴：一是用工补贴。俄亥俄州政府承诺，雇用美国当地员工1500人以上5年内至少补偿1500万美元，雇用人数越多，补偿金额越高。代顿工厂当时雇用的2000多名员工至少会得到3000万美元补贴。二是员工培训补贴。仅2016年，代顿工厂就获得了70万美元的培训补贴。三是环保补贴。如换节能灯，当地政府也会给补贴。据曹德旺当时接受采访时表示，雇用员工等各种补贴超过了当年4000万美元的工厂建设费用。此外，为鼓励更多就业，美国和俄亥俄州还提供税收优惠。自2014年开始投资筹建、2016年正式投产以来，截至2020年12月底，福耀美国已经连续4年盈利，但因为有报告期内亏损或以前年度的可抵扣亏损，所以福耀美国尚未开始纳税（见表9-7）。

表9-7　　　　　福耀美国实际纳税情况（2014—2020年）

	2014年	2015年	2016年	2017年	2018年	2019年	2020年
净利润（万元）	—	—	-28865.2	508.2	24586.7	9706.7	289.0
适用所得税率（%）	34	34	37.5	40.1	25.5	25.5	25.5
实际所得税率（%）	0	0	0	0	0	0	0
优惠政策	筹建期	筹建期	亏损	联合申报亏损	以前年度的可抵扣亏损	以前年度的可抵扣亏损	以前年度的可抵扣亏损

资料来源：《福耀玻璃年报》（2014—2020年）。

2017年7月，富士康科技集团正式宣布，将在4年内在威斯康星州投资100亿美元建设10.5代液晶显示屏工厂，初步为当地创造3000个就业机会，最终创造 1.3 万个工作岗位。根据合作备忘录，威斯康星州政府则承诺，将给富士康提供高达 30 亿美元的税收优惠和补贴，其中 15 亿美元是创造就业补贴。这是威斯康星州有史以来最大手笔的补贴。威斯康星州政府之所以提供如此大笔的补贴，最重要的原因便是为了增加当地就业岗位。

（二）日本招商引资优惠政策

和美国相类似，日本政府也比较注重"普惠"企业发展政策，但地方政府也有一些招商引资的"特惠"政策。

近年来，日本最大的"普惠"政策，也是税收减免和抵扣政策。一是大幅降低法人税（即企业所得税）税率。经过 2015 年的"成长型法人税改革"，日本把法人税税率从之前的 25.5% 逐步下调至 2018 年的 23.2%，对中小法人、公益法人的优惠税率（年所税额 800 万日元以下部分）从之前的 19% 下调至 2018 年的 15%。二是实行地方经营点税收优惠政策。此项政策主要是为了引导外资到东京都市圈以外地区投资，其具体政策：如果外资企业直接在东京都市圈以外地区投资，可享受商业设施购置价 15% 的特殊折旧或 4% 的税收抵扣；如果外资企业将企业总部或总部部分职能由东京 23 区迁至东京都市圈以外，则可以享受商业设施购置价 25% 的特殊折旧或 7% 的税收抵扣。三是创新激励政策。例如，为鼓励企业采用大数据、机器人等高科技技术，日本给予企业 30% 的特殊折扣或 3% 的税收减免。四是新增就业税收减免政策。例如，在雇员工资津贴同比增加 3% 及以上的情况下，企业可享受 5% 的税收减免。

日本的"普惠"政策也包括经济特区优惠和补贴政策。对于在综合特区、国家战略特区、灾后重建特区等经济特区经营的包括外资在内的企业，可享受税收减免、财政补贴、金融支持等相关优惠和补贴政策。例如，在国际战略综合特区，税收方面，对符合条件法人给予收购价格、特别折旧费用的抵扣优惠；财政支持方面，2020 财年补贴总额为 1000 万日元；金融支持方面，5 年内给予 0.7% 贴息支持，2020 财年预算总额为 5.6 亿日元[①]。

此外，地方政府层面，也实行部分"普惠"优惠政策。如福岛县的投资项目补贴、千叶县的财税支持政策、熊本县的支持运营的激励措施等，都是对内外资企业一视同仁、同等适用（见表 9-8）。

日本的"特惠"政策方面，主要在地方政府层面。近年来，为吸引外资，日本各地方政府制定了投资项目补贴、新设公司补贴、外资企业办公室租金补贴、税收优惠、总部经济补贴等名目繁多的奖励和优惠政策。

表 9-8　　　　　　日本地方政府对外资企业的激励政策

序号	县/市	补贴/激励措施名称	具体措施
1	福岛县	投资项目补贴	补贴对象为首次在福岛县设立的制造、研发或销售公司，行业包括制药、医疗设备、可再生能源或机器人技术领域，每家公司最高补贴 2800 万日元[a]
2	茨城县	新设公司补贴	补贴成立公司所需费用（最高 200 万日元）、办公室租金（租金的 50%，为期 1 年，最高 240 万日元）、研发费用（最高 200 万日元）
3	千叶县	内外资企业同等适用的财税支持政策	（1）固定投资额超过 500 亿日元，员工超过 300 人的企业，最高补 70 亿日元；（2）在千叶县设立企业总部，最高补 10 亿日元
		外资企业办公室租赁补贴	补贴办公室租金（租金的 1/3，为期 1 年，最高 180 万日元）
4	东京都	新设外资金融公司补贴	每家公司最高补贴 750 万日元

---

① 参见商务部国际贸易经济合作研究院、中国驻日本大使馆经济商务处、商务部对外投资和经济合作司编写的《对外投资合作国别（地区）指南——日本（2020 年版）》，第 65—69 页，http：//www.mofcom.gov.cn/dl/gbdqzn/upload/riben.pdf，2021 年 3 月 3 日。

续表

序号	县/市	补贴/激励措施名称	具体措施
5	神奈川县	"选择神奈川县100"计划	(1) 补贴成立公司所需费用,最高200万日元;(2) 补贴前6个月办公室租金(租金的1/3,最高600万日元)
6	静冈县	外资企业办公室租金补贴	月租金的1/2,为期1年,最高50万日元
7	新潟市	外资企业办公室租金补贴	月租金的1/2,为期3年,每年最高100万日元
7	新潟市	外国公司业务促进补助金	(1) 补贴注册费,每家公司最高15万日元;(2) 补办公室租金,月租的50%,最多2年,每月最高5万日元
7	新潟市	国家战略特区－外国人创业奖励	放宽经营管理在留资格的申请条件
8	大名古屋地区[b]	投资补贴	(1) 投资额超过1000万日元的外国公司,最高奖励50万日元;(2) 500万—1000万日元,最高30万日元;(3) 不足500万日元,最高20万日元
9	三重县	企业补贴	最高5亿日元
9	三重县	租金补贴	办公室租金,租金的50%,为期3年,每年最高500万日元
10	京都府	补助金	补助注册费,最高15万日元
11	大阪府	投资补贴	减免房地产购置税,减免新兴产业特区部分税务,金融机构提供低息贷款
11	大阪府	外国公司支持计划	(1) 补助注册费(每家公司最高10万日元)和获得居留权的费用(每家公司5万日元);(2) 在大阪府内设立日本法人总部的,最高1亿日元的厂房设备购置费补贴
12	兵库县	企业落户鼓励制度	税收优惠(减免1/3,期限5年);办公室租金补贴(租金的1/2,期限3年,每年最高200万日元);就业补助金(每人不超过60万日元,最多3亿日元);公司费用补贴(费用的1/2,市场调查费最高补贴100万日元,企业注册费最高补贴20万日元)

续表

序号	县/市	补贴/激励措施名称	具体措施
13	神户市	外资企业的租金	(1) 补助办公室租金（租金的1/4，期限3年，每年最高900万日元）；(2) 兵库县与神户市的合作：补助办公室租金（租金的1/2，期限3年，每年最高200万日元）
14	福冈县	福冈观光补贴	补贴外国公司到日本旅游的费用：从日本其他地区到福冈旅游，每家公司最高补贴10万日元；从欧美以外的国家到福冈旅游，每家最高15万日元；从欧美国家到福冈旅游，每家最高20万日元
		鼓励在日本设立子公司的激励措施	补贴50%注册费（最高15万日元），补贴对象为汽车、IT、半导体、生物技术、环境和机器人领域的外资企业
15	福冈市	补助金制度	(1) 办公室租金：基本型（租金的1/4，期限1年，最高1500万日元）；大型（租金的1/4，期限2年，最高2500万日元）；(2) 新就业补助：一般就业（福冈市民50万日元/人，研究员100万日元/人）；长期就业（福冈市民15万日元/人，非市民5万日元/人）；(3) 市场研究费、口译费、审批费、执照登记费或职员招募费补助：费用的1/2，最高300万日元
		初创企业租金补贴计划	(1) 房租补贴：租金的1/2，期限1年，每月最高7万日元；(2) 办公室租金：每月最高5万日元
		创业签证	放宽"经营管理"在留资格的申请条件
16	熊本县	支持运营的激励措施	(1) 追加投资3亿日元、雇用10名以上新员工的企业，最高补助50亿日元；(2) 投资3000万日元以上、雇用50名以上新员工的服务业企业，最高补助5亿日元

说明：a. 补贴、奖励和投资金额均为日元；b. 大名古屋地区含爱知县、岐阜县、三重县和名古屋市。

资料来源：作者根据中国国际贸易促进委员会编写的《企业对外投资国别（地区）营商环境指南，日本（2020）》第27页表2-5稍加整理得到。

(三) 德国招商引资优惠政策

与美国相类似,德国的招商引资优惠政策也是一种"普惠"企业发展政策,即在地域上没有区别,面向在德开展投资的所有本土企业和外来企业,但在企业规模上有所"特惠",主要面向中小企业。其主要优惠政策包括政府资助、税收优惠、贷款优惠、欧盟结构基金资助四类政策①。

1. 政府资助

与美国有所区别,政府资助是德国政府的首要招商引资优惠政策。其主要原因,可能是德国的税率已经很低。德国企业所得税税率,自2008年1月起就已经从之前的25%降至15%了。德国政府资助主要包括投资补贴、投资补助和劳动力补贴三种形式:(1)投资补贴是通过"改善地区经济结构公共任务"项目实施的,旨在帮助经济落后地区的中小企业,以缩小地区经济差距、促进各地区经济的平衡增长;(2)投资补助则是通过"共同任务"项目实施的,旨在重点资助中小企业,补助金额取决于投资地区和企业规模、最高可达到总投资额的40%;(3)劳动力补贴包括招聘支持、聘前培训、薪酬补贴和在职培训补贴四种形式,一般由联邦劳动局和各州共同实施。

2. 税收优惠

德国的税收优惠政策主要也是针对中小企业,同时还鼓励研发和部分产品。

---

① 参见中国国际贸易促进委员会编写的《企业对外投资国别(地区)营商环境指南,德国(2020)》,第33—35页,http://www.ccpit.org/yingshanghuanjing/date/deguo.pdf,2021年3月3日;商务部国际贸易经济合作研究院、中国驻德国大使馆经济商务处、商务部对外投资和经济合作司联合编写的《对外投资合作国别(地区)指南,德国(2020年版)》,第56—65页,http://www.mofcom.gov.cn/dl/gbdqzn/upload/deguo.pdf,2021年3月3日。

（1）针对中小企业的税收优惠政策包括：净资产不超过20万欧元的非特殊行业企业允许计提最高15.4万欧元的资产购置准备金，并予以免税。

（2）鼓励企业研发的税收优惠：在德国成立的企业每年均可就发生的研究项目获得国家发放的相应津贴、具体津贴金额为研发活动中的可资助费用的25%，该补贴可直接用于抵减个人所得税或企业所得税的应纳税额。

（3）针对部分产品的税收优惠包括：部分产品或服务可享受增值税为7%的低税率或零税率，如出版书籍、假体、艺术收藏品等；销售平价农产品和林业的个人或企业适用特殊税率，其中农产品的特殊税率通常为10.7%，林业产品为5.5%。

3. 优惠贷款

德国面向投资者的优惠贷款也主要针对中小企业，主要包括欧洲复兴计划项目贷款、德国复兴信贷银行企业家贷款、地方优惠性贷款等三个层面的优惠贷款：

（1）欧洲复兴计划项目贷款，主要面向德国本土及外资的中小企业和自营业主，为其提供长期优惠固定利率贷款、贷款期限最长为20年，贷款比例最多可覆盖85%的投资成本，贷款金额最高可达300万欧元。

（2）德国复兴信贷银行企业家贷款主要面向德国及其他国家进入德国市场5年以上、希望在德投资的个体经营者和企业，该贷款利率低于市场利率且10年不变、贷款期限最高可达20年，最多可覆盖100%的符合资助范围的投资成本，贷款金额最高为2500万欧元。

（3）德国各州发展银行还有一些优惠贷款项目供投资者选择。

4. 欧盟结构基金资助

欧盟为缩小地区间发展差异、促进社会和经济发展，设立了结构基金对所有投资者进行专项扶持，为地区发展、就业落实、农业支持和渔业生产提供资金扶持。据欧盟结构基金数据,在 2014—2020 年资金周期中,其预算金额为 6470 亿欧元,其中,位于前四位的资助方向为:扶持中小企业发展,970 亿欧元;促进环保生态投资领域,879 亿欧元;基础设施建设,701 亿欧元;科研,661 亿欧元。

四、我国改进和规范招商引资政策的一些思考

招商引资是地方经济发展的不二法门①。理论上,招商引资是扩大投资和培育新的经济增长点、增加税收和扩大就业的有效路径。实践中,好的招商引资项目确实能成为新的经济增长点的重要支撑。比如,上海在引进特斯拉以后,迅速占领了全球新能源汽车产业发展的制高点。又如,郑州在引进富士康以后,迅速成为中西部地区经济增长势头最强劲的城市之一。因此,招商引资工作再度受到地方政府的热捧,有其一定的合理性和必然性。而实行一定的优惠和奖励政策,也是地方政府推动招商引资工作发展的重要抓手。美国、日本和德国等发达国家的经验表明,招商引资"普惠"政策也不排除对特定企业实行特殊优惠政策。事实上,这也是各国政府招商引资的普遍做法。如新加坡政府在优化整体营商环境吸引外资的同时,也通过单独谈判给特定企业提供特殊支持政策②。因此,未来我国高质量招商引资方略优化的基本思路,是在"三公一平一同"新理念的前提下,遵循国际惯例,实现"普惠"

---

① 黄奇帆:《结构性改革:中国经济的问题与对策》,中信出版社集团 2020 年版,第 261 页。
② 大野健一:《学会工业化》,陈经纬译,中信出版社 2015 年版,第 25、26、39—42、79、83—86、167—188 页。

和"特惠"有机结合。借鉴美国、日本和德国等发达国家经验,以及我国地方政府部分现行优惠政策的成功经验,未来可从如下四大方面调整与优化我国高质量招商引资方略。

(一) 对接国际高水平经贸规则优化投资环境

营商环境是市场经济的培育之土,是市场主体的生命之氧。为所有企业投资营造国际一流的营商环境,是未来高质量招商引资的重要抓手。目前,我国经济发展已经步入高质量发展新阶段,提高贸易投资便利化水平,从某种程度上比奖励和补贴优惠政策更重要。这是因为:一方面,面对瞬息万变的市场,"时间就是金钱"!对好的企业和项目来说,资金不是问题,奖励和补贴对其并没有多大吸引力。我们在调研中发现,不少企业在做投资决策时,往往同时在两至三个城市同时启动,最后到底花落谁家,就看相关手续办理的效率。另一方面,通过提升营商环境便利度招商引资,也是包括美、日、德等发达国家在内的大多数国家的普遍做法。

党的十八大以来,我国营商环境不断优化,取得了举世瞩目的成绩。据世界银行发布的《2020年营商环境报告》,我国营商环境全球排名,从2012年的第91位提升至2019年的第31位,7年上升了60个位次。尽管如此,与营商环境优良的经济体相比,我国营商环境仍存在较大差距,具有进一步优化的较大空间[1]。因此,一方面,要对接国际高水平经贸规则,进一步加大自贸试验区制度创新。建设自由贸易试验区和自由贸易港,是党中央和国务院在新时代推进改革开放的重要战略举措,也是地方政府招商引资的重要试验田。从2013年9月在上海设立第一个自贸试验区,到2020年9月新设北京、湖南、安徽三个自贸试

---

[1] 杨丽花、董志勇:"市场化法治化便利化视野下的营商环境建设",《中国特色社会主义研究》2019年第5期。

验区，我国自贸试验区总数已达 21 个。7 年多以来，21 个自贸试验区建设始终坚持以制度创新为核心，不断深化投资领域改革，打造国际一流营商环境，累计向全国复制推广了 260 项制度创新成果，在各省推广了 1151 项制度创新成果。未来，还要加大自贸试验区的制度创新并及时推广，优化所有企业的投资环境。另一方面，要在全国范围内继续推进"放管服"改革，提高所有市场主体的贸易投资便利化水平。既要进一步深化行政审批制度改革，对审批环节要继续减环节、减材料、减费用、减时限，也要进一步优化政务服务，对于政务服务中那些涉及企业经常要办的事项，要努力做到网上办、掌上办、一次办，以更优的服务招商引资。

（二）加大减税降费的普惠力度，降低企业负担

党的十八大尤其是十九大以来，我国陆续出台了一系列大规模减税降费举措，税收营商环境不断得到优化，企业总税费率持续下降，但税费负担仍然偏高。据世界银行和普华永道联合发布的《2020 年世界纳税报告》，2018 年我国总税收和缴费率为 59.2%，比上一年下降 4.8 个百分点，但仍比世界平均水平（40%）高 48%，比中等收入国家水平（38.8%）高 52.6%。与此同时，自 2018 年以来，美国、英国、日本等主要经济大国都竞相减税，我国企业总税费率偏高问题更加突出。以企业所得税税率为例，我国自 2008 年 1 月以来一直为 25%。而美国自 2018 年 1 月起已经从之前的 35% 大幅下调至 21%；英国从 2008 年的 28% 持续下降至 2018 年的 19%，2020 年进一步降至 17%；日本则从之前的 2015 年的 25.5% 逐步下调至 2018 年的 23.2%，对中小法人、公益法人的优惠税率（年所税额 800 万日元以下部分）则从 2015 年的 19% 相应下调至 2018 年的 15%。不仅如此，在我国，除了缴纳企业所得税之外，还须缴纳增值税、城市维护建设税、教育费附加、地方教育费附加等税费。而在美国，几乎只征收企业所得税。以福耀集团 2020 年纳

税税种及税率为例。在中国，福耀集团除了缴纳 25% 的企业所得税，还须缴纳 13% 的增值税、7% 或 5% 的城市维护建设税、3% 的教育费附加、2% 或 1.5% 的地方教育费附加等税负；在美国，福耀美国只需缴纳 21% 的企业所得税，而且因以前年度的可抵扣亏损享受零的优惠税率。

在当前国际经济体系重构的激烈竞争格局下，降低企业所得税税率成为各国优化税制体系、促进本国税收与经济竞争力提升的共同选项[①]。可借鉴国际经验，深化我国税制改革，加大减税降费的普惠力度，切实减轻包括外资企业在内的所有企业的税负，以营造更优的税收营商环境。一是借鉴美国和日本经验，尽可能将企业所得税一般税率由当前的 25% 降为 20%、小型微利企业税率由 20% 降至 15%。二是完善小规模纳税人制度，健全增值税抵扣链条。借鉴德国小企业固定比例制度经验，赋予小规模纳税人依照正常方式向其消费者收取增值税并开具增值税发票权利，以便符合一般纳税人条件的消费者就取得发票上注明的销项税额全额进行抵扣。三是充分利用大数据等新技术，提高办税退税效率。推广深圳经验，推行区块链电子发票，既解决发票流转过程中一票多报、虚报虚抵等难题，又提高办税退税效率。同时加强对税务系统退税工作人员的监督和绩效考核，确保及时办税退税。

（三）巧妙做好"普惠"与"特惠"有机结合的大文章

目前，我国地方政府现行招商引资的财政奖励和补贴、土地保障、金融支持等"特惠"政策，尤其是财政奖励政策，主要是针对外来的大企业和大项目，即所谓的"招大招强"，将本土企业和一般项目，尤其是本土中小微企业和小微项目，基本被排除在外。从短期财税效果看，"招大招强"固然比发展中小微企业好，但从长期发展看，这使本土企业和中小微企业在与外来企业尤其是外来世界 500 强、中国 500 强

---

① 袁红英：“新一轮世界减税潮：特征、影响与应对”，《东岳论丛》2018 年第 4 期。

等超大企业的竞争中处于极度不利地位，会造成"强者越强、弱者越弱，赢者通吃"的不良后果，既明显违背了中央提出的"三公一平一同"新理念，也不符合国际通行的市场经济公平竞争的基本原则。实际上，中小微企业对解决就业、增加税收等非常重要。习近平总书记在民营企业座谈会上发表的重要讲话指出，我国民营经济贡献了50%以上的税收和80%以上的城镇劳动就业岗位，已经成为国家税收和创业就业的重要来源。

另外，如前所述，美国、日本和德国等发达国家招商引资的现行政策，既有对所有企业普遍减税的"普惠"政策，也有对新设中小微企业和既有企业雇用更多本地员工单独进行税收抵扣和减免等优惠政策和财政补贴的"特惠"政策。尽管各国补贴重点对象所有差异，但总体而言，发达国家地方政府的招商引资"特惠"补贴，主要是引导外来企业和资金向雇用更多本地员工、促进本地科研开发和新兴产业发展，减少污染和增加生态保护等方面投资。其借鉴意义在于，如果能巧妙做好"普惠"与"特惠"政策的有机结合，就既能实现地方经济发展，增加地方财政收入，促进当地就业，推动绿色发展。因此，未来地方政府招商引资，应将"招大招强"特惠政策，调整为巧妙做好"普惠"与"特惠"政策有机结合。

借鉴美国、日本、德国等发达国家经验，未来各级政府部门在制定招商引资优惠和奖励政策时，可从如下两大方面做好"普惠"与"特惠"政策的有机结合。

一方面，对培育本土龙头企业和引进重点项目同等对待，确保所有市场主体平等使用资源要素，以"普惠"政策支持本土企业发展。具体而言，一是以"招大引强"的优惠政策培育本土龙头企业，通过扶持培育本土龙头大企业并筑巢引凤，引导扶持本地中小企业围绕产业链配套集聚，形成完整的产业链体系，带动本土中小企业及配套服务企业；二是以引进总部经济的优惠政策支持本土企业发展总部经济，有针对性地提供"一对一"帮扶，将优势资源向本土优势企业、骨干企业倾斜，发展壮大本地优势企业；三是以支持外来投资企业拓宽融资渠道的优惠政策，和推动供应链金融发展等多种手段，切实解决中小微企业融资难融资贵问题，发展壮大一批供应链上下游中小企业。

另一方面，把"特惠"的重点放到社会性政策上。就是说，如果企业可以雇用更多本地员工、促进本地科研开发和新兴产业发展、减少污染和推动绿色发展，地方政府就应该给这类企业更多的"特惠性"优惠政策。具体而言，一是借鉴美国经验，对促进本地科研开发、科技创新和新兴产业发展的企业进行适当的税收抵扣甚至免除等"特惠"政策；二是借鉴日本经验，可从办公室租金补贴、注册费用补贴、研发费用补贴、贷款利息补贴、新聘员工奖励等方面对新设企业和增加就业企业进行适当补贴和奖励的"特惠"政策；三是借鉴美国和德国经验，通过投资补贴、投资补助、劳动力补贴、税收优惠、优惠贷款等方式对中小微企业和落后地区企业进行适当"特惠"政策。

（四）强化创新发展理念，加大"招才引智"特惠力度

"以市场换技术"，是20世纪80年代中后期我国吸引外资的重要目标之一[①]。然而，这个目标一直未能实现。外资企业尤其是美资企业，一直牢牢掌控研发核心环节。从苹果公司到特斯拉公司，无一例外。例如，苹果公司90%以上的产品都在中国生产，但其核心研发团队基本都在美国加州的总部。又如，2020年最著名的特斯拉公司，在中国也几乎没有核心研发团队，基本都在美国加州的总部。

党的十八大以来，我国科技事业实现跨越式发展。数据显示，我国研发投入强度，从2012年的1.97%提高至2020年的2.23%；我国全球

---

① 李晓华："对加入WTO后'以市场换技术'的思考"，《中国工业经济》2004年第4期。

创新指数排名，相应地从2015年的第34位跃升至2020年的第14位。同时也要看到，我国科技创新仍面临一些"卡脖子"技术问题，科技自立自强能力亟待提升。为此，党的十九届五中全会将"坚持创新驱动发展，全面塑造发展新优势"列为"十四五"时期的首要战略任务，并提出要把科技自立自强作为国家发展的战略支撑；同时提出，构建新发展格局，要加快培育完整内需体系，以创新驱动、高质量供给引领和创造新需求。

通过税收优惠和融资支持等举措引导外来资金促进本地科技创新和新兴产业发展，既是美国、日本和德国等发达国家招商引资的通行做法，也是近年来我国地方政府招商引资的成功经验。未来，这一优惠政策不仅应继续保留，而且应及时推广，加大对"招才引智"给予"特惠"力度，以助推我国科技自立自强。

五、基本结论

发展经济的竞争，肯定会有招商引资方面的竞争。这种竞争，必然会导致政府对企业实行优惠政策。而优惠政策难以对所有企业完全一视同仁，所以就可能被认为是违背"三公一平一同"。特别是我国政府层级之多为世所罕见，我国地方政府对经济发展所负有的责任也非常重大，所以我国各级政府招商引资优惠政策之复杂也不易理清。但是，在国内经济一体化程度已经很高、全球经济一体化将会继续深化的大背景下，需要参照其他国家的一些做法，考虑大的国际潮流，对各地招商引资优惠政策进行引导和规范，使之既有利于尊重地方发展经济的积极性，又能避免陷入"逐底竞争"之类的纷争。

| 第十章 |

政府对企业的补贴与扶助政策

一方面,政府愿意营造一个公平竞争的发展环境,企业也希望在公平竞争中实现优胜劣汰;另一方面,在实际中,政府会对一些企业进行扶助,例如财政补贴、政策性贷款注入、国有资本注入、困难救助、避免破产的重组援助等,而且一般而言企业也希望能够获得政府扶助。这样就可能会偏离公平竞争。在我国,国有企业与政府的关系更加天然、更加紧密,国有企业有可能比其他类型的企业得到更多的政府扶助,从而导致所有制偏向。当然,其他所有制的大企业,以及政府重点产业中的大企业,都有可能从政府获得更多扶持,但一般而言,外资企业能获得补贴和救助的机会比内资企业更少,所以还是不能完全摆脱所有制偏向。构建我国企业发展基本政策,核心就是要实行"三公一平一同",但现实中又不可能完全取消政府补贴和扶助,其实,即便在美国也存在一些这样的政策举措。因此,要使企业发展基本政策更加完善,同时又要在整体上无伤"三公一平一同"大局,并且与国际规则和国际惯例基本吻合,就应该对政府扶助政策进行深入剖析,并在此基础上提出改进思路。这样深思熟虑、考虑周全的企业发展基本政策,才能真正具有长久的生命力，才能真正成为所有企业在未来开展经营活动的基本遵循。

由于政府对企业的扶助涉及许多方面，本章以政府补贴为重点进行分析。

一、我国政府对企业补贴政策的演变

(一) 内涵和分类

政府补贴,通常又称为政府补助,《企业会计准则第 16 号——政府补助》(财会〔2017〕15 号)对其的定义为"企业从政府无偿取得货币性资产或非货币性资产"。它具有两方面的特征。一是来源于政府。如果企业收到第三方补助,但有确凿证据表明实际拨付者是政府,这也属于来源于政府的经济资源。二是无偿性,意味着企业收到补助后,不需要向政府交付商品或服务等对价。

关于如何对政府补助进行分类,各界提出了很多观点,表 10 – 1 是对部分主流观点的整理汇总。

表 10 – 1　　　　　　　政府补助概念的常见分类

序号	分类标准	分类结果
1	按政策目标分类	政策性补助、财政扶持性补助、捐赠性补助
2	按是否指定用途分类	有指定用途的政府补助、未指定用途的政府补助
3	按资金形式分类	现金补助、税收减免或返还、实物补助
4	按是否附加条件分类	附条件的政府补助、无条件的政府补助
5	按是否需要返还分类	需要返还的政府补助、不需返还的政府补助

资料来源:根据网络资料整理。

(二) 我国企业补贴的历史和现状

改革开放之初,我国绝大部分企业是国有企业,政府与国有企业之间的财务边界并不清晰,政府会向困难的国有企业提供亏损补贴,并且许多信贷资金注入也有政府的介入。随着我国从计划经济体制向社会主义市场经济体制转轨，政府和国有企业之间的财务边界日渐清晰，对国有企业的传统扶助政策基本消失，但新名目、新形式的扶助举措却令人目不暇接。从20世纪90年代以来，为推动经济持续快速发展，从中央到地方各级政府围绕招商引资、产业升级、科技创新和外贸发展，先后制定颁布大量优惠政策，常见的有减免企业所得税、行政划拨土地使用权、享受出口退税等。这些政策的出台都有明显的时代背景，在当时具有积极深远的影响，确实为中国的经济发展做出了杰出的贡献。

不过自从我国加入世界贸易组织以来，特别是随着我国越来越积极地与其他国家开展经贸协定谈判以来，我国政府扶助政策就必须考虑国际合规性了。事实上，加入WTO后中央政府部门在制定和修订相关产业政策时已主动与国际规则接轨，尽量避免触碰红线，例如逐步全面取消属于WTO规则里的禁止性补贴（出口补贴、进口替代补贴），同时对各地还在执行中的优惠政策进行专项清理，严格控制各地区、各部门违反国家法律法规给予的专向性补贴。2014年国务院还发布《关于清理规范税收等优惠政策的通知》，要求"坚决取消违反法律法规的优惠政策，做到符合世界贸易组织规则和我国对外承诺"。此后，财政部发布《关于贯彻落实国务院清理规范税收等优惠政策决策部署若干事项的通知》，要求"违法违规的优惠政策自2014年12月1日起一律停止执行，并发布文件予以废止"，提出"今后新制定税收等优惠政策，需按照统一的政策制定权限执行"。这是在中央政府层面发出的调整产业补贴政策的最有力信号[1]。与此同时，为营造公平竞争的政策环境，我国产业政策正在加快向普惠化和功能性转型。2016年颁发的《国务院关于在市场体系建设中建立公平竞争审查制度的意见》，要求规范政府

---

① 张军旗："WTO补贴规则背景下我国产业补贴政策的变革"，《上海政法学院学报》，2019（03）：12-23。

行为,防止出台新的排除、限制竞争的支持措施,并逐步清理废除已有的妨碍公平竞争的规定和做法。2017 年颁发的《国务院关于扩大对外开放积极利用外资若干措施的通知》,要求各部门制定外资政策要进行公平竞争审查,严格贯彻执行国家政策法规,确保政策法规执行的一致性,不得擅自增加对外商投资企业的限制。2018 年颁发的《国务院关于积极有效利用外资推动经济高质量发展若干措施的通知》,提出全面落实准入前国民待遇加负面清单管理制度,负面清单之外的领域,各地区各部门不得专门针对外商投资准入进行限制。2020 年颁发的《中共中央、国务院关于新时代加快完善社会主义市场经济体制的意见》,在关键时间节点,对改革开放进行全局性系统性的总结和部署,强调坚持社会主义市场经济改革方向,更加尊重市场经济一般规律,最大限度地减少政府对市场资源的直接配置和对微观经济活动的直接干预,充分发挥市场在资源配置中的决定性作用。

从主要的国际规则来看,WTO 规则里将补贴分为禁止性补贴、不可诉补贴和可诉补贴三类①。总体而言,当前,国内补贴政策主要是以 WTO 规则里的不可诉补贴为主,但也存在一些可诉补贴。与此同时,中国遵守世界贸易组织关于补贴的透明度原则,按照要求定期向世界贸易组织通报国内相关法律、法规和具体措施的修订调整和实施情况。截至 2020 年年底,中国提交的通报已达上千份,涉及中央和地方补贴政策、农业、技术法规、标准、知识产权法律法规等诸多领域②。2016 年 7 月,中国政府按照有关规则,向世界贸易组织提交了 2001—2014 年地方补贴政策通报,涵盖 19 个省和 3 个计划单列市的 100 余项地方补

---

① 由于 WTO 成员没有就在适用期结束前的延长达成一致意见,不可诉补贴条款实际上 1999 年起已经失效。

② 中华人民共和国国务院新闻办公室:《关于中美经贸摩擦的事实与中方立场白皮书》,2018 年 9 月,[2021 - 01 - 25] . http://www.gov.cn/zhengce/2018 - 09/24/content_ 5324957. htm#1 。

贴政策。2018年7月，向世界贸易组织提交2015—2016年中央和地方补贴政策通报，地方补贴通报首次覆盖全部省级行政区域。

当然，在实际工作中，一些行政部门、一些地方政府，仍然将政府扶助政策，包括补贴政府，作为开展招商引资竞争的重要工具，以及作为促进产业升级转型和结构调整的重要抓手。各地的扶助政策包括资金奖补、免息优惠、税收返还、土地支持、贷款优惠、政府采购等多种形式，其中，政府直接给企业提供现金补贴是重要方式。考虑到财政支出数据披露的缺失，本章选取国内上市公司数据，对企业获得的政府补助情况进行分析。

国内大多数A股上市公司每年都会获得金额不等的政府补助，主要包括从政府部门获得的无附加条件的财政补贴和非所得税税收返还。根据企业会计准则，政府补助将作为非经常性损益项目被计入上市公司财务报告，高额的政府补助可能会对上市公司的净利润产生重大影响。据统计，2018年获得政府补助的上市公司约占A股上市公司总数的98%，获得的补助总额超过1500亿元。其中，125家上市公司在扣除政府补助后的净利润由盈转亏。梳理上市公司的公告内容可看出，政府补助的内容繁多，常见的有政策支持资金、政府发展资金、技术改造补助、企业奖励等。按照万德数据库的行业分类口径，政府补助金额前五位的行业依次是资本货物、技术硬件与设备、材料、汽车与汽车零部件、能源；获得政府补助的上市公司数量前五位的行业依次为资本货物、材料、技术硬件与设备、制药、生物科技与生命科学、软件与服务。可以看出，资本货物、技术硬件与设备、材料这三大行业是政府补助的主要流向。

尽管获得政府补助的上市公司数量较多，不过即使在同一行业里，每个企业获得政府补助的金额也存在较大差异。例如，A股医药行业有53家上市公司公布在2020年获得了政府补助，获得上亿元补助的只有7家，当年医药行业获得补助最少的赛升药业（300485.SZ）仅获得

177万元，约为获得补助最多的白云山（600332.SH）的1/395。

通过万得数据库的统计数据，可以看出，每年A股上市公司里获得政府补助前100名企业的变化情况。2018年、2019年、2020年获得政府补助前100名A股上市公司合计接受补助总额分别为695.92亿元、772.52亿元、803.61亿元，年均增幅7.5%。其中，过去三年获得政府补助前10名的A股上市公司合计接受补助总额分别为253.07亿元、275.66亿元、264.83亿元，占当年前100名A股上市企业获得补助总额的36.36%、35.68%、32.96%。当年获得政府补助超过10亿元的A股上市公司为15家（2018年）、19家（2019年）、19家（2020年）。具体见表10-2。

表10-2　　2018—2020年A股上市公司获政府补助前十名

排序	2020年 公司名称	金额（亿元）	2019年 公司名称	金额（亿元）	2018年 公司名称	金额（亿元）
1	中国石化（600028.SH）	86.05	中国石化（600028.SH）	68.57	中国石化（600028.SH）	74.82
2	上汽集团（600104.SH）	30.79	上汽集团（600104.SH）	47.18	上汽集团（600104.SH）	35.84
3	中国中车（601766.SH）	27.27	广汽集团（601238.SH）	29.02	长安汽车（000625.SZ）	28.73
4	中芯国际（688981.SH）	24.89	京东方A（000725.SZ）	26.41	京东方A（000725.SZ）	20.74
5	京东方A（000725.SZ）	23.32	彩虹股份（600707.SH）	21.76	比亚迪（002594.SZ）	20.73
6	比亚迪（002594.SZ）	16.78	中芯国际（688981.SH）	20.39	维信诺（002387.SZ）	20.31
7	工业富联（601138.SH）	15.77	工业富联（601138.SH）	16.06	TCL科技（000100.SZ）	13.77

续表

排序	2020 年		2019 年		2018 年	
	公司名称	金额（亿元）	公司名称	金额（亿元）	公司名称	金额（亿元）
8	中国石油（601857.SH）	13.47	中国中车（601766.SH）	16.05	中国中车（601766.SH）	13.65
9	格力电器（000651.SZ）	13.46	长安汽车（000625.SZ）	15.38	江淮汽车（600418.SH）	12.78
10	江淮汽车（600418.SH）	13.03	比亚迪（002594.SZ）	14.84	广汽集团（601238.SH）	11.7

资料来源：Wind 数据库。

表 10-2 统计了过去三年获得政府补助前 10 名的 A 股上市公司的情况。这 10 家企业中，有国有控股企业，有大陆民资控股企业，也有台资控股企业。中国石化（600028.SH）和上汽集团（600104.SH）稳定在前两位，这两家企业补助总额在前 100 名 A 股上市公司补助总金额的占比大体维持在 15% 左右。三年里始终保持在前 10 名的还有中国中车（601766.SH）、京东方 A（000725.SZ）、比亚迪（002594.SZ）。不过需要说明的是，虽然中国石化这些公司获得的绝对补贴额位列前茅，但补贴额占其营业收入的比重非常低，而且这些补贴有相当部分很可能是为了解决国有企业遗留问题，或者是为了强化生态环境保护。

（三）面临的问题

加入世贸组织以来，中国国内补贴政策多次被其他成员提起争端解决程序[①]。2006 年 11 月，美国商务部对我国铜版纸进行反补贴调查，开启了美国对我国产品频繁提起反补贴调查的序幕。受加拿大、美国等

---

① 数据来源：WTO 网站反补贴专题 https://www.wto.org/english/tratop_e/scm_e/scm_e.htm。

发达国家的影响，欧盟对我国产品的反补贴调查同样是从铜版纸开始的（2010年4月）。截至2019年年底，针对中国补贴政策提起的争端案件共有12起，占中国被诉争端案件（共44起）的27%。

近年来，随着美国发起的单边"301"调查中直指中国的产业补贴政策问题，并在美欧日发表的《美欧日三方贸易部长联合声明》中高度关注中国的国内补贴政策，中国产业补贴政策的外部压力与日俱增。

1. 企业过度依赖补贴会影响公平竞争

补贴政策被政府当作弥补市场机制失灵的一种手段。因此，未来欧美发达国家也会通过政策手段对本国重点产业发展进行不同程度的补贴。然而，补贴政策的弊端也非常明显，主要表现在专向性，即具有选择性，从长远来看不利于建立公平的市场竞争环境，并且会扭曲市场机制，可能造成误导企业行为短期化，甚至带来国际贸易争端。以近年来国内各级政府大力扶持的新能源汽车行业为例，被媒体曝光的个别"骗补"企业受利益驱动，违反相关法律法规骗取和违规谋取财政补贴，严重扰乱了市场秩序，侵犯了守法企业研发生产新能源汽车的合法权益，对我国新能源汽车的推广应用造成恶劣影响。此外，正如上文提到的目前国内多数上市公司都能获得补助，地方政府财政补助成为少数上市公司"保壳续命"的工具。过去每到年底，地方政府会通过财政补贴、技改资金、减免税费等予以帮扶，ST上市公司变卖资产、投资矿产自救，围绕"保壳摘帽"的大戏反复上演。在政府补贴的荫庇下，部分经营效率低下的企业长期存在，难以实现市场出清。万德数据显示，2019年前三季度，政府补助规模超过公司同期净利润的A股上市公司的共505家，404家的净利润为负值，部分公司收到的政府补助超过前三季度利润之和。

2. 各类补贴政策的制定缺乏统筹协调

我国的补贴政策包括中央层面和地方层面，中央层面还需要区分各个部委，因此难免在制定和执行过程中存在缺乏统筹协调的问题。一是地方层面的补贴政策,地区间差异很大,当然这与地方政府享有区域政策制定的较大自主权有关系。基于当地经济发展考虑,可能会制定少数不完全符合中央精神同时违反国际经贸规则的补贴政策。例如,近年来美国政府对中国实施政府补贴行为的认定主要集中在地方性政策,尤其是经济发展水平较高的广东省。先后被提出疑问的政策包括广东省外向型企业拓展基金、广东省根据火炬计划对高科技企业的税收减免等。二是中央部委之间的政策也存在协调不够的问题。部门在制定补贴政策时,常常认为自己管理的领域是短板,都倾向于扩大所管辖补贴规模,造成部分政策由于事先没有充分考虑被提起反补贴诉讼的可能性,在实施之后遇到欧美等发达国家的抵制,引发多起反补贴诉讼案,最终不得不取消。三是部分补贴政策设计不合理[①]。例如,补贴对象过于分散,资金"撒胡椒面"的现象反复出现;针对生产环节,针对设计研发和市场培育的投入不够;对第三方机构建设的重视不足,包括公共研发平台和社会组织等,它们都是提升政策实施效果的重要辅助手段。

3. 部分补贴一定程度上对国有企业倾斜

我国国有企业数量多、范围广,是政府实现经济社会目标的重要渠道。新中国成立以来的很长一段时间里,国有企业还承担着保障地方就业、提供地方性公共物品等公共任务,对我国经济发展和社会稳定发挥了重要作用,但也背负着沉重的资金负担,因此各级政府在财税、贷款、土地等方面常给予相应补贴。例如,二十世纪八九十年代政府还有专门针对国有企业的亏损补贴。据统计,1985年企业亏损补贴为507.02亿元,占当年全国财政收入的25%,1989年企业亏损补贴为598.88亿元,占当年财政收入的23%。1985—2004年,国家财政支出

---

① 田杰棠:"适应开放环境、优化科技补贴政策",《中国经济时报》,2013年11月11日。

用于企业亏损补贴的共 6357.4 亿元①。

加入 WTO 以来，西方发达国家在获得我国入世带来经济正效益的同时，质疑中国发展模式和补贴政策的声音就没有停止过，近两年尤甚。主要集中在发展中国家和发达国家界定问题以及贸易公平问题。经过四十多年的改革，我国国有企业总体上已经同市场经济相融合。党的十八大以来，党中央高度重视市场主体的公平竞争，大力营造各种所有制主体依法平等使用资源要素、公开公平公正参与竞争、同等受到法律保护的市场环境。同时，国有企业改革也正积极朝着适应公平竞争的方向推进。但是客观而言，国有企业在少数补贴政策方面依然占有部分优势。例如《国有冶金矿山企业发展专项资金管理办法》指出，符合支持条件的矿山企业应为具有独立法人资格、主要从事铁矿石采选业务的地方国有中型企业，补贴对象专向性特征明显。据证券市场披露信息，国有企业每年获取政府补贴较多，民营、外资企业则相对较少。享受了较多补贴无疑会增强企业在国内市场的竞争力，但是也容易弱化其面临的外在市场压力，助长粗放经营行为，造成创新意识和动力不足。

二、美国等国家政府对企业的补贴政策

即使在最提倡公平竞争的国家，例如美国和欧盟国家，也存在一些政府扶助政策，包括政府补贴政策。当然，这些国家的补贴政策相对而言范围有限，透明度高，而且有一些基本规则和规范。分析它们的做法，有利于我国下一步进行政策改革。

---

① 孔善广："五万亿的国有企业利润哪里去了？"光明网，2007 年 2 月，http://futures.money.hexun.com/2056926.shtml。

（一）美国的经验和做法

1. 概况

美国政府是 WTO 规则下补贴通报制度的坚定拥护者，自 WTO 成立以来，美国总共提交了 13 次补贴政策通报（截至 2020 年年底）。通过分析其通报信息，可以对美国的各类补贴政策有初步了解。以 2019 年通报信息为例，从美国预算网站公布的补贴项目来看，联邦层面有 138 项，地方层面有 901 项。统计显示，无论是从补贴数目还是从补贴金额来看，农业和能源领域都是美国各级政府重点支持的领域，投入补贴年均 100 亿美元左右，远高于其他领域（年均补贴不超过 10 亿美元），这与美国的资源优势以及国际金融危机后历届政府倡导的制造业回归战略有关[①]。美国政府的补贴方式较多，但是税收减免占比最高，接近 1/3，其他方式还包括直接拨款、贷款方面的补贴、保险方面的补贴等。其中，保险补贴在农业领域使用比较频繁，通过农业保险补贴为农业发展提供支持已成为美国农业风险管理的重要手段。

美国政府在某些特殊时刻也会采取直接拨款的方式扶助重点企业。例如，在上轮国际金融危机中，美国财政部先后以借款形式，向陷入困境的通用汽车公司注资近 500 亿美元。经过政府救助和重组，之后通用公司经营逐渐改善，于 2010 年底重新上市。在上市前，美国财政部已将 500 亿美元借款的大多数转换为新公司 60% 的股份。2010 年 11 月，通用完成了美国资本市场历史上最大规模的 IPO。考虑到公司已恢复正常经营，美国财政部于 2012 年 12 月宣布分两步出售所持有的约 5 亿股股票，一年后上述股票出售完毕，总计收回资金 390 亿美元。尽管美国政府在救助通用汽车项目上损失超过 100 亿美元，但是在危机中保住了

[①] 杨荣珍、石晓婧："美国补贴政策的主要特征及其合规性"，《国际经济评论》，2020（04）：135—153 页。

多达 100 万个就业岗位，稳定了经济社会秩序，因此是值得的。

2. 重视研发补贴

2019 年，美国财政研发经费投入强度为 2.83%，超过世界平均水平的 2.3% 和 OECD 国家的 2.57%，持续保持在第一阵营。作为世界第一科技强国，美国能培养出一大批全球领先的科技巨头企业，离不开政府相关补贴政策的支持。根据美国定期向 WTO 提交的补贴通报信息，1995—2018 年共通报 236 个研发补贴项目，约占通报项目总数的 36%，共计 673.25 亿美元[1]。其中，研发补贴主要投向能源与燃料、航空航天这两个领域，合计占补贴项目总数的 60%。

纵观过去 20 多年的研发补贴通报信息，不难看出，由于特殊的政治体制，各届总统任期内研发项目获得的平均补贴金额有所差异，奥巴马时代最高，小布什时代次之，克林顿时代和特朗普时代不分上下[2]。其中，峰值出现在 2005 年和 2014 年，当年平均每个研发项目获得补贴金额接近 300 万美元。重视基础研究是美国研发活动的另一个显著特点，2018 年美国投入基础研发经费占到总研发经费的 24.6%，远高于发达国家普遍 15% 左右的水平（中国基础研究经费占比 2019 年首次突破 6%）。目前各国普遍接受对基础研究进行政府补贴，不会引发争端。

此外，美国每年大多数补贴集中于实现科技创新和节能环保等发展目标，这与科研类补贴、环保类补贴和地区扶持类补贴属于 WTO 规则原有的不可诉补贴有关。尽管事实上已失效，但是上述领域的争端总体较少，由此反映出美国联邦政府和地方政府在制定产业政策时普遍重视制度依据，尽可能避免引起纠纷。例如美国农业领域制定补贴政策时，充分参考了《1938 年农业调整法》《1949 年农业法》《2014 年农业法》

---

[1] 资料来源：http://www.wto.org。

[2] 贾瑞哲："WTO 框架下研发补贴政策研究"，对外经济贸易大学博士学位论文，2020 年。

以及《国内税收法》等文件，能源开发领域则参考了《能源部组织法》《能源政策法案》《能源政策与节约法》等法案。

专栏 10-1　美国政府斥巨资补贴富士康落户

特朗普总统上任伊始就强调"美国优先"，大兴贸易保护主义，制定相应政策鼓励制造企业回归美国，希望创造更多本土就业岗位。受此政策鼓励，2017 年 7 月，全球代工企业富士康集团承诺斥资 100 亿美元在美国威斯康星州投资建立 10.5 代 LCD 制造工厂，为当地创造 1.3 万个就业岗位。这是威斯康星州历史上规模最大的一次投资，也是美国政府向外国公司提供的最大一笔补贴。

作为回报，威斯康星州政府则允诺税收优惠 30 亿美元，富士康可以在未来 15 年内拿到全部优惠。事实上，补贴规模不止 30 亿美元，其他补贴项目包括为工厂提供服务的道路和高速公路、新输电线等，总额预计 41 亿美元。

不过，最新消息显示，由于富士康没有实现起初的项目承诺，没有提供承诺的岗位数量，所以当地拒绝兑现此前的税收补贴承诺。威斯康星州政府答应，一旦富士康能提供更精准的投资机会，将会继续提供税收优惠。

（二）欧盟的经验和做法

1. 大量补贴集中投向少数重点产业

作为一个国家联合体和关税同盟，欧盟与反补贴相关的立法基本遵循 GATT/WTO 规则的要求[①]。1994 年 12 月，欧盟发布了第一部反补贴条例，即欧盟 3284/94 号条例，之后在 1997 年和 2004 年对该条例部

---

① 王阳："WTO 框架下美国与欧盟补贴与反补贴法律制度的比较研究"，天津财经大学博士学位论文，2014 年。

分内容进行两次修改，并更名为欧盟 461/2004 号条例。该条例与其他国家在反补贴方面的最大区别，在于加入了"公共利益"原则，即对反补贴产品采取反补贴税措施必须是共同体利益的要求，不仅包括本国产业的利益，还包括产品使用者和消费者的利益。

尽管制定了严格的反补贴条例，但是欧盟内部仍然对一些产业采取程度不同的补贴。通过梳理欧盟历年来向 WTO 提交的补贴通报信息，可以看出，农业和能源领域的补贴项目数量基本上占当年项目总数的一半以上[1]。欧盟在农业领域的主要补贴计划包括欧洲农业保障基金（EAGF）、欧洲农村农业发展基金（EAFRD）等，在能源领域的补贴计划包括欧洲能源复兴计划（能源基础设施项目）、跨欧洲能源基础设施指南（欧盟 347/2013 号条例）及修订（欧盟 1391/2013 号条例）、泛欧运输网络发展指南以及对煤炭工业的援助等[2]。

在补贴形式上，与美国主要采取税收减免不同，欧盟更多地采取了直接赠款形式，包括工业、农业、研究开发等多个领域，个别项目辅之以贷款和金融工具。欧盟成员国同样普遍采用直接赠款为主的补贴形式。

2. 重视研发补贴

长期以来，欧盟成员国普遍高度重视科技创新活动，积极支持各类企业、高等院校和科研机构开展先进技术研发。通过梳理欧盟 1996—2019 年向 WTO 提交的补贴通报信息，可以看出，欧盟一共提交了 14 份通报，涵盖 187 个 1994—2018 年补贴项目的详情，其中补贴项目 42 个，占比接近 1/4，总金额约 3600 亿欧元。

欧盟层面的主要科研补贴计划有：欧洲共同体技术研发相关行动、欧洲原子能共同体框架计划、地平线 2020 欧盟研究和创新框架方案

---

[1] 资料来源：http://www.wto.org。
[2] 武赞杰、杨荣珍："基于 WTO 框架下的欧盟补贴政策研究，"《国际贸易》，2019（10）：42—48 页。

(2014—2020)，以及煤钢研发项目下的产业研发计划。通报信息显示，上述计划分别补贴了 993 亿欧元、30.6 亿欧元、391.2 亿欧元、1193.99 亿欧元。在成员国内部的研发补贴方面，英国通报的研发补贴项目约占其全部通报项目的 1/3。1997—2019 年，英国共对 85 个研发补贴项目进行了资助，总金额约为 330 亿欧元。其中比较知名的项目是"创新英国 2014"，涉及新兴和扶持技术、健康与生命科学、材料和制造业等多个领域，是英国研发计划的重要部分；法国通报的 1994—2016 年研发补贴项目共计补贴超过 1000 亿欧元，大多数项目都是持续补贴，例如促进研究的税收抵免措施实施了 19 年，而且覆盖范围广，不仅包括传统制造业产业，也支持数字经济等新兴行业。

3. 科学设置和管理地区专向性补贴

欧盟是一个由 20 多个国家组成的区域性国际组织，成员国之间的经济发展水平差异显著，即使同一国家内部的不同地区经济发展水平也有较大差异，因此欧盟委员会一直将实现区域协调发展作为重要的政策目标。地区专向性补贴是欧盟针对部分重点区域制定的一项特殊扶持政策，欧盟委员会在推动此项政策时，最大限度地引入了公平竞争的理念，提出补贴不是解决地区差异、支持投资和创造就业的唯一手段，鼓励各成员国通过改善基础设施，提高教育水平和培训，改善商业环境等方式来缩小区域间经济水平的差距。为了提高地区专向性补贴政策的有效性，一是要求相关补贴信息在相关公开网站上至少保留 10 年，接受公众的监督；二是接受补贴的成员国政府必须每年向欧盟委员会提交报告，说明政策落实情况。特别是在授予超过 300 万欧元的补贴项目时，成员国必须在 20 天内将有关情况告知欧委会①。

欧盟主要根据人均 GDP 和失业率等关键指标，划定可以享受地区

---

① 白明："欧盟内国家地区补贴制度的设置"，《中国发展观察》，2015（3）：89—91 页。

专向性补贴的对象①。欧盟《2014—2020年地区补贴指引》将落后地区划分为A类和C类地区，使用总补贴当量来衡量补贴强度，即政府提供的各种补贴的总贴现价值占受益者当前投资合格成本贴现价值的百分比，原则上A类地区的补贴强度高于C类地区。地区专向性补贴原则上适用于各个行业，但是也设置部分限制条件，如不适用产能过剩或者某些特殊行业，也不适用拯救和重组困难企业的行为等。

专栏10-2　美国和欧盟关于波音与空客补贴的争端

特大飞机产业代表着一国制造业的最高水平，具有科技含量高、产品附加值高、产业关联性强等特点，一直是各国政府争先发展的目标。当前全球航空业呈现波音和空客双寡头市场格局，美国和欧盟作为两家公司背后的支持者，围绕补贴问题开启持续的贸易争端。

波音公司成立早于空客公司。因此，在空客发展的初期，由于尚不能对波音构成威胁，美国欧盟之间曾签署双边飞机补贴协议，允许欧盟为空客新民用飞机补贴1/3的研发开支，波音也被允许从美国政府支持的研发工作中受益。不过，随着2003年空客销量超过波音，美国就主动退出协议，并于2004年10月向WTO提起诉讼（DS316案），指责欧盟及其法国、德国、英国和西班牙四个成员国向空客提供非法补贴。作为反击，随后欧盟也指责美国对波音公司及波音公司合并前麦道公司提供专向补贴，并对欧盟成员国利益造成不利影响（DS353案）。

目前，WTO对两个案件都做出终裁：在DS316案中，判定欧盟向空客公司提供了约180亿美元的补贴融资，授权美国可以

---

① 通常这些落后地区的人均GDP要低于欧盟的平均水平，失业率要高于本国的失业率水平。

> 对 74.966 亿美元的欧盟产品（包括商品和服务）加征关税。这是 1999 年至今 WTO 做出的所有终裁决定中金额最大的一次；在 DS353 案中，判定美方以华盛顿州税收减免的形式向波音公司提供了约 50 亿美元的非法补贴，授权欧盟可以向美国实施每年不超过 39.93 亿美元的贸易报复措施。

2020 年 6 月，欧盟委员会公布《论外国补贴对公平竞争影响的白皮书》。这是欧盟订立应对外国政府补贴条例的第一步，立法草案计划于 2021 年正式提交立法机关。该白皮书指出，外国政府补贴不可避免地破坏了欧盟统一市场公平竞争的秩序。日渐增加的案例表明，外国政府补贴在外国企业收购欧盟企业的过程中发挥了积极作用，影响了市场的投资决策，破坏了正常的市场行为。因此该白皮书提出了三个模块工具（针对外国政府补贴的一般审查机制、针对受益于外国政府补贴的收购行为的审查机制、针对受益于外国政府补贴的欧盟政府采购中竞标行为的审查），以弥补现有规则的漏洞。

（三）日本的经验和做法

1. 持续加大农业补贴

民以食为天。长期以来，世界上多数国家政府都将农业列为优先补贴的本土产业，补贴类型主要包括价格支持和差额补贴、收入支持和灾害补贴、生产资料购置补贴、制度贷款和利息补贴、损失补贴等，各国农民收入里的相当部分直接来自本国政府的补贴。以欧美国家相比，据不完全统计，日本农民收入的六成来自政府补贴。由于地理条件的限制，日本农业发展面临产业比重下降，劳动力老龄化，土地撂荒，偏远丘陵和山地地区村落人口稀少，村落内部空心化和房屋破败等突出问题。通过合理的制度设计，政府持续推动农业和土地制度与政策的改革,近年来取得显著成绩,表现为农业收入和户均农业经营规模实现稳步增长,农业补贴政策在其中发挥了重要作用。

日本农林水产省官网上常年公布的各类农业补贴项目超过450种,涵盖农、林、牧、渔各领域,从农田保护、灾害防治、土地改良、基础水利到森林病虫害防治等内容一应俱全。除了补贴农业机械和公共基础设施等硬件,日本农业政策还包括对协议会和农业基金等平台组织的补贴。例如,为了解决米价下跌引起的农户收益降低问题,由农户和政府共同出资建立稻作安定经营基金。首先根据前三年市场米价的平均值计算出米价基准价格,然后由基准价格减去当年市场米价,以其差值的8%作为补贴数额。其中,农户出资2%,政府出资剩余的6%。

2. 为中小企业发展提供全方位支持

尽管日本诞生了松下、索尼、丰田、三菱等世界知名大企业,但是不可否认,在日本企业总数中占比最大的仍然是中小企业(99.7%),目前,本土的中小企业超过360万家。过去十年来,日本中小企业经营利润达到创纪录最高水平,这与政府的相关支持扶助政策密不可分。

以支持中小企业的研发活动为例。日本与欧美同属于世界科技创新第一阵营,2018年其研发投入占GDP的比重高达3.2%,超过欧美主要国家。日本政府重视科技前沿技术的研发,如可再生能源。2013—2018年日本政府在支持该领域研发方面共计投入各类补贴超过66亿美元,其中,仅氢能研发补贴就接近15亿美元。由于技术路线不确定性强、投资风险高,与大企业相比,中小企业在资金实力、人才储备和专业知识等多方面都存在差距,因此需要政府的大力支持。日本政府制定了技术开发补助金制度,中小企业开展技术研发可以享受50%的补贴,补贴金额范围在500万至2000万日元之间,还可获得12%的试验研究经费的优惠税额。政府全额出资设立了中小企业事业团,它属于日本通产省领导的半官方机构,具有特殊的法人地位。主要职责包括帮助中小企业发展高新技术、防止中小企业破产而进行资金援助等。为了降低中小企业研发活动的融资成本，日本政府先后成立了中小企业金融公库、国民金融公库、商工组合中央金库等机构，并以立法的形式，指定各地信用保证协会充当中小企业向金融机构申请贷款的保证人，提供担保服务。

新冠疫情暴发后，日本政府发布了一系列针对中小企业的救济扶助政策。2020年5月，日本政府规定，当年任何一个月份，凡是单月销售额同比下滑50%以上的企业或个体工商户都可以向政府申领补贴。此项政策涉及制造业、餐饮业和零售业、演艺业等行业。中小企业可申请的补贴上限为200万日元（约合人民币13.11万元），个体工商户可申请的补贴上限为100万日元（约合人民币6.55万元），这是日本政府历史上首次向经营者支付现金。据统计，2020年第四季度，日本中小企业获得的政府补贴预计超过6000亿日元。

专栏 10-3　疫情之下日本发放补贴，调整海外供应链布局

新冠疫情的全球大流行让越来越多的国家开始重新审视产业链和供应链的安全问题，贸易保护主义导致逆全球化的倾向加剧。

2020年4月，日本政府宣布了一项高达2435亿日元（约160亿元人民币）的补助计划，宣称将对本国企业进行供应链改革，以协助企业将在海外的供应链转移回国或转至东南亚国家。7月，首批可获得补贴的87家日本公司名单公布，总计获得700亿日元（约合6.53亿美元）用于转移生产线，以减少对其邻国的依赖，并建立弹性供应链。其中，30家公司将把生产转移到东南亚，包括生产硬盘部件的Hoya公司将迁往越南和老挝，住友橡胶工业将在马来西亚生产丁腈橡胶手套，信越化工将把稀土磁铁的生产转移到越南。其他57家公司将搬回日本，包括家用产品制造商Iris Ohyama、卫生用品生产商Saraya以及医疗器械和医药制品生产商Terumo等。据统计，当前在中国的日本企业超过3.5万家，这次迁出中国的87家占比较小。

（四）国际重要经贸规则的要求

《补贴与反补贴措施协定》（以下简称《SCM 协定》）是 WTO 框架下专门对各成员的补贴和反补贴措施进行规制的协定，其第 1 条第 1 款对"补贴"含义做了详细解释，即由成员政府或任何公共机构提供财政资助（含贷款担保、税收减免、商品服务等），或存在 GATT1994 第 16 条所涉及的任何形式的收入支持或价格支持，由此而授予的一项利益。根据该协定，只有同时满足两个条件，才能构成违规补贴：一是补贴具有专向性，包括法律专向性、事实专向性或地区专向性；二是对其他成员的利益造成了不利影响。《SCM 协定》将补贴大致分为三类：禁止性补贴（第 3、第 4 条）、可诉补贴（第 5、第 6 条）和不可诉补贴（第 8、第 9 条）。禁止性补贴又称为"红灯补贴"，属于 WTO 规则下不能容忍的补贴，将直接损害成员国的竞争优势和企业利益，一定会被诉讼且一般会胜诉，包括出口补贴和进口替代补贴。可诉补贴又称为"黄灯补贴"，指那些不是一律被禁止，但又不能自动免于质疑的补贴，往往要根据其客观效果才能判定是否符合世界贸易组织规则。不可诉补贴又称为"绿灯补贴"，分为不具有专向性的补贴以及符合特定要求的专向性补贴，具体包括研发补贴、对落后地区的补贴和环境保护补贴等。《SCM 协定》第 31 条指出，第 8、第 9 条规定自 WTO 协定生效之日起适用 5 年。由于 WTO 成员没有在适用期结束前就上述规定的延长达成一致，不可诉补贴条款实际上 1999 年起已经失效。

《SCM 协定》还设置了补贴通告制度（第 25 条），要求各成员在每年 6 月 30 日之前提交补贴通知，对在本国境内实施或维持的任何专向性补贴做出通报。通知内容包括：补贴的形式，如赠予、贷款、税收减让等；单位补贴量或总补贴量；政策目标或补贴目的；补贴期限；补贴对贸易可能产生的实际影响等。

为了便于对比，笔者将当前部分国际重要经贸规则进行了汇总

(见表 10-3)。

表 10-3　　　　　当前部分国际重要经贸规则汇总

序号	文件名称	要点
1	补贴与反补贴措施协定 (Agreement on Subsidies and Countervailing Measures, SCM Agreement)	它是对《关贸总协定（General Agreement on Tariffs and Trade, GATT）》第 6 条、第 16 条规定的具体化，由 11 个部分 32 条和 7 个附件构成。主要条款包括：总则、禁止性补贴、可诉补贴、不可诉补贴、反补贴措施、机构、发展中国家成员、过渡性安排、争端解决和最后条款等
2	区域全面经济伙伴关系协定 (Regional Comprehensive Economic Partnership)	共 20 章，第 2 章"货物贸易"取消农业出口补贴，第 7 章"贸易救济"包含"反倾销和反补贴税"，协定重申缔约方在 WTO 相关协定中的权利和义务，制定"与反倾销和反补贴调查相关的做法"附件，规范书面信息、磋商机会、裁定公告和说明等实践做法
3	全面与进步跨太平洋伙伴关系协定 (Comprehensive and Progressive Agreement for Trans-Pacific Partnership)	协议文本共 30 章，首次针对国有企业单独成章（第 17 章），对国有企业做出可量化执行的定义，核心规则是"商业考虑与非歧视待遇、非商业援助和透明度"，严格约束国有企业非商业援助行为，国有企业也可以被列为影响公平竞争的补贴提供者，打破了《补贴与反补贴措施协议》关于国有企业必须符合"公共机构"定义的前提条件
4	美国－墨西哥－加拿大协定 (The United States-Mexico-Canada Agreement, USMCA)	协议文本包括 34 个章节，还包括美墨、美加就部分问题达成的附加双边协议，可以看作是 TPP 和 NAFTA 的叠加。NAFTA 原有的三类争端解决机制，审理国家反倾销、反补贴税案件和关于解决国家间劳动力争端的相关内容，在 USMCA 中得以保留

续表

序号	文件名称	要点
5	中欧全面投资协定（China – EU Comprehensive Agreement on Investment，CAI）	除禁止强制转让技术的规则外，中欧 CAI 将成为首个履行对国有企业行为的义务，对补贴的全面透明规则以及与可持续发展有关的承诺的协议。协定设置了"补贴透明度"章节，通过对服务部门的补贴施加透明度义务填补了 WTO 规则中的重要空白

资料来源：根据网络资料整理。

近年来，各国围绕 WTO 改革方案，提出了很多建议，其中也涉及补贴问题。由于种种原因，WTO 改革至今进展缓慢，不过在其他重要国际经贸协定谈判中，补贴问题正日益成为各方关注的焦点。表 10 – 3 整理了 RCEP、CPTPP、USMCA 和中欧 CAI 等协定对补贴问题的相关规定，总体而言，大多数发达国家认为缺乏全面补贴信息是现行 WTO 制度最大的执行缺陷，要求提高补贴的透明度。此外有个别协定甚至提出国有企业也可以被列为影响公平竞争的补贴提供者，这给我国国有企业的对外贸易带来挑战，而且该协定的高标准性可能会成为国际经贸新规则的范本，值得我们提前做好准备。

专栏 10 – 4　中美欧日 WTO 改革方案里关于补贴政策的修改建议

当前，多边贸易体系运行遇阻，WTO 权威性和有效性受到严重挑战。围绕改革方向，发达国家和发展中国家开展了激烈的争论。

美欧日三方连续 7 次发表联合声明[1]，欧盟发布《WTO 现代化

---

[1] USTR. Joint Statement on Trilateral Meeting of the Trade Ministers of the United States, Japan, and the European Union [EB/OL]. [2021 – 01 – 25]. https://ustr.gov/about – us/offices/press – office/press – releases/2018/may/joint – statement – trilateral – meeting.

提案》①，美国多次提交改革专项提案，尤其是要求限制非市场经济做法（国有企业特殊待遇、产业补贴等）导致的市场扭曲、禁止强制性技术转让、实施竞争中立政策、要求成员强制遵守通告义务和加大处罚力度，防止先进发展中国家利用规则与谈判中的灵活性谋取不公平竞争利益等。美欧日一致同意，最有害的补贴类型要么应被彻底禁止，要么补贴国有义务证明该补贴不会对其他国家造成商业损害；应尽快制定新规则，提供有针对性的补救措施，解决与产能过剩相关的补贴问题；寻找办法加强WTO规则的规定，以便能够收集更多关于补贴及其影响的信息。

以中国为代表的发展中国家强调应当尊重成员发展模式，坚持自由竞争和平等原则，在补贴纪律讨论和外资安全审查执行中，不能借改革对不同企业设立特殊、歧视性的纪律或待遇。针对发达国家认为缺乏全面补贴信息是现行制度中最大的执行缺陷，要求成员必须强制遵守的主张，中国提出不同类型成员都应履行通报义务，印度、非洲集团等成员则提出发达成员应该发挥示范作用，应以包容方式加强透明度与通报义务，重点在自然人流动与技术转让领域。

中国政府提交的《关于WTO改革的建议文件》，建议完善贸易救济领域的相关规则②。具体包括：恢复不可诉补贴并扩大范围，澄清和改进补贴认定、补贴利益确定、可获得事实等补贴和反补贴相关规则，防止反补贴措施滥用，改进反倾销反补贴调查透明度和正当程序，加强效果和合规性评估，给予发展中成员、中小企业和公共利益更多考虑等。

---

① European Commission. WTO Modernization – Introduction to Future EU Proposals, Concept Paper [EB/OL]．[2021 – 01 – 25]．http：//trade.ec.europa.eu/doclib/docs/2018/september/tradoc_157331.pdf.

② http：//wto.mofcom.gov.cn/article/hzjj/201905/20190502862850.shtml.

三、如何改革我国企业补贴政策

在当前大国博弈和地缘竞争加剧的背景下，主动与国际经贸规则对接，对于我国建设更高水平开放型经济具有重要的战略意义。可以预见，涉及补贴问题的谈判，将会是今后我国与发达国家分歧最大、博弈最为集中的议题之一。因此，我们应当顺应时代潮流，化危机为契机，不断深化改革，着力改善营商环境，探索完善符合国际规则、促进我国市场经济健康发展的补贴政策体系。

（一）全面修订现行各类补贴规定，进一步优化营商环境

1. 优化营商环境是新形势下中央的重大决策部署，是顺应全球经济形势变化以及我国经济发展阶段转换做出的必然选择

良好的营商环境是建设现代化经济体系、促进高质量发展的重要基础。经过各级政府部门的共同努力，我国营商环境改革初显成效。继2018年大幅提升32位后，2019年我国营商环境的全球排名再度跃升15位，位居全球第31位，连续两年被评为全球营商环境改善幅度最大的十大经济体之一。党的十九大明确提出，要清理废除妨碍统一市场和公平竞争的各种规定和做法。因此，加快清理不符合国际经贸规则的补贴制度，让各类市场主体公平竞争，是当前各地营商环境建设的重要内容。

2. 加快审查现行各类优惠政策措施

按照符合WTO规则、不符合WTO规则和WTO规则没有明确规定的标准，认真梳理当前仍在执行的中央层面和地方层面的各类产业和企业补贴政策。对于出口补贴和进口替代补贴这种WTO规则明令禁止

的政策，尽快坚决全面清除，并且，不允许今后以任何其他形式出现，防止地方利用不合规补贴搞恶性竞争。同时还要严查那种具有明显的专向性，造成严重的产能过剩，不利于提升本土企业竞争力，同时容易引发反补贴调查的补贴政策，建议优先审查煤炭、钢铁、水泥和电解铝等长期存在产能过剩现象，且造成资源浪费的重点行业。对于 WTO 规则没有禁止但可能导致他国起诉的政策，要认真学习欧美国家政府制定补贴政策的成功经验，在语句表达、申请程序、信息公开、适用范围等细节方面下功夫，避免授人以柄。建立健全产业补贴政策的公开通报机制，定期提交国内补贴政策的性质、单位补贴量、补贴目的、补贴期限和能够估算的补贴贸易影响等重要内容，加强中央和地方信息畅通，避免个别政策发布前因为内部合规性审查不严而陷于被动。

3. 优化完善产业补贴政策

要尽快推动产业政策向普惠化和功能性转型，避免法律上和事实上的专向性，降低对特定产业的强调，确立竞争政策的基础性地位。积极适应 WTO 规则要求，减少政府或其他公共机构的直接补贴行为，创新更多扶助方式，鼓励探索非国有商业银行通过提供便利的金融服务积极支持相关重点产业的研发和市场活动，加大财政对公共研发设施的投入，如公共实验室、检测检验中心等，为社会主体提供免费实验场所。引导高校和科研院所与企业共享有助于科研创新的人才、设备和信息资源，构建产学研用的协同创新网络模式。通过国家科技重大专项、国家重点研发计划、技术创新引导计划、产业投资基金等支持基础研究和竞争前技术的研发活动，开展行业关键共性技术攻关，提高对战略性前沿领域以及产业链关键技术环节的支持力度，将补贴重点从企业生产经营转向上游的人才和原材料以及下游的消费环节，从政府购买产品向购买服务转变。加强多数国家均有所保留的对中小企业、欠发达地区产业转型升级的政策支持，重点在于面向未来的新型基础设施、产业公地和公共服务体系建设。

（二）加强统筹协调，改进补贴政策的实施机制

1. 尽快推动国内反补贴立法

美国和欧盟都针对反补贴进行了专门立法，美国先后制定了《1897年关税法》《1930年关税法》《1974年关税法》《1979年关税法》《1988年贸易和竞争综合法》《1994年乌拉圭回合协定法》《2000年持续性倾销与补贴补偿法》《2005年美国贸易权力执行法案》《GPX法案》等系列重要法规。欧盟第一部反补贴条例是欧盟3284/94号条例，之后在1997年和2004年对该条例部分内容进行两次修改，并更名为欧盟461/2004号条例。2009年，为了使反补贴相关法律更加符合成文法的规范，颁布欧盟597/2009号条例，对之前补贴认定等实体法的规定进行了更加详细的规定，成为欧盟当前反补贴领域的重要法规。与欧美相比，我国一直在立法层面存在缺失，现行很多政策都是以通知、办法、条例等形式发布，约束力有限。而且近年来我国遭遇发达国家反补贴调查时，大多数情况属于部分地方政府制定的区域性优惠政策与国际经贸规则不符，甚至是严重违反了国际惯例。这既与此类政策制定者专业素养不足有关，同时也存在少数地方为了局部经济利益打擦边球的现象。因此，可以考虑尽快在中央层面围绕反补贴专门立法，这不仅可以运用法律的强制力规范地方政府制定出符合中央精神，且不违反国际规则的产业政策，同时也要对问题政策的制定者进行严肃追责。

2. 建立完善政府补贴政策的第三方评估体系

十八届三中全会公报指出，全面深化改革的总目标是完善和发展中国特色社会主义制度，推进国家治理体系和治理能力现代化。政府也广泛开展了第三方评估，通过委托研究机构和专业评估组对国务院政策措施落实情况进行全面分析评价。经过几年的实践，第三方评估在我国许多重要政策的制定和实施过程中发挥了重要作用，成为国家治理体系建设的重要内容。下一步，应该加快建立健全各类补贴政策的第三方评估

体系，利用后者在专业性、中立性和可信度方面的优势，完善政策的落地。在政策制定环节，主要评估拟发布政策与现行国际经贸规则的冲突程度以及可能产生的后果，决定是否需要做出适当的调整和完善；在政策实施环节，主要评估政策的落实效果是否达到预期，以及测算与预期效果的差距，同时根据各地在执行中遭遇的实际困难，对政策相关补贴进行必要的修订。从而避免政府部门"既当运动员又当裁判员"的尴尬，提高评估结论的信服力。

（三）加强政府、企业和行业协会的日常联系

1. 政府和协会各司其职发挥优势

在欧美针对我国的反补贴调查启动后，多数本土企业往往处于弱势地位，缺乏应对诉讼的人才、信息和经费支持，此时需要各级政府部门和行业协会结合各自优势充分发挥作用，维护我国尊严和合法的经济利益。一方面，政府部门应当有计划、有重点地加快培养熟悉国际经贸规则的专业人才，努力做到能够合理正确解析 WTO、CPTPP、RCEP 等重要协议的诸多条款，并且积极参与制定与反补贴、反倾销争端相关的对外磋商和应诉预案，做好日常准备。与此同时，行业协会既要及时将掌握的行业发展信息反馈给相关部门，便于政府根据形势变化调整相关政策，避免因过度支持而招致诉讼的情况出现，同时也要加强对行业内企业经营行为的必要约束，定期通报全球本行业贸易争端的进展信息，以案说法引导本土企业遵守相关规则，避免卷入无谓的诉讼。

2. 企业要时刻做好应诉准备

随着中国经济实力不断增强，中国本土企业的影响力日益扩大，发达国家针对我国重点行业龙头企业的反补贴、反倾销诉讼案件还会持续增加。从以往案件结果来看，不论欧盟还是美国的反补贴税和反倾销税，都会对不参加调查的企业征收更高的税，其税率远远高于应诉企业。因此，凡是能积极应诉的国内企业，一般会比不应诉的企业所得到

的结果好得多。即使应诉失败,面临的反倾销税和反补贴税的税率也会低很多。例如,入世初期中国多家家电行业龙头企业就遭遇了来自美国的反倾销调查,最终判决认定几家应诉的中国企业税率设定为22.94%,其他未应诉企业的税率为78.45%。同样,在2009年美国针对中国铜版纸反补贴调查案件中,配合应诉的中国企业确定征收的最终反补贴税率为19.46%,而未配合的中国企业的税率高达202.84%。根据惯例,欧美启动反补贴调查主要采取问卷调查的方式,要求被调查企业在接到问卷后30天左右反馈(欧盟允许申请延长30天,美国不允许)。国内很多企业由于对国际贸易争端的应对经验不足,同时缺乏专业人才进行填写指导,所以常常准备不足,导致缺席审判时有发生。因此,本土所有从事与外贸业务相关的大中小企业,一方面应当加快提升产品和服务的附加值,突出品牌优势,实现盈利靠质不靠量,减少对补贴政策的依赖,另一方面提高对学习国际规则的重视,一旦遭遇了诉讼,要积极配合反补贴调查,根据专业律师的指导认真填写问卷,积极为自己辩解,争取最好的结果。

四、基本结论

政府对企业进行补贴和救助,在我国计划经济时代本是寻常的事情,但是在社会主义市场经济时代,在建设高标准市场体系的进程中,尤其是在我国对外开放正在由商品和要素流动型开放向规则等制度型开放转变的大背景下,政府补贴和救助必须要考虑如何避免与WTO等重要国际规则相冲突,必须要考虑如何避免与我国竞争政策的基础性地位相冲突。对仍然需要存在、其他国家也基本存在的有限的补贴和救助政策进行规范化改革,是构建我国企业发展基本政策的重要内容。有了这样比较完整的企业发展基本政策，在我国经营的各类企业就可以在无伤公平竞争和优胜劣汰的大环境中，得到政府合适的引导、鼓励、支持，朝着不断创新、不断升级、不断提升全球竞争力的方向发展。

| 第十一章 |

激发殖产兴业和提升效能的精神

经济的持续发展，源于人的殖产兴业、创新创造和提升效能的精神。这种精神，当然也包括所谓的企业家精神。这种精神，到底是天生的，还是后天可以培养和强化、发掘、发扬的？从大量的现象来看，尽管不能否认先天性，但后天性也值得重视。因此，构建企业发展基本政策，就应该认真考虑，如何才能更好地激发人们的殖产兴业和提升效能的精神。

一、激发殖产兴业和提升效能精神政策的国际经验

（一）日本的历史经验

在十八世纪的时候，日本人在殖产兴业精神方面表现得并不突出[1]，但明治维新以来，殖产兴业政策成为日本开展资产阶级改革、发展资本主义的三大政策之一，国民的精神面貌发生了极大变化[2]。

1. 推进"武士俸禄制度"改革以助力创业活动

在日本明治维新时期，1869—1876年，日本进行了重要的"武士俸禄制度"改革工作，维新派决定将农民上缴给武士阶层的粮食折合成等值的政府债券，并以货币形式向农民征税以支付政府债券利息[3]。比如，根据1873年颁布的《家禄奉还资金下发规则》等相关政策，享永世禄者和享终身禄者分别能够一次性获得6年、4年的禄量，其中，禄米额按照1873年各府县的米价折算，采用现金和公债（8分利）支付的分别各占一半[4]。与此同时，为了推动士族阶层身份的转变，国家还对于归农或归商的原士族给予奖励，奖励金额相当于5年俸禄，所采

---

[1] 孙光礼："从'殖产兴业'看日本资本主义的发展"，载于《湖北大学学报（哲学社会科学版）》1987年第5期，第87—91页。

[2] 李益彬："明治政府'殖产兴业'政策探析"，载于《历史教学问题》1999年6期，第36—38页。

[3] Landes, D. S., J. Mokyr & W. J. Baumol, 2012, The Invention of Enterprise: Entrepreneurship from Ancient Mesopotamia to Modern Times. New Jersey: Princeton University Press, 2012.

[4] 李卓："明治时代日本武士的最后结局"，载于《世界近现代史研究》2014年第11辑，第152—173页、第348—349页。

取的形式也是现金或者公债的方式。据统计,政府对于归农归商的奖励总额高达 122 万日元,涉及自愿归农归商的士族 4500 余名,返还俸禄 3.3 万余石①。"武士俸禄制度"推动了日本武士阶层转变为公债持有人,其中,使用公债购买土地、投资工商业的武士成为地主、工商业资本家,还有一些封建武士成为小商人、自由职业者②。不难看出,制度层面的重建为武士阶层殖产兴业创造了条件,有效地激励武士阶层投身于资本主义的生产运营活动,成为各行各业的投资者、企业家。

2. 从官办企业到民间企业

针对民间资本薄弱及地租、利息等生产要素成本较高等情况造成的民间不愿意投资工业问题,日本政府遵循"官营示范主义"和"技术移植主义"的方针,由政府出资,参照欧美样板,大力兴办官营企业③,并建立了一些"模范工厂"④,这些官办企业的建立能够为致力于殖产兴业的国民提供参考或样板,有利于国民更好地开创生产经营活动,从而起到"示以实例,以诱人民"的作用。与此同时,针对发展经济所面临的技术人才缺乏问题,日本明治政府在积极引进国外先进生产设备的同时,日本也高度重视国外专家和技术人才的引入以及通过派遣留学生培养国内人才,培养了一支具备"殖产兴业"和"提高效能"技术的人才队伍⑤。

后来,为了积极应对国营企业经常性亏损,同时促进日本私人资本主义的发展,在综合考虑到当时国家财政状况不佳、通货膨胀以及官营企业本身所具有的"临时事业"特征的情况下,明治政府开始"处置"

---

① 大岛清等:《人物·日本资本主义(2)殖产兴业》,日本东京:东京大学出版会,1983 年,第 19 页。

②④⑤ 孙光礼:"从'殖产兴业'看日本资本主义的发展",载于《湖北大学学报(哲学社会科学版)》1987 年第 5 期,第 87—91 页。

③ 李益彬:"明治政府'殖产兴业'政策探析",载于《历史教学问题》1999 年 6 期,第 36—38 页。

官办企业①。对官营企业进行"廉价""处置"的标志性事件是 1880 年 11 月颁布的《工厂处理概则》②,要求"解除官厅所有""省(使)所管"的官营企业"转归人民经营"③。"处置过程"的主要政策内容包括以低廉的价格、宽容的条件将大部分国营企业交给私人资本,并且还允许私人资本以无息长期分期的方式进行付款④。并且,在官营企业"处置"时期,明治政府还通过补贴、支持进口、企业贷款支持、各种形式的税收减免等举措推进私人资本主义发展,推动了日本初步实现工业化⑤。据统计,1868—1893 年,日本工业企业从 405 个增长到 3344 个;1884—1892 年,日本股份公司的数量由 2392 家增加到 6444 家;1885—1893 年,拥有 10 人以上的工厂数量由 661 家增加到 3019 家⑥。

3. 为民开智增识

政府高度重视民间产业的发展,除了通过"处置"官营企业之外,还以为民开智增识为重点,引入"劝奖民业""奖励引导贸易"等制度⑦,从而通过对私有企业、对外贸易等措施的实施来"广泛通达贩卖利益之灵活妙用"。如果政府不开展相应的积极行动,那么"不待荏苒数岁",整个国家"将达衰弱之底"。显而易见,在当时日本执政者的思想理念中,通过对私有企业进行奖励,能够影响普通民众的思想理念,能够通过奖励制度的引入对私人从事生产运营活动的激励,鼓励民

---

①③ 车维汉:"日本明治政府处理官营企业述论",载于《日本研究》1995 年第 4 期,第 48—55 页。

② 李益彬:"明治政府'殖产兴业'政策探析",载于《历史教学问题》1999 年第 6 期,第 36—38 页。

④⑥ 王铭:"'殖产兴业'与日本资本主义的发展",载于《辽宁大学学报(哲学社会科学版)》1997 年第 6 期,第 85—88 页。

⑤ 车维汉:"日本明治政府与市场制度变迁",载于《世界近现代史研究》2007 年第四辑,第 85—97 页。

⑦ 冯玮:"论日本'殖产兴业'主导者的政策理念",载于《江西师范大学学报(哲学社会科学版)》2009 年第 3 期,第 108—114 页。

众殖产兴业的热情。

（二）韩国的历史经验

在甲午战争之前，韩国国民的精神状态，受李鸿章之命对朝鲜地区进行过考察的聂士成曾说，朝鲜"男子行惰，女子服役极苦"；"朝鲜民性太惰，种地只求敷食，不思积蓄，遇事尤泥古法，不敢变通"；"朝鲜人尚知求地利，但官民性习偷惰，恐难勤奋，可忧也"①。在二十世纪六七十年代，随着一系列改革举措的推出，韩国国民性格不断转变为喜欢挑战，充满奋斗的精神②。

1. 开展新农村运动，激励农民干事创业热情

针对韩国国民状态普遍存在的"性惰"等不适应市场经济的精神状态，尤其是在韩国实施两个五年计划取得极大经济发展成绩的背景之下，韩国生活伦理表现出了严重滞后性③。20世纪70年代初，时任总统朴正熙发起了"新农村运动"，切实激励广大农民干事创业热情。比如，"新农村运动"提出了新的价值观和精神理念，即"勤勉、自助、协作"，鼓励农民通过勤勉的劳动，用自己的双手建设美好生活④。为了以人民喜闻乐见的方式传递新的价值观，朴正熙还作词作曲《新村之歌》，强调"宜居优秀我村庄，由我们的力量来创造"，激发了农民通过勤奋劳作、协作奋斗创造美好生活的热情。再如，"新农村运动"积极推动提升了农民的组织化水平，在"新农村运动"过程中，韩国

---

① 聂士成：《东游纪程》，北京：中华书局，2007年6月第1版。
② 朴光星："'汉江奇迹'与韩国的企业家精神"，载于《当代韩国》2009（4）：52—59。
③ 华兴顺："韩国的'新村运动'及其对中国新农村建设的启示"，载于《当代世界与社会主义》2006年第3期，第17—21页。
④ 解安："韩国新农村运动经验及其借鉴"，载于《中国社会科学院研究生院学报》2007年第4期，第11—16页。

不仅大力发展农民协会，直接致力于提升农业生产和流通程度，而且还鼓励兴建村民会馆，加强对农民农业技术知识的培训和交流①。在韩国"新农村运动"中，还形成了政府和社会反哺农村行动，其中比较典型的就是"一社一村"运动和新村指导者制度②。所谓"一社一村"制度，类似于企村结对，即企业和村庄在自愿的基础上建立"姊妹关系"，从而借助于企业的资本和技术优势，推动农村跟上社会前进的步伐。新村指导者制度，是指通过选派公务员、科技人员、志愿者等派驻农村，并动员大学、科研院所教师、科研人员等到农村巡回讲学，向农民传播积极进取的思想，传授生产技术，提升农民的精神状态和技术水平③。

2. 鼓励企业家精神

根据韩国有些企业家回忆，韩国汉江奇迹期间，时任韩国总统朴正熙为了让企业家敢于冒险、敢于挑战，积极倡导企业家精神，要求企业家"不要有什么顾虑，政府会全力支持的，大胆地去做吧"④。在韩国汉江奇迹期间，韩国社会氛围对于企业家的尊重形成了对于企业家激励的重要内容，正是由于对于真正的企业家和经济发展之间良性关系的普遍社会认可，真正的企业家在韩国能够得到普遍的认可，这种认可本身就是对于企业家开拓创新的社会激励⑤。

---

① 韦廷柒、孙德江："韩国新村运动对我国民族地区建设新农村的启示——以广西建设社会主义新农村为例"，载于《中央社会主义学院学报》2007年第5期，第77—79页。

② 解安："韩国新农村运动经验及其借鉴"，载于《中国社会科学院研究生院学报》2007年第4期，第11—16页。

③ 孔凡河、蒋云根："韩国'新村运动'对中国建设新农村的启示"，载于《东北亚论坛》2006年第6期，第105—109页。

④ 郑周永：《生在这块土地上》，韩国：松出版社，1998年，第198—211页。

⑤ 韦兰："韩国'企业家精神'的确立"，载于《交通企业管理》2005年第4期，第55页。

进入 21 世纪以后，越来越多的年轻人，特别是大学生，不愿意"自主创业"，韩国的创业意识和创业能力逐步弱化①。为此，为了积极支持大学生殖产兴业，韩国政府采取了一系列措施，主要体现为如下两个方面：一方面，鼓励大学推进创业教育。韩国对于大学创业教育的支持在两个方面非常有特色，分别是通过韩国国家研究基金会直接支持和鼓励产业界对创业教育的支持②。在通过韩国国家研究基金会直接支持方面，韩国政府借助韩国国家研究基金会积极推动大学开展大学生创业教育。针对大学的创业教育，韩国国家研究基金会提出产学合作中的领导者项目，由大学提出加入项目的申请，获得批准后由韩国国家研究基金会给予大学相应的资金，以支持相关大学开展创业教育。产学合作中的领导者项目本身设定有评估机制，韩国国家研究基金会每年组织对大学的评估，只有在创业教育方面通过评估的大学方能获得下一年的支持。在鼓励产业界对学校创业教育支持方面，不仅韩国的行业协会积极将研发资金投入大学，而且资金雄厚的大型企业也向大学投入一定的研发资金，从而通过产业界的资金支持，激励大学教育工作不仅要关注理论知识的培养，而且也要将实践纳入其中。另一方面，建立大学生"创业支援中心"。"创业支援中心"以学校为中心，遍布于韩国的各类大学，致力于为大学生创业提供人才、资金甚至办公场所的支持③。其基本的运营机制是，首先由致力于创业的大学生提出申请，明确创业的详细计划；之后，按照大学生所提交创业申请的方向，"创业支援中

---

① 谭福河："韩国政府对大学生创业支援之借鉴意义"，载于《经济研究导刊》2007 年第 10 期，第 183—184 页。

② 吕伊雯、施永川："创新与合作是大学生创业的关键——访韩国生产力协会会长、群山大学创业教育中心主任金显教授"，载于《世界教育信息》2016 年第 20 期，第 27—28 页和第 47 页。

③ 中国人才："鼓励大学生创业，国外怎么做？"，载于《中国人才》2009 年第 9 期，第 74—75 页。

心"组织对所提交的创业计划申请进行评价、评估，从而筛选出可以进入"创业支援中心"支持的具体项目。对于顺利通过筛选的创业项目，"创业支援中心"将给予一系列的支援，包括人才、资金，甚至是办公场所以及办公用品的支持。除此之外，"创业支援中心"还会针对大学生创业经验不足、专业技术不够等问题，提供一定的指导和咨询服务。

（三）新加坡的历史经验

李光耀认为，新加坡并不存在现代意义上的、浓厚的企业家精神传统[1]。建国之后，新加坡非常重视对企业家精神的鼓励，以及对提高效能精神的培育。

1. 多措并举开展提升生产力教育培训

新加坡不仅建立了强有力的以推进承认教育培训为重要目标的国家生产力局，从而推进教育培训的组织化，而且还设立了技能发展基金，以法律的形式规定技能发展基金的资金来源（即支付给员工的工资低于规定标准的企业），以及用途（即用于低收入、低技能、低学历职工的培训工作）[2]。与此相适应的是，新加坡还积极推进在职教育和正规教育的挂钩，从而推动职工培训成为国家教育制度的重要组成部分。

1981年，新加坡政府在全国范围内发起并积极推动社会各界开展生产力运动，致力于从六个方面推进全体国民生产力的提升，包括帮助职工树立正确的工作态度，要形成集体协作的作风，形成职工为工作而感觉自豪的态度，积极推进员工训练，提升客户满意度，以及符合工作

---

[1] 李光耀："新加坡的企业家文化"，载于《现代企业文化（上旬）》2014年第7期，第44—46页。

[2] 施启德："新加坡成人教育的现状"，载于《北京成人教育》1992年第11期，第15页。

要求等①。为了将国民生产力提升的目标落到实处，新加坡提出了一系列举措，包括在教育培训中，开设各种类型的生产力相关课程，提升技能水平；在组织推进中，成立国家生产力理事会，制定推动企业提升生产力的战略；确保员工分享生产力提升的收益等②。

2. 推行生产力提升活动

新加坡独立之后，政府颁布了《工业进步宪章》和《生产力实施法典》，致力于推动国家的工业化进程和生产力水平。面对资源有效、地域狭小等约束，新加坡提出通过提升国民生产力保持经济社会可持续发展的目标，并持续推进"生产力运动"。通过"生产力运动"的实施，新加坡在国民意识改变、人力资源提升、管理意识强化、技术进步等各个方面发力，有效激发了全体国民提高效能的精神，取得了良好效果。

新加坡不仅成立了国家生产力理事会，而且其他机构或组织也积极行动，致力于推动新加坡的生产力运动，这些配套机构包括国家生产力局、政府机关、行业协会、雇主组织以及教育机构③。其中，国家生产力理事会主要聚焦提升国家生产力而开展战略规划。作为重要配套机构的国家生产力局主要以教育培训为突破口，在各个层面上提高生产力理念的传播工作。行业协会以广大员工为重点，着力通过生产力理念的传播工作，增强员工提高效能的精神。

---

① 史丹、江飞涛："多方发力提升质量和效率——国外经济转型升级的经验启示"，载于《中国中小企业》2016 年第 5 期，第 66—69 页。

② 陈宝龙："政府管理与企业发展刍议——新加坡政府处理与企业关系的若干启示"，载于《苏州科技学院学报（社会科学版）》2003 年第 2 期，第 77—79 页。

③ 延平："新加坡推行生产力运动"，载于《天下杂志》1983 年第 23 期，https://www.cw.com.tw/article/5039927，1983 - 04 - 01/2021 - 03 - 29。

二、我国激发殖产兴业精神的有关政策

改革开放以来，特别是近几年，我国从中央到地方出台了一系列激励殖产兴业精神的政策，包括激发企业家群体干事创业精神的政策、优化创新创业环境的政策、支持中小企业创新创业的政策、鼓励大学生创新创业的政策、推动农村创新创业的政策等。通过一系列政策措施的推行，我国社会各界殖产兴业的精神不断被激发，创新创业的热情不断提升，推动我国市场主体的创建不断活跃。

（一）激发企业家精神并优化创业创新环境

国家十分重视企业家精神的发扬。2017年和2019年，党中央和国务院分别发布《关于营造企业家健康成长环境弘扬优秀企业家精神更好发挥企业家作用的意见》《关于营造更好发展环境支持民营企业改革发展的意见》等重要的政策文件，要求多措并举营造有利于企业家干事创业的良好环境，促进民营企业和民营企业家的健康成长。2018年，科技部、全国工商联联合发布《关于推动民营企业创新发展的指导意见》，提出加大对民营企业家创新思维和能力提升的培训力度等具体举措。

我国非常注重对于创业创新环境的打造，围绕为创业创新供给资源、创造机会、培训人才，出台了一系列文件。2015年，国务院发布《关于大力推进大众创业万众创新若干政策措施的意见》，明确要求推进创业便利化改革，完善普惠性税收措施，扩大创业投资，构建创业生态，建设创业平台。2016年，党中央发布《关于深化人才发展体制机制改革的意见》，提出通过赋予自主权、分配权、支配权等激励人才创

新,并允许科研人员离岗创业,为各类人才创新创业供给资源、创造机会。2021 年,国家发展改革委办公厅等 6 个部门发布《关于深入组织实施创业带动就业示范行动的通知》,提出开展社会服务领域双创带动就业专项行动、开展高校毕业生创业就业"校企行"专项行动、开展大中小企业融通创新专项行动、精益创业带动就业专项行动等一系列政策措施,为各类群体创业提供金融等资源,创造计划,并积极做好创业人才的培训工作。此外还颁发了其他文件。这些文件的核心内容见表 11-1。

表 11-1　　　　　　国家支持人才创新创业的主要政策

编号	政策名称	出台部门	出台时间	核心内容	政策重点
1	《关于大力推进大众创业万众创新若干政策措施的意见》	国务院	2015 年	推进创业便利化改革,包括完善公平竞争市场环境、深化商事制度改革、加强知识产权保护、健全创业人才培养;优化财税政策,包括加大财政资金支持,完善普惠性税收措施,发挥政府采购支持作用;搞活金融市场,包括优化资本市场,创新银行支持方式,丰富创业融资新模式;扩大创业投资,包括建立创业投资引导机制,拓宽创业投资资金供给渠道,发展国有资本创业投资等;构建创业生态,包括发展创业孵化服务、发展第三方专业服务、发展"互联网+"创业服务、探索创业券、创新券;建设创业平台,包括公共平台、技术平台等	供给资源;创造机会;人才培训

续表

编号	政策名称	出台部门	出台时间	核心内容	政策重点
2	《关于深化人才发展体制机制改革的意见》	中共中央	2016 年	创新成果知识产权保护，通过赋予自主权、分配权、支配权等激励人才创新，允许科研人员离岗创业，重新创业	供给资源；创造机会
3	《关于做好当前和今后一段时期就业创业工作的意见》	国务院	2017 年	优化创业环境，包括落实创业扶持政策，深化"放管服"改革等；发展创业载体，包括创业孵化基地、众创空间等建设；加大政策支持，包括税收政策、创业补贴	供给资源；创造机会
4	《关于请协助做好国家创新创业政策信息服务网建设有关工作的通知》	国家发展改革委办公厅	2018 年	创办"国家创新创业政策信息服务网"	供给资源
5	《关于做好 2018 年全国大众创业万众创新活动周筹备工作的通知》	国家发展改革委	2018 年	组织开展丰富多彩的创新创业活动，展示各层面各领域的创新创业成果	人才培养（启迪创意）；创造机会
6	《关于做好当前和今后一个时期促进就业工作的若干意见》	国务院	2018 年	加大创业担保贷款贴息及奖补政策支持力度；支持创业载体建设，包括创业孵化载体、为失业人员自主创业免费提供经营场地等；积极开展创业培训等	供给资源；人才培养
7	《关于推进全方位公共就业服务的指导意见》	人力资源社会保障部、国家发展改革委、财政部	2018 年	强化创业全程服务，包括提供创业培训（实训）、开业指导、融资服务、政策落实等"一条龙"服务；加强创业孵化基地建设；加大创业担保贷款贴息；注重对创业失败者的指导服务，帮助重树信心等	供给资源；人才培养

续表

编号	政策名称	出台部门	出台时间	核心内容	政策重点
8	《关于深入组织实施创业带动就业示范行动的通知》	国家发展改革委办公厅等6个部门	2021年	开展社会服务领域双创带动就业专项行动，包括新兴业态牵引、平台企业牵引、示范项目牵引、先进典型牵引等；开展高校毕业生创业就业"校企行"专项行动，包括做实结对共建、项目孵化、活动组织、岗位供给等；开展大中小企业融通创新专项行动，包括产业技术协同开发生态、自主创新产品应用生态、行业自律协商共治生态等；精益创业带动就业专项行动，包括抓实科研人员创新创业政策、科技成果转移转化、创新型中小企业培育、创新创业资源开放共享等	供给资源；创造机会；人才培训

资料来源：笔者根据相关政策整理。

（二）支持中小企业创业创新

相较于大型企业，中小企业机制灵活，创新创业活力强、潜力大，为了积极支持中小企业创业创新，我国也针对性地出台了一系列政策举措。

有的政策举措针对中小企业设立，如简化设立注册程序、审批流程等。比如，2000年，原国家经贸委发布《关于鼓励和促进中小企业发展的若干政策意见》，明确提出要简化中小企业设立审批程序。

有的政策为中小企业创业创新提供基础设施或平台，比如，2015年，财政部等5部门联合发布《关于支持开展小微企业创业创新基地城市示范工作的通知》，提出通过支持创业创新基地城市示范工作来推动小微企业创业创新。再如，2015年，工信部办公厅发布《关于做好小微企业创业创新基地城市示范有关工作的通知》，以创业创新基地城市为重点，切实支持小微企业创业创新。

有的政策聚焦于为中小企业提供一系列的服务创新，支持中小企业创业创新，比如，2018年，工信部办公厅、教育部办公厅发布《关于开展2018年中小企业与高校毕业生创业就业对接服务工作的通知》，明确为高校毕业生和创业者提供政策服务、创业、融资、培训等一系列服务举措。

还有一些政策聚焦于中小企业项目对接和相关成果转换。比如，2016年，工信部办公厅和教育部办公厅发布《关于开展中小企业与高校毕业生创业就业对接服务工作的通知》，鼓励中小企业与高校毕业生创业就业对接。再如，2020年，工业和信息化部、财政部发布《关于举办2020年"创客中国"中小企业创新创业大赛的通知》，通过举办"创客中国"等活动，推介和展示参赛项目，推进"双创"资源和对接成果，为中小企业创业创新提供了渠道、桥梁。

有关文件的核心内容见表11-2。

表11-2　　　　　国家支持中小企业创新创业的主要政策

编号	政策名称	出台部门	出台时间	核心内容	政策重点
1	《关于鼓励和促进中小企业发展的若干政策意见》	国家经贸委	2000年	简化设立审批程序；中西部地区地方政府可给予中小企业财政、税收和土地使用等政策支持；建立中小企业技术创新基地和产业化基地；设立风险投资基金；鼓励以技术等生产要素投资办企；财政政策、融资政策、信用担保体系、社会化服务体系、公平竞争外部环境支持	供给资源

续表

编号	政策名称	出台部门	出台时间	核心内容	政策重点
2	《关于支持开展小微企业创业创新基地城市示范工作的通知》	财政部等5部门	2015年	通过支持小微企业创业创新基地城市示范工作，推动地方支持小微企业创业创新	供给资源
3	《关于做好小微企业创业创新基地城市示范有关工作的通知》	工业和信息化部办公厅	2015年	推动创业创新基地城市在创业创新空间、公共服务、融资支持等方面做好相关支持工作	供给资源
4	《关于开展中小企业与高校毕业生创业就业对接服务工作的通知》	工信部办公厅、教育部办公厅	2016年	开展中小企业与高校毕业生创业就业对接活动	供给资源；创造机会
5	《关于开展2018年中小企业与高校毕业生创业就业对接服务工作的通知》	工信部办公厅、教育部办公厅	2018年	围绕政策服务、创业服务、融资服务、培训服务等，为高校毕业生和创业者提供有效服务；推动开展各类创业对接活动，包括推动和举办创客大赛等活动，充分利用各类资金和基金资源予以支持，提供技术成果转化、孵化场地、培训辅导等服务	供给资源；创造机会；人才培养
6	《关于举办2020年"创客中国"中小企业创新创业大赛的通知》	工业和信息化部、财政部	2020年	推介和展示参赛项目、"双创"资源和对接成果；对接投融资；推动成果转化等	供给资源；创造机会

资料来源：笔者根据相关政策整理。

（三）鼓励大学生创业创新

大学生思想活跃、文化素质水平高，是创新创业的重要群体。我国高度重视大学生创业创新工作，人力资源社会保障部、教育部、中组部等多个部门发布了一系列政策举措，形成了常态化支持大学生创业创新的政策体系。

一是支持高校毕业生创业工作。人力资源社会保障部、教育部每年发布政策文件，为创业大学生提供资源、创造机会。比如，2016年，人力资源社会保障部发布《关于做好2016年全国高校毕业生就业创业工作的通知》，提出实施大学城创业引领计划，为创业大学生提供财政、金融、社会公益、市场创投等资源支持。再如，同年，教育部办公厅发布《关于促进2016届尚未就业高校毕业生就业创业的通知》，提出要为高校毕业生提供开办企业、创业政策咨询等指导服务。

二是为高校毕业生创业提供便利化。比如，2016年，人力资源社会保障部、教育部发布《关于实施高校毕业生就业创业促进计划的通知》，提出加强大学生创业的培训工作，落实支持创业便利化的措施，并为大学生创业开辟税费减免"绿色通道"，并提供创业经营场所。再如，2020年，中组部等7部门发布《关于实施高校毕业生就业创业推进行动的通知》，提出为大学生创业提供咨询辅导、跟踪扶持、成果转化等"一条龙"服务。

三是支持在校大学生创业。比如，2017年，教育部发布《关于做好2018届全国普通高等学校毕业生就业创业工作的通知》，明确提出保留学籍创业等举措，推动大学生创业向校园延伸。

四是培育大学生的创业创新精神。比如，2018年，教育部发布《关于做好2019届全国普通高等学校毕业生就业创业工作的通知》，提出要开展大学生创新创业教育训练计划，培养大学生的创新创业意识和实践能力以及奋斗精神。再如，2018年，教育部发布《关于举办第四届中国"互联网+"大学生创新创业大赛的通知》，通过开展"青年红色筑梦之旅""21世纪海上丝绸之路""大学生创客秀"等活动的方式，激发大学生的创业创新热情。

五是支持高校加大大学生创业创新精神的培养。比如，2018年，教育部办公厅发布《关于公布 2018 年度全国创新创业典型经验高校名单的通知》，对创新创业典型的经验，高校要进行表彰，对于提高高校创新创业教育能力和水平具有重要的示范意义，有利于推动高校加大大学生创业创新精神的培养。

有关文件的核心内容见表 11-3。

表 11-3　　　　　　国家支持大学生创新创业的主要政策

编号	政策名称	出台部门	出台时间	核心内容	政策重点
1	《关于做好2016年全国高校毕业生就业创业工作的通知》	人力资源社会保障部	2016 年	实施大学生创业引领计划，包括开展创新创业教育培训，为创业大学生提供财政、金融、社会公益和市场创投等多渠道资金支持，运用政府购买服务等实施精准帮扶	供给资源；人才培养
2	《关于促进2016届尚未就业高校毕业生就业创业的通知》	教育部办公厅	2016 年	提供开办公司、创业政策咨询等指导服务，提供高校实验室、实验设备等各类资源，解决场地、资金和人力资源等问题	供给资源；创造机会
3	《关于实施高校毕业生就业创业促进计划的通知》	人力资源社会保障部、教育部	2016 年	加强创业培训，落实好支持创业便利化措施，开辟税费减免"绿色通道"，拓宽资金支持渠道，提供创业经营场所等	人才培养；供给资源；创造机会
4	《关于做好2018届全国普通高等学校毕业生就业创业工作的通知》	教育部	2017 年	深化创新创业教育改革，将创新创业教育贯穿人才培养全过程，办好创新创业竞赛；落实创新创业优惠政策，包括税费减免、创业贷款、创业"绿色通道"、保留学籍创业等；提升创新创业服务保障能力，包括加快发展众创空间，多渠道筹措资金，建立创业服务平台等	人才培养；供给资源；创造机会

续表

编号	政策名称	出台部门	出台时间	核心内容	政策重点
5	《关于做好2018年全国高校毕业生就业创业工作的通知》	人力资源社会保障部	2018年	将创业培训向校园延伸；加大政策资金支持，包括创业担保贷款、一次性创业补贴、场租补贴等，支持设立创业基金；优化创业指导服务，开放创业服务机构、创业孵化基地；搭建交流对接平台，为创业毕业生提供项目与资金、技术、市场对接渠道等	人才培养；供给资源；创造机会
6	《关于公布2018年度全国创新创业典型经验高校名单的通知》	教育部办公厅	2018年	表彰创新创业典型经验高校	人才培养（提高高校创新创业教育能力和水平）
7	《关于举办第四届中国"互联网+"大学生创新创业大赛的通知》	教育部	2018年	开展"青年红色筑梦之旅""21世纪海上丝绸之路""大学生创客秀"和改革开放40年优秀企业家对话大学生创业者、大赛优秀项目对接巡展等活动	人才培养（激发学生创新创业精神）；创造机会
8	《关于做好2019届全国普通高等学校毕业生就业创业工作的通知》	教育部	2018年	开展大学生创新创业训练计划、中国"互联网+"大学生创新创业大赛和"青年红色筑梦之旅"活动等；完善创新创业优惠政策，包括税费减免、创业担保贷款、创业培训补贴等；加大创新创业场地和资金扶持力度，包括大学科技园、创业孵化基地等，设立高校毕业生就业创业基金等	人才培养（培养创新意识、实践能力、奋斗精神）；供给资源

续表

编号	政策名称	出台部门	出台时间	核心内容	政策重点
9	《关于实施高校毕业生就业创业推进行动的通知》	中组部等7部门	2020年	推进创业培训广覆盖,包括创办企业、经营管理等培训;倾斜创业服务资源,包括推荐创业项目,提供咨询辅导、跟踪扶持、成果转化等"一条龙"服务;优先安排经营场所,加强创业资金保障等	人才培养;供给资源;创造机会
10	《关于做好2021年全国高校毕业生就业创业工作的通知》	人力资源社会保障部	2021年	将创业培训向校园延伸,提供创业意识教育、创业项目指导、网络创业等培训;加大资金保障力度,包括提高创业担保额度、降低利率、免除反担保要求,允许申请创业担保贷款等;倾斜创业服务资源,包括推进适当的创业项目等	人才培养;供给资源;创造机会

资料来源:笔者根据相关政策整理。

(四) 推动农村的创业创新

近几年我国非常重视农村的创业创新,创业创新政策主要在如下几个方面实施。

一是积极支持农民工等人员的返乡下乡创业。比如,2015年,国务院办公厅发布《关于支持农民工等人员返乡创业的意见》,明确提出降低返乡创业门槛,加大财政支持力度,强化返乡农民工等人员的创业培训等工作。再如,2016年,国务院办公厅发布《关于支持返乡下乡人员创业创新促进农村一二三产业融合发展的意见》,提出简化市场准入、改善金融服务、加大用地用电支持、开展创业培训、加强信息技术支撑、创建创业园区(基地)等一系列举措,积极支持返乡下乡人员创业创新。

二是加强农村农民创业的资源和设施支持力度。比如，2016年，国务院办公厅发布《关于深入推行科技特派员制度的若干意见》，提出要壮大科技特派员队伍，支持到农村开展创业服务的号召，并对事业单位派出科技特派员在农村创业保留5年工资福利、岗位、编制等政策。再如，2021年，国家发展改革委等14部门发布《关于依托现有各类园区加强返乡入乡创业园建设的意见》，明确提出要整合建设一批返乡入乡创业园等设施，培育返乡入乡创业产业集群。

三是积极培育农村农民创业带头人。农村农民创业带头人是充分发挥示范引领作用推动农村创业创新的重要内容。2020年，农业农村部等9部门发布《关于深入实施农村创新创业带头人培育行动的意见》，提出给予首次创业带头人一次性创业补贴等，加大金融政策支持，加大创业用地支持，加大人才政策支持等一系列政策，为培育农村农民创业带头人发挥了重要的作用。

四是积极开展农村农民的创业培训工作。加强创业培训是激发农村农民创业精神的重要组成部分，围绕农村农民的创业培训，我国开展了大量工作。比如，2019年，人力资源社会保障部、财政部、农业农村部发布《关于进一步推动返乡入乡创业工作的意见》，针对创业培训，提出要扩大培训规模、提高培训质量、落实补贴等一系列支持政策。

有关文件的核心内容见表11-4。

表11-4　　　　　　国家支持农村创新创业的主要政策

编号	政策名称	出台部门	出台时间	核心内容	政策重点
1	《关于支持农民工等人员返乡创业的意见》	国务院办公厅	2015年	降低返乡创业门槛，落实定向减税和普遍性降费政策，加大财政支持力度，强化创业金融服务，完善创业园支持政策，强化返乡农民工等人员创业培训等	供给资源；创造机会；人才培养

续表

编号	政策名称	出台部门	出台时间	核心内容	政策重点
2	《关于深入推行科技特派员制度的若干意见》	国务院办公厅	2016年	壮大科技特派员队伍，支持到农村开展创业服务，比如提供科技资料、创业辅导、技能培训等；完善科技特派员政策，事业单位对科技特派员在农村创业保留5年工资福利、岗位、编制和优先晋升职务职称政策；健全科技特派员支持机制，比如畅通融资渠道、鼓励到资本市场融资等	供给资源；创造机会；人才培养
3	《关于支持返乡下乡人员创业创新促进农村一二三产业融合发展的意见》	国务院办公厅	2016年	简化市场准入，改善金融服务，加大财政支持力度，提供用地用电支持，开展创业培训，加强信息技术支撑，建立创建创业园区（基地）等	供给资源；创造机会；人才培养
4	《关于实施农民工等人员返乡创业培训五年行动计划（2016—2020年）的通知》	人力资源社会保障部办公厅、农业部办公厅等5部门	2016年	开展针对性创业培训，积极开展互联网创业培训，依托优质资源开展创业培训，加强创业培训基地能力建设，建立创业培训与创业孵化对接机制，做好创业培训对象后续跟踪扶持等	人才培养
5	《关于进一步推动返乡入乡创业工作的意见》	人力资源社会保障部、财政部、农业农村部	2019年	加强政策支持，包括创业扶持政策、创业担保贷款政策；提升创业培训，包括扩大培训规模、提高培训质量、落实补贴；优化创业服务，包括强化载体服务、健全社保；加强人才支撑，包括用工服务、深化招才引智等	供给资源；人才培养

续表

编号	政策名称	出台部门	出台时间	核心内容	政策重点
6	《关于深入实施农村创新创业带头人培育行动的意见》	农业农村部等9部门	2020年	扶持返乡创业农民工，鼓励入乡创业人员，发掘在乡创业能人；加大财政政策支持，包括给予首次创业带头人一次性创业补贴等，加大金融政策支持，加大创业用地支持，加大人才政策支持等；加强创业培训，包括加大培训力度，创新培训方式，提高培训质量；优化创业服务，包括建立一批乡情浓厚、特色突出、设施齐全的农村创新创业园区等	供给资源；创造机会；人才培养
7	《关于依托现有各类园区加强返乡入乡创业园建设的意见》	发展改革委等14部门	2021年	整合建设一批返乡入乡创业园，改造返乡入乡创业园配套设施，培育返乡入乡创业产业集群；发挥财政资金撬动作用，发挥金融支持作用，发挥社会资本补充作用，完善银担合作，提供土地、培训等配套	供给资源；创造机会；人才培养

资料来源：笔者根据相关政策整理。

三、我国激发提升效能精神相关政策

在整个社会，形成一种提升效能的精神，鼓励改进工艺、提高技术、改善管理、追求严密、提高能力，有利于经济高质量发展。通过对我国政策层面进行梳理可以看到，我国激发技术技能工人提升效能精神主要通过三个层面进行，分别为：打造提升效能精神的平台或载体；针对重点对象切实提升技术技能水平;切实提升技术技能工人待遇。

(一) 打造提升效能精神的平台或载体

一是通过举办中国技能大赛营造有利于技能人才成长的良好社会氛围。中国技能大赛是贯彻落实《国家中长期人才发展规划纲要(2020年)》而提出的一项重要的技能人才队伍建设活动,自2014年开始每年举办一次,包括国家级一类竞赛和二类竞赛,也是选拔参与世界技能大赛的重要机制。通过举办中国技能大赛,不仅能够有效地培养和选拔高技能人才,而且也能向社会展示我国相关专业领域的高水平技能,从而通过相关经验的传播,在以点带面提升我国劳动力队伍整体水平的同时,传播提高劳动者效能的精神,形成各行各业比学帮赶超的氛围。

以2019年中国技能大赛为例,当年国家级一类竞赛涉及第45届世界技能大赛新增项目全国选拔赛、第三届全国智能制造应用技术技能大赛、全国交通运输行业职业技能大赛等8项竞赛。相关竞赛职业(工种)包括装配钳工、维修电工、模具工、无线电调试工、计算机及外部设备装配调试员等。国家级二类竞赛涉及第九届全国民政行业职业技能竞赛、全国信息安全管理职业技能竞赛、中国航天科技集团有限公司第十届职业技能竞赛等52项竞赛,相关竞赛职业(工种)包括信息安全管理员、宝石琢磨工、车工、装配钳工等。

二是通过评选中华技能大奖和全国技术能手等方式引领劳动者提升效能精神。2000年,劳动和社会保障部出台的《中华技能大奖和全国技术能手评选表彰管理办法》,通过设立中华技能大奖和全国技术能手的荣誉来对从事相关职业(工种)的优秀技术技能人才进行奖励,凡是国家职业标准中设有高级以上等级的职业(工种)均可以申请。以2020年为例,当年第十五届中华技能大奖和全国技术能手等评选活动涉及中华技能大奖、全国技术能手、国家技能人才培育突出贡献单位和国家技能人才培育突出贡献个人四项奖项。通过奖项的颁布,梳理了相关职业（工种）的典型，有利于推动相关职业（工种）从业人员以先进为榜样，形成持续提升效能精神的良好氛围。

三是在科技创新领域引入领军人物选拔机制，打造提升效能精神。2011年，科技部、财政部、人力资源社会保障部联合发布《创新人才推进计划实施方案》，着力通过优化政策环境等举措，培养和造就一批包括高水平科技领军人才和工程师以及优秀创新团队和创新人才的人才队伍，并切实打造形成一批创新人才培养示范基地等。显而易见，通过在科技创新领域打造并选拔领军人物，能够在科技领域形成一系列的示范和典型，从而充分发挥这些示范和典型代表的引领作用，不断在科技领域形成积极提升效能的氛围。以2018年为例，当年遴选中青年科创领军人才和科技创新创业人才分别为300名和200名左右，遴选的重点领域创新团队和创新人才培养示范基地的数量分别为50个和30个左右，有效激励了相关科技创新领域人才积极提升效能精神。

（二）针对重点对象切实提升技术技能水平

一是创新职业教育方式方法，着力培养高水平职业教育、技工院校学生。职业教育、技工院校是我国产业工人队伍不断扩大的重要后备力量，是推动我国技术技能工人队伍水平不断提升的关键后备力量。比如，2018年教育部发布的《中等职业学校职业指导工作规定》明确提出通过学业辅导、职业指导教育等方式培育职业院校学生工匠精神和质量意识，并通过举办"职业教育活动周"等活动，大力弘扬劳模精神、工匠精神。再如，2018年人力资源社会保障部办公厅发布《关于推进技工院校学生创业创新工作的通知》，要求通过普及创业创新教育、加强创业培训、优化创业服务、提供政策支持、开展创业创新竞赛等方式加强技工院校学生工匠精神的培养，提高技工院校学生产品或服务的质量意识。显而易见，针对职业教育、技工院校学生的职业教育方式方法创新，在培育职业教育、技工教育学生的提升效能精神方面具有重要的意义和价值。

二是打造终身职业技能培训制度，推进全体劳动者技能水平提升。2018 年，国务院发布《关于推行终身职业技能培训制度的意见》，以推行终身职业技能培训制度为核心，着力构建终身职业技能培训体系，深化职业技能培训体制机制，并积极提升职能技能培训基地能力，从而形成我国城乡全体劳动者创造终身技能培训的制度。职业技能培训是提升劳动者技能水平的重要方式，正是由于终身职业技能培训制度的不断建立和完善，为持续提升我国城乡居民技能水平创造了条件。

三是开通"中国职业培训在线"平台，切实提升劳动者接受职业培训的便利性。2020 年，针对新冠疫情暴发所导致的传统线下职业培训难以正常开展的现实，人力资源社会保障部积极组织开通"中国职业培训在线"平台，着力打造"互联网＋职业技能"的培训新模式。在职业培训过程中引入新技术手段，打造形成实时职业培训平台，为劳动者提供了极大的便利性，必然极大地推进我国劳动者接受职业培训的效果。据统计，截至 2021 年 3 月，平台累计访问量、注册学员、注册机构、累计学习时长分别达到 6.2 亿人次、221 万人、5 万家、3400 万小时。

（三）切实提升技术技能工人待遇水平

切实提升技术技能工人待遇水平是有效激励提升效能精神的重要途径，也是激励技术技能工人提升效能精神的重要激励举措，更是推进技术技能工人分享提升效能取得成果的重要机制。围绕提升技术技能工人的政治待遇、经济待遇、社会待遇，2018 年，中央办公厅和国务院办公厅出台《关于提高技术工人待遇的意见》，要求通过实施工资激励计划来提高技术工人收入水平，通过构建技能形成与提升体系，为技术工人凭借技能提高待遇创造条件，通过强化评价激励工作，为技术工人成才成长创造条件。显而易见，切实提升技术技能工人待遇水平既是激励技术技能工人积极提升效能水平的前提，又是激励技术技能工人提升效能水平的结果。通过切实提升技术技能工人待遇水平，推动技术技能工人提升效能水平，再通过推动技术技能工人提升效能，来进一步提升技术技能工人待遇，从而形成技术技能工人待遇水平提升和效能水平提升的良性循环。

这一节有关文件的核心内容见表 11 – 5。

表 11 – 5　　　　　　　　国家激励提升效能精神主要政策

编号	政策名称	出台部门	出台时间	核心内容	政策对象
1	《创新人才推进计划实施方案》	科技部、财政部、人力资源社会保障部	2011 年	通过创新体制机制，打造一批科学家工作室，培育一批中青年科技创新领军人才，培养形成一批科技创新创业人才，形成一批重点领域创新团队，形成一批创新人才培养示范基地等	科技人员
2	《中等职业学校职业指导工作规定》	教育部	2018 年	通过学业辅导、职业指导教育、职业生涯咨询、创新创业教育和就业服务等培育学生工匠精神和质量意识；举办"职业教育活动周"等活动，宣传高素质劳动者和技术技能人才先进事迹，大力弘扬劳模精神和工匠精神	职业教育学生
3	《关于推行终身职业技能培训制度的意见》	国务院	2018 年	构建终身职业技能培训体系，包括加强工匠精神和职业素质培训等；深化职业技能培训体制机制改革，包括建立职业技能培训质量评估监督机制，建立技能提升多渠道激励机制等；提升建设职业技能培训基地的能力，包括加强职业技能培训教学资源建设等	城乡全体劳动者

续表

编号	政策名称	出台部门	出台时间	核心内容	政策对象
4	《关于做好2018年创新人才推进计划暨国家"万人计划"科技创新领军人才、科技创业领军人才推荐选拔工作的通知》	科技部办公厅、中组部办公厅、人力资源社会保障部办公厅	2018年	评选和激励科技创新领军人才、科技创业领军人才创新创业	创新人才
5	《关于推进技工院校学生创业创新工作的通知》	人力资源社会保障部办公厅	2018年	普及创业创新教育,包括举办创业创新讲座和论坛,组织创业创新主题活动等;加强创业培训,包括依托创业培训中心、创业孵化基地等开展各类创业培训;优化创业服务,包括提供咨询辅导、项目孵化、场地安排、开业指导、融资服务、跟踪扶持等;政策支持,包括技工院校引入风险投资、创业投资基金等社会资本;开展创业创新竞赛,包括鼓励参与"中国创翼"创业创新大赛、全国创业培训讲师大赛等	技工院校学生
6	《关于提高技术工人待遇的意见》	中共中央办公厅、国务院办公厅	2018年	通过提高高技能领军人才待遇水平、提高技术工人收入水平、支持技术工人凭借技能提高待遇、畅通技术工人成长通道等方式,营造精益求精的敬业风气	技术工人
7	《关于组织开展2019年中国技能大赛的通知》	人力资源社会保障部	2019年	着眼于技能人才培养和选拔,促进技能人才队伍建设	技能人才

续表

编号	政策名称	出台部门	出台时间	核心内容	政策对象
8	《关于做好第十五届中华技能大奖和全国技术能手候选人及国家技能人才培育突出贡献候选单位候选个人推荐申报工作的通知》	人力资源社会保障部	2020年	评选中华技能大奖、全国技术能手、国家技能人才培育突出贡献单位、国家技能人才培育突出贡献个人等	技能人才

资料来源：笔者根据相关政策整理。

四、基本结论

通过对日本、韩国、新加坡有关政策的考察，通过对我国有关政策的梳理，我们看到，经济发展奇迹的背后，是人们精神面貌和社会氛围的巨大变化。显然，政府出台的政策，可以有力地促成这种变化。

改革开放以来，我国经济的高速增长，伴随着一大批企业家、工程师、管理人员和优秀工匠的兴起，他们当中有许多曾经是普通工人、农民、学生。现在，我国已进入新发展阶段，更加需要激发整个社会的殖产兴业和提升效能的精神，如果我们能够把有关政策纳入企业发展基本政策，并对这些政策进行与时俱进的完善和扩展，我国高质量发展就会有光辉的前景。

| 第十二章 |

政府对企业创新的支持政策

　　创新是引领发展的第一动力。我国企业发展基本政策，无疑应该包含促进企业创新的政策。为推动创新，全球许多国家都建立了适合国情的国家创新体系，政府、大学、科研机构、企业及中介组织等创新主体在其中各司其职、各显其能，共同组成了一个国家或地区的创新生态系统，其中政府创新支持政策在系统中发挥了重要作用。政府对企业创新的支持主要包括完善创新环境、提供创新方向和鼓励研发投入三个方面。本章重点讨论鼓励企业研发投入的创新支持政策，包括财政支持、需求激励、税收优惠、金融支持等多个方面的政策。

一、政府支持企业创新的理论分析

（一）政府为什么要参与企业创新

企业创新本质上是采用新的生产方式，如新技术、新工艺、新管理方式等，提高生产率，不断创造更大价值的活动。创新是企业发展的不竭动力，企业作为创新主体，唯有持续创新，才能获得高额利润，才能做大做强，才能永葆青春和卓越。显然，创新是企业生存和发展的内在要求。

既然创新是企业的内在要求，那么政府为什么要参与企业创新？理论上对政府参与企业创新的分析和阐述已较充分，其中创新风险论的影响最为广泛。对企业而言，创新是一项高风险活动，存在诸多不确定性，稍有不慎便会满盘皆输。以技术创新为例，企业创新存在四类重要风险：一是技术的不确定性。美国国防部曾将制造技术成熟度分为10级，成熟度最低的3级几乎全部靠公共资助，中间的4—7级是政府投资的主要着力点，通过公私合营促进技术成熟，成熟度较高的3级才是企业投资的重点，成熟度越低的技术面临的不确定性越高。二是市场的不确定性。大量技术由于成本或需求的原因难以商业化，或者一时难以找到市场需求切入点。另外，市场竞争也是重要因素，同行的竞争度太高意味着淘汰率高，用户市场的竞争性低特别是市场垄断，也容易导致创新的失败。三是政策的不确定性。重大技术创新在政策上面临的不确定性包括技术标准、安全监管、行业监管、知识产权保护等多个方面，如一些生物医药产品因技术标准滞后而无法进入市场。四是企业自身的决策失误。有时企业对创新的投入估计不足，或者在融资、研发、制造、市场推广等方面出现决策失误,都会导致创新失败。

上述诸多企业创新所面临的风险,主要来自创新本身的不确定性,多数都是企业不可控制的因素,这些风险会极大地抑制企业的创新冲动。因而,为激励企业敢于冒风险,增强企业担当风险的意愿,政府必须在政策上做一些特殊的制度安排,帮助企业减少创新的不确定性,降低企业创新成本,增加企业创新收益。这就是企业创新支持政策。

(二) 政府如何参与企业创新

政府参与创新活动主要是解决创新过程中所面临的各种障碍。按照OECD过去已有的研究成果,创新活动主要面临三个方面的障碍:市场失灵、创新系统失灵、创新系统改革的障碍(见表12-1)。因而,政府为构建一个高效的创新系统,不仅需要解决市场失灵的问题,如创新的公共属性、负面外部性等,还要解决创新系统本身失灵及阻碍系统改进的各类问题,如创新主体能力不足、基础设施不完善、政策协调不足等。

表12-1　　　　　　　　　　创新活动面临的障碍

市场失灵	创新系统失灵	创新系统改进的阻力
(1) 由于产出的不确定性与知识的公共物品属性所导致的研发资金投入不足	(1) 创新基础设施故障	(1) 方向上的错误
(2) 创新外部性的负面因素	(2) 制度失灵	(2) 需求不够清晰
(3) 对于同质产品的过度开发	(3) 交互网络失灵	(3) 政策协调不足
	(4) 能力不足	(4) 反馈系统失灵

资料来源:OECD:DSTI/STP/TIP (2014) 12。

对企业而言,政府的创新支持政策,主要应包括三个方面:完善创新环境、提供创新方向、鼓励研发投入。

首先是完善企业创新环境。硬件的方面,包括完善创新基础设施,建设科技基础平台,开放共享科技资源,建设一支宏大的科技人才队伍等。软件的方面，包括完善科技公共服务，促进科研成果转移转化，促进产学研紧密合作；设立创业风险引导基金，建立创业板、场外交易市场等，鼓励金融加大对科技创新的支持；实施国家知识产权战略，推动企业成为知识产权创造和运用的主体，设立知识产权法院，加强对知识产权的保护力度；引导社会建立创新文化，融合跨领域、跨学科的专长和技能，将创新融于经济、社会等各个方面。

其次是为企业提供创新方向。降低企业技术选择的不确定性，对于企业创新来说非常重要。在这方面，政府需要有所作为：实施国家科技计划，支持高校、科研院所等加强基础前沿研究、战略高技术研究、社会公益技术及行业共性技术研究，组织开展长期投入的、整个创新链条的前瞻性研究，培育一批技术中心、创新中心、实验室等应用型公共研发机构，增强企业创新技术供给，引导企业创新决策方向。

最后是鼓励企业加强研发投入。围绕"基础研究→应用研究→技术开发→扩散转化"这一技术创新链条，政府、企业、非营利机构和中介组织在各个环节上都发挥着各自的作用。一般来说，在基础研究和应用研究阶段，以政府及非营利机构为主，在技术开发和扩散转化阶段，以企业和中介组织为主。为鼓励企业加强研发投入，政府一方面需加强基础研究和应用研究，另一方面要设计一套支持性政策体系。

从企业创新需求的角度归纳，支持企业创新的政策主要包括五个方面：一是加强企业创新能力建设，如补贴资助企业建设研发机构、实验室，建立科技型中小企业创新基金，对科技型中小企业以贷款贴息、无偿资助、资本金投入等方式给予支持；二是降低企业创新成本的政策，如对企业研发开发仪器设备加速折旧、企业研发费用加计扣除等；三是高新技术的产业化政策，如对高新技术企业、技术先进服务型企业实施税收优惠；四是需求激励政策，如首台（套）重大技术装备示范应用、示范工程、政府采购等；五是创新奖励政策，如对取得重大创新成果的企业给予资金奖励等。

(三）企业创新支持政策与公平竞争的关系

政府为鼓励企业殖产创新和提升效能所设定的创新支持政策，相比于以公平竞争为核心的"三公一平一同"的基本政策，既有差异性，又有相融性。按企业惠及面分类，创新支持政策大致可以分为两类：一类是普惠型的创新政策。这类政策针对所有企业，不论企业规模大小，不论何种所有制，都能享受相应的政策及政策溢出效应，如培育公共研发体系、促进科技成果转化、培养创新人才等环境型创新政策，及为企业提供方向的导向性创新政策都属于这一类。另一类是倾斜性或特定型的创新政策。这类政策一般都有门槛或范围，只针对部分特定的企业或产品，门槛或范围以外的企业或产品不能享受，如研发费用加计扣除，部分行业的企业不能享受，再比如税收优惠政策只针对经认定的高新技术企业，首台（套）政策只针对经认定或目录范围内的产品。

从企业视角考虑，创新支持政策更要关注"三公一平一同"之外的特定政策，即使是普惠型政策，一样存在一些企业惠及不到或惠及少的情况，往往是那些走在技术前沿、与公共研发接近的企业惠及得多，而传统型企业惠及较少，企业感受程度大幅降低。同时，创新支持政策与"三公一平一同"又是相融的。一方面，创新支持政策一般都是开放的，不具有排他性，任何达到设定条件的企业及产品，均可享受相应政策；另一方面，在门槛或范围内的企业及产品，都可公开、公平、公正地享受政策。

二、典型国家支持企业创新的主要做法

综上所述，政府支持企业创新主要从完善创新环境、提供创新方向

和鼓励研发投入三个方面推进，其中，鼓励研发投入又可以从投入和产出两端推进，因此，创新支持政策总体上也可归纳为四类，即方向提供型、供给激励型和需求激励型、环境创造型。美国、德国、以色列、芬兰、韩国、日本等国家在这四类政策上都有很多好的经验和做法。

（一）方向提供型创新支持政策

为企业提供技术创新方向是各国政府支持企业创新的一项重要举措，有利于企业降低创新风险，提高创新成功率。各国所实施的方向提供型创新支持政策主要包括创新发展规划、加强公共研发和推动产学研一体化等内容。

1. 创新发展规划

创新发展规划主要是对优先发展领域及相关战略的规划与统筹，一般包含在国家科技战略中。由政府主导官产学研共同参与制定，在战略领域上和方向上具有确定性与可实现性的国家科技战略，形成有效的导向机制，能够提高全社会的研发和创新水平。

在科技发展不确定性日益加大的时代，典型国家都十分重视对本国科技政策的顶层设计，从国家层面确立科学的创新发展路线[1]。美国自2009年以来连续发布《美国国家创新战略》，明确国家优先发展领域，如2015年的战略明确优先发展先进制造、精密医疗、大脑计划、先进汽车、智慧城市、清洁能源和节能技术、先进汽车、太空探索、高性能计算九大领域。韩国在"科技立国"的总战略下，十分重视国家技术预见和中长期科技规划工作，在确立国家目标的基础上，确定优先发展的关键技术，进而确定科技政策。2006年德国开始推出高技术战略，明确优先发展任务，并几度修订升级，如在2014年修订的战略中，提

---

[1] 迟培娟、宋秀芳、冷伏海：《美国科技政策科学研究计划的成果及影响力分析》《科学学研究》2021年第1期。

出了六项优先发展任务，分别是数字经济与社会、可持续经济与能源、创新工作环境、健康生活、智能交通、公民安全。芬兰政府在制定国家科技战略时，会充分听取产业部门的意见，由部际科技委员会确定发展和战略方向，在首席科学家办公室对科研项目进行筛选之后，通过组织各界高层代表组成研究创新委员会，对国家重要领域，以及能够带来经济增长的商业模式进行详细规划。

2. 加强基础和应用研究

在技术创新链的基础研究和应用研究阶段，研究不确定性大，创新失败率高，具有公共性质，企业往往不愿意投资，一般以政府及非营利机构投资为主。由于基础研究和应用研究对技术方向确立非常重要，因此各国政府都非常重视基础研究和应用研究。

美国高度重视并大力支持基础研究，其对基础研究的资助规模和资助强度在全球各国中都是最大的，形成了政府、企业、高等院校和其他非营利部门共同出资的多元化格局，其中政府出资超过一半。2008年以来，韩国努力摆脱过去的模仿型战略，向以基础研究能力为基础的创造型国家战略转变。为此，韩国政府持续加大对基础和原创研究的投入，同时政府资助的公共研究机构长期致力于高技术应用领域的研究，是韩国应用研究的核心力量。在以色列，七所研究型大学和政府研究机构是基础研究的主体，政府科学基金会和集优中心为基础研究提供资金支持，同时，以色列政府还设有各种与实际应用相结合的应用研发中心。

3. 推动产学研一体化

打造政府、企业、大学与科研机构及中介间协同合作的产学研一体化体系，既能促进大学、科研机构创新研究与产业应用的一致性，促进科研成果有效转化，又能提高企业技术研发投资的成功率，降低企业技术创新成本①。

为推动本国的产学研紧密协同合作，各国都有很多方法、政策及规定。美国的科技创新体系以"官产学"联盟为依托，在此联盟中，联邦政府的主要作用是宏观把握方向，主要表现在引导和组织；科技创新的主体则是企业；大学和科研机构则是"官产学"联盟的主要承担者；非营利组织、中介机构则是维系整个"官产学"联盟高效运转的桥梁。德国政府的创新政策，特别重视科技界、高校、企业界和政府部门的交流，千方百计地促使各类相关单位和人员参与创新网络，促使科研机构、高校和企业结成紧密合作的创新伙伴，并要求已结成创新伙伴的单位，制订出创新计划，并承担相应的创新项目，使产学研各环节紧密地结合成为一体，大大缩短了创新知识到创新产品的转化时间。芬兰为强化产学研的紧密结合，除设立科学园、论坛等能够为不同背景人员提供创新技术交流的平台以外，还同步实施了诸如"对于科研项目的申报，强制要求高校、研究机构的项目必须有企业参加，企业项目必须要有高校或其他企业参加"等强制性规定。

（二）供给激励型创新支持政策

供给激励型创新支持政策，是指政府针对企业科研投入实施的支持政策，目的是通过提高企业创新能力，降低企业创新成本，引导和鼓励企业增加研发投入。世界主要国家实施的供给激励型创新支持政策主要包括研发资助或补贴、税收激励、金融支持和创新券等举措。

1. 研发资助或补贴

研发资助或补贴是世界各国支持科学研究、技术创新普遍采取的手段，具体包括资助企业建立研究体系、补贴企业购买研发设备、直接对

---

① 程华、夏黎翔、张思潮："产学研协同创新政策与企业创新绩效——基于互动合作视角"，《科学与管理》2020年第6期。

某个研发项目进行资助、奖励研发成果等多种形式。由于对企业的研发补贴可能会涉及不公平竞争，各国政府在资助企业研发项目时主要针对基础研究、大部分产业研究和一部分竞争前开发活动。

在直接补贴方面，较为典型的国家是日本。日本政府制定了大量详细的资助计划和补贴政策，并通过设立多个专门的金融机构直接参与创新企业的研发活动，引导企业对创新产业和技术的发展方向、速度和规模等进行科学规划。美国主要资助科技型中小企业，如1982年制定的"小企业创新研究计划"规定，国家科学基金会等10个部门每年要拿出研发预算总额的2.5%无偿资助给科技型中小企业。韩国在20世纪80年代出台了两项计划，对私人企业的研发活动进行直接资助：一个是科技部门主管的"国家研发计划"，主要解决"新"技术领域的未来问题；另一个是工业贸易部门主管的"工业基础技术发展计划"，主要聚集于"现在"技术领域的当前问题。德国除了对企业购置研究开发设备、仪器及专利等给予补助外，还针对特定产业进行研发补助，如信息技术、航空航天、生物科技及新材料等领域。以色列制订了多种类型的科技计划，通过科技计划资助企业各种研发项目，覆盖了从基础研究到技术转移扩散的整个技术创新链条，如研发基金计划主要资助能提升竞争力的创新产品研发项目，托纳法计划主要资助前种子期的科技企业，磁石计划主要资助企业与研究机构形成联盟，共同开发通用的竞争前技术等。

2. 税收优惠

对企业创新进行税收优惠可以降低企业研发成本，激励企业增加研发投入，是世界各国普遍采用的手段[①]。税收优惠包括直接降低税负的减免税款，如对高新技术企业执行较低的所得税税率、技术专利转让所

---

① 刘啟仁、赵灿、黄建忠："税收优惠、供给侧改革与企业投资"，《管理世界》2019年第1期。

得的税收优惠，也包括间接降低税收成本的加计扣除、加速折旧、递延纳税、亏损结转等。

美国在税收优惠方面有很多做法，主要包括研发税收抵免政策、研发活动税额减免政策、知识产权购买分期折旧、专利转让所得税优惠政策等。在《美国税法典》的规定中，研发税收抵免政策允许"企业在一定额度以上的，满足新颖性、技术性、商业性和进步性四项基本条件的研发活动的支出可以按比例抵免应缴收入所得税"。此外，《美国税法典》第174条从进一步减轻企业研发活动所产生税收负担的角度，对研发活动税额减免政策做出明确规定："符合条件的研发投入可以不计入资本项，应从当年应税总额中扣除。"《美国税法典》第197条从减轻知识产权购买方税收负担的角度，对知识产权购买分期折旧政策进行了规定："购买专利、版权及一些计算机软件等知识产权后，可以视作固定资产在15年的期限里分期折旧，可从应税总额中扣除。"《美国税法典》第1235条从激励知识产权交易的角度规定："专利转让所得收入享受长期资产收益所得税待遇，税率比同级别普通收入所得税低10%—20%。"为鼓励风险投资，美国规定风险资本总额的60%免征所得税，并将风险资本的税率调降至20%。

其他国家对创新企业的税收优惠也都有很多独特的做法：法国《技术创新与科研法》规定，对创办不到8年的新兴科技企业给予税收优惠；新加坡给予高新技术企业5—10年低税优惠，对生产高附加值产品的产业减免10%所得税，减免期最长达20年；对于与高新技术有关的企业，韩国政府允许企业提留一定比例的技术开发准备金，其中，技术密集型企业的比例是4%，生产资料产业的比例是5%，其他产业的比例是3%；日本在实行对研究开发费给予税额扣除的基础上，对部分高新技术领域的技术开发用资产再按购入价的7%免征所得税，对国家重点引进的高新技术设备，第一年执行50%的折旧率，对先进的以及风险较大的企业的主要技术设备，实行短期特别折旧制度，允许某些行业的企业提留 10% 的销售额作为不纳税的准备金。

3. 金融支持政策

创新产品的研发与成果转化周期往往比较长，为了确保企业的资金流动，借助金融资本推动创新技术产业发展，再利用创新技术项目增加创新资本供应是较为有效的应对方案之一。具体的支持模式各国并不相同。美国提倡以民间资金作为创新投资的主导力量，通过构建多层次的金融市场向科技企业提供融资，这样的金融模式使技术创新风险资本能够建立在市场机制的基础上，可以更加客观、灵活地对技术创新项目的投资进行选择。

德国通过政府投融资计划促进风险投资市场发展，为企业创新发展提供融资便利，政府投融资计划主要包括"政府资助计划""企业融资计划"和"政府投资计划"。"政府资助计划"主要是资助中小企业研发和创新融资。"企业融资计划"以促进风险资本市场发展、扩大风险投资为着眼点，以民间投资者为直接支持对象，以再融资贷款及担保为主要形式。为填补外来投资空白，"政府投资计划"以风险性、有偿性为投融资条件，以联合投资或政策银行办理风险投资为主要形式。

1997 年金融危机后，韩国积极调整金融制度，引导资金流向创新领域，主要包括：降低大企业负债比率，释放部分资金；建立以信用信息和风险评估为基础的借贷系统，引入新的监管体系；引导金融机构将资金流向创新领域，包括为创建未满 3 年的公司提供资金支持，为有能力的风险企业提供信用担保，通过激励风险资本增长引导资金更多地流向高新技术企业。

4. 创新券制度

为解决中小企业经济实力与研发创新需求失衡的问题，荷兰最早于 2004 年开始推行创新券制度，即由中小企业与提供创新服务的科研服务机构签订采购合同，并在合同完成之后向科技机构支付创新券，最后科研服务机构到政府财政部门兑现创新券[①]。创新券制度本质上是政府对企业创新的资助或补贴，目的是提高中小企业的创新能力。相比直接的资助或补贴，创新券制度提升了财政资金的使用效率，能够保证企业将资金真正应用到研发创新上。创新券制度推出后，很快在英国、美国、德国、韩国等国家被广泛应用。

（三）需求激励型创新支持政策

市场需求的不确定性是企业创新的一个重大障碍，很多企业攻克技术难关，成功完成了商业化生产，但往往由于各种原因不被市场接受而失败。因此，政府如何在新产品应用端推最后一把，对于激励企业创新来说非常重要，各国也都非常重视，普遍通过直接或间接提升公共需求、刺激私人需求等方式，支持新产品新技术的市场拓展。在需求激励型创新支持政策中，较具有代表性的政策工具包括政府采购、应用示范、用户补贴、价格指导等。

1. 政府采购

政府采购，是指使用财政资金对特定产品和技术进行大规模采购，包括中央或地方政府采购、公用事业采购等。政府采购通过降低市场的不确定性，创造相对稳定的市场预期，达到从需求侧拉动企业创新的目的[②]。

各国利用政府采购支持企业创新主要包括三个层次：一是通过设定采购标准来支持创新、淘汰落后。政府在大规模公共采购中，往往会将绿色、健康、安全等先进标准写入招标文件作为技术规格要求，从而让

---

① 桂黄宝、张君：“世界典型经济体需求方创新政策实践及启示”，《科学管理研究》2015年第4期。

② 张堂云、朱良华：“政府采购促进技术创新机理、影响因素与效果改进——基于文献的视角”，《社会科学家》2020年第11期。

创新产品能够脱颖而出。二是对特定战略性产品进行采购。国家行政机构为满足对国防、健康、安全等公共需求，对一些特定的新技术、新产品进行定向采购。然而，在采购前，这些产品或技术尚不存在，企业需要在合同时间内按要求开发和生产。三是研发采购。研发采购也就是商业化前采购，一般以直接解决政府部门的实际问题为导向，解决企业前期研发资金不足和后期市场需求不足的问题，能够推动中小企业对创新性技术的快速开发。较为成熟的商业化前采购包括美国的"小企业创新研发计划"、英国的"小企业研发行动计划"、澳大利亚的"智能中小企业市场验证计划"等。

2. 应用示范

创新产品与服务在产出以后，在商业化过程中常会遇到很多障碍，比如由于缺乏应用场景、历史数据、市场口碑等，使用户不敢用、不愿用，这就需要政府引导确立对创新产品的应用推广，并主导提供相应的公共服务及配套设施等。各国相关的应用示范，包括利用公共资源示范应用、政府优先采购应用、对首次应用的用户给予补贴等。

各国普遍重视对新产品的示范应用。美国制造业创新中心的一个重要的职能就是进行应用研究和示范项目，以减少新技术商业化的成本和风险。法国《政府采购合同条例》《公共工程招标条件》等法令规定，航空、铁路、电信等要害部门，应优先采购本国产品。日本在1956—1985年，连续实施了5个机械和电子工业的《临时振兴法》，规定振兴初期为仿制生产设备，限制进口"首台套"。韩国为支持核心原创基础技术，广泛实施了从需求侧通过试点和示范应用的发展路径，如在信息技术领域，开展了下一代网址体系示范工程，在高科技绿色城市领域，开展了U-City示范工程，在环保技术领域，开展了高效污水处理技术示范工程等。

3. 消费补贴

政府通过消费券、价格补助等形式对消费者购买特定产品进行补贴，能够刺激终端用户的需求，帮助创新产品开拓市场。消费补贴政策一般会同创新产品认证组合使用，即政府根据能耗、绿色、健康、安全等先进标准，对创新产品进行认证，经过认证的产品，政府给予一定的消费补贴，降低消费者购置、使用成本，从而达到扩大市场化的目的。日本为刺激节能环保产品的消费需求，实施了多种消费者补贴政策，如对节能环保家电产品实施家电环保点制度，其消费额的 5% 作为环保点数回馈给消费者，政府承担相应的开支。德国对购置新能源汽车的消费者最高给予 6000 欧元的补贴，并给予购买者一定时限的免车辆使用税、免费停车等政策支持。法国将新能源汽车进行分类，规定二氧化碳排放量低于 60 克的新能源汽车无须缴纳公司用车税，二氧化碳排放量 20 克及以下的新能源汽车最高可获 6000 欧元的补贴等。

4. 价格政策

企业创新的前期投入往往比较大，新技术新产品上市后，如何通过定价来补偿前期的高投入，对于激励企业创新非常重要。对竞争性的市场化产品，政府主要通过知识产权保护来维护创新产品的高定价；对价格管制类产品，政府主要通过成本加成的方法设定价格，保障创新企业既能补偿成本，又有合理的利润空间。

国外利用价格政策支持创新的典型领域是创新药和新能源。德国对纳入医保范围的创新药有专门的价格管理办法。在创新药上市后的第 7—12 个月内，政府与制药商协商议价，综合创新药的原售价、对照药品的补偿价格及创新药的附加价值等因素，最终确定创新药的上市价格。新能源方面，各国最初为鼓励光伏发电、风力发电等新能源技术的开发应用，普遍实施了较高的上网收购价，如德国在 21 世纪初，设定的屋顶光伏上网电价都在 40 欧分/千瓦时以上，到了 2018 年已经下调至 15 欧分/千瓦时以下；法国的光伏发电项目采用 20 年固定上网电价合同制，20 年内上网电价固定不衰减。

（四）环境创造型创新支持政策

一个适宜创新的生态环境，对创新型企业来说，可以实现事半功倍，能够极大地激发企业创新活力。为此，各国都特别重视创新环境的营造，从创新基础设施的供给，到创新文化的培育，无所不有、各具特色。其中，知识产权保护、科技人才政策、创新服务机构培育和国际研发合作四个方面的政策较为突出。

1. 知识产权保护

保护知识产权就是保护创新。各国对于知识产权保护都极为重视，普遍从立法保障、司法保护、国际合作等方面对知识产权进行保护与管理。首先，主要发达国家都建立了全面的知识产权制度和法令，通过强有力的知识产权保护体系，为科技人员和科技企业开展创新活动提供良好的社会环境。如美国、芬兰、以色列等国家自20世纪中期就已出台有关专利保护的专门法律，而且在专门法律的长期发展中对其范围与效用不断进行修正。其次，实行严密的知识产权保护救济机制。如美国有三条途径对知识产权实行保护救济，分别是：联邦与州多层次的司法保护；商标专利局、国际贸易委员会等部门负责的行政保护；仲裁协会负责的仲裁保护。最后，强化知识产权保护国际合作机制。发达国家基本都签署了主要的知识产权国际条约，并积极推进本国知识产权管理工作与国际标准联结，如韩国通过加入各种国际知识产权组织、国际专利保护条约，改进国内知识产权管理和保护制度，不断将本国知识产权相关法律提升到国际标准。

2. 科技人才政策

培育建设一支宏大的科技人才队伍是国家持续创新的基础。为了改善科技人才结构，形成高水平的科研队伍，各发达国家都制定了各种科技人才政策，通过自主培养、职业培训、海外引进等方式，积极培养各种类型的创新人才。

欧美日韩等国家和地区高度重视本国创新人才的培养。美国针对面向科学及工学领域的大学生提供奖学金的企业及个人，对其所筹款项实施减免税制度；将成年硕士教育及培训制度向所有州立大学扩展；向学生提供衔接研究和应用的创新学习机会；针对创业者以及中小企业经营者，设立创新教育的课程。

德国、芬兰等国家特别重视职业培训。德国有众多全日制职业教育学校，制定了一系列职业教育法律，形成了独特的校企合作"双元制"职业培训形式，即学生升入职业学校接受职业专业理论和普通文化知识教育的同时，进入企业接受职业技能及相关专业知识培训。同时，德国也非常重视在职培训和转岗培训，几乎每年都会推出一些新的政策和培训计划。

此外，各国还制定各种政策吸引全球创新人才。美国以 H-1B 技术工作签证法案吸引人才，设立各种高层次人才培养工程或计划，以各种雄厚的科研基金吸引人才，以总统科学奖、总统青年研究奖等特殊奖励激励人才等。韩国特别制定了"聘用海外科学技术人才制度"。以色列专门设有移民吸收部，下设科学吸收中心，为科技移民提供就业便利和补助。

3. 创新服务机构培育

在技术创新链的各个环节中，创新主体间的连接与互动极为重要，技术创新链顺畅是一个国家创新效率高、创新成果源源不断的重要基础。为了防范创新"脱节"，各国都特别重视创新服务机构培育，以各种创新服务机构为链接，将科研机构的科技成果向下传递给企业开发应用，同时将企业的技术需求向上传递给科研机构，使得创新体系得以高效运转。

德国科技中介服务机构种类繁多，有的是政府专门设立用于负责监督管理公共基金所支持科研项目的计划管理机构，有的是为中小企业提供服务的协会、联盟等，也有的是专门的技术转移服务机构，如德国技术转移中心、弗劳恩霍夫协会和史太白技术转移中心等。这些广泛存在和高度发达的创新服务机构能使基础研究与应用研究成果能够畅通、快速地转移到企业。以色列技术孵化器、工业研究开发中心、出口与国际合作协会等创新服务机构是以色列创新体系的一个重要特点。其中，工业研究开发中心致力于以色列与跨国企业开展的工业研发合作项目，出口与国际合作协会推动以色列与海外公司在技术、商业和工业等各个层面的合作。

4. 国际研发合作

充分利用国际创新资源，加强国际研发合作，也是各国创新政策的重要内容。有效的国际研发合作不仅能够帮助本国企业获得较为充裕的研发经费与较为前沿的技术，更重要的是能够开发出适合国际市场的技术和产品。

芬兰特别强调充分利用国际网络，加强与技术领先国家和组织的合作研发，在芬兰国家技术局资助项目中，约有40%属于国际合作项目，尤其是2009年以来，芬兰在评估全球环境之后，将国家创新战略重心定在了国际化。以色列依托国家设立的工业研究中心开展国际研发合作，以色列工业研究开发中心主导负责了"参与欧盟有关科技计划、全球企业研发合作框架、双边工业研发基金、双边工业研发协议"四种类型的国际研发合作，并为企业提供了诸如帮助外国公司寻找本土企业开展合作，帮助本土企业进行国际合作研发、寻找国外合作伙伴等国际合作服务，以色列企业从国际研发合作中不仅获得了研发经费，接触了国外前沿技术，还经常借助国际合作的"逆向工程"获得灵感，更重要的是通过对接国际市场，开发出能够满足市场所需的新技术和新产品。德国同样非常重视国际研发合作，到20世纪90年代末，就已经与50多个国家签订了双边科技合作协定，与30多个国家达成了多边科技合作关系，并陆续出台了《亚洲方案》《拉美方案》等，旨在加强与中国、日本等国家的国际科技合作。

三、我国支持企业创新的主要做法、问题及建议

（一）我国支持企业创新的主要做法

为建设创新型国家，我国自 2006 年开始先后出台了《国家中长期科学技术发展规划纲要（2006—2020）》及其配套政策和实施细则等文件，形成了科学的创新支持政策体系，企业创新支持政策是其中的重要内容。各地在国家政策的基础上，均出台了相应的地方性企业创新支持政策，涵盖了财政支持、需求激励、税收激励、金融支持等方面，共同构成了我国企业创新支持政策体系。

1. 财政支持政策

我国的财政支持政策主要是政府通过科技计划、创新券制度、创新奖励、贷款贴息等手段，直接或间接给予企业创新的资金支持。

（1）科技计划研发资助。科技计划研发资助主要是指政府直接安排财政预算，以多种形式支持企业创新，主要包括：国家及地方设立各类科研计划，鼓励企业共同参与，带动企业自身的研发投入；设立专项研发资金，资助企业设立研究院、创新中心等；设立科技专项、创新基金、科技成果转化基金等，引导企业牵头对战略性核心技术进行攻关，支持中小企业参与实施技术创新项目，如北京市设立了"前沿技术储备""专精特新'小巨人'企业"等专项资金，用于对特定领域创新项目的扶持；支持企业参与国际科技交流合作，如 2019 年深圳市针对与以色列在高端装备制造、生物医药等领域的自主合作交流项目，给予最高 300 万元的资金支持。

（2）创新券制度。创新券制度是面向中小企业的普惠性创新支持政策。早在 2012 年我国一些地方就开始实施科技创新券制度，目前已

在全国普遍推行实施。创新券制度可以有效带动企业增加研发投入，如 2015 年 4 月至 2017 年 9 月，上海市用于创新券的财政支出约为 4700 万元，相对应的企业共花费了 2.25 亿元用于科技服务购买。为推广应用创新券制度，各地还配套实施了各种举措，例如：四川省给予各科技服务机构不超过上一年创新券服务合同总额 15% 的补助，用于设备维修；北京市以创新券作为对创新创业的比赛激励，推动创业团队广泛应用创新券。

（3）科技奖励。为鼓励企业创新，各地政府制定了一系列科技奖励政策，对符合一定条件或具有一定创新行为的企业进行奖励与补贴。科技奖励主要有三类：第一类是过程奖励，即针对企业的创新过程给予资金奖励，如江苏省苏州市对符合条件的创新企业给予房租、水电等固定支出费用及贷款贴息补贴，浙江省杭州市对研发费用符合国家重点扶持高新技术企业认定标准的中小微企业，按研发投入总额进行排序，位居前列的，按其研发费用的一定比例给予奖励。第二类是成果奖励，即针对企业的创新成果或资质给予奖励，包括国家和地方设立的各种科技奖励、成果转化奖励、首台（套）奖励等，对首次或复审后被认定为高新技术企业、创新型（示范）企业或在科创板上市等获得相应资质的企业给予一次性奖励。第三类是创新人才奖励，国内各地对企业创新人才的引进都有不同额度的奖励计划，不仅奖励个人，还奖励用人单位。

2. 需求激励政策

我国实施的需求激励政策中，较具代表性的政策工具有政府采购、首台（套）制度、应用示范、消费者补贴和价格政策等。

（1）政府采购。发挥政府采购的创新支持政策功能是典型国家的普遍做法，我国也在积极探索利用政府采购支持企业创新。实践中，目前我国以政府采购或公共采购支持企业创新的做法主要有三类：第一类是对首台（套）等创新产品采用首购、订购等方式采购，促进首台

（套）产品研发和示范应用。第二类是通过提高采购产品的绿色低碳标准，促进创新产品的推广应用，如各地为支持新能源汽车的发展，在公共交通、专业用车等领域广泛采购新能源汽车。第三类是通过前沿技术采购应用，推动创新技术的研发和大规模应用，如一些城市通过政府采购，为孕妇提供纳入医保的无创产前基因检测服务，促进了基因检测技术的创新发展。

（2）首台（套）政策。我国从2006年就开始提出并实施重大技术设备的首台（套）政策，通过财政资金支持、税收优惠、应用示范、保险补偿等政策手段，推动国内重大技术装备的创新发展。此后，首台（套）的界定范围逐步扩大，从整机向零部件延伸，被确定为国内实现重大技术突破、拥有知识产权、尚未取得市场业绩的重大技术装备产品包括成套设备、整机设备及核心部件、控制系统、基础材料、软件系统等，一些地方还将其扩展为首台（套）重大技术装备、首批次新材料、首版次软件等。

综合国家和地方的首台（套）支持政策，大致包括：①首台（套）科技奖励政策，如广东省政府对认定首台（套）产品的企业给予最高1000万元的奖励；②首台（套）保险补偿政策，如安徽省对本省企业投保首台（套）产品综合险的，最高按年度保费的80%给予支持；③首台（套）应用示范政策规定，可设立首台（套）示范应用基地、首台（套）示范应用联盟，鼓励国家重点工程、地方重大项目优先采购首台（套）重大技术装备；④税收优惠政策，如我国对国内生产企业为开发、制造列入国家发展重点的重大技术装备和产品而进口的部分关键配套部件和原材料，免征进口关税或实行先征后返，进口环节增值税实行先征后返等；⑤首台（套）价格补贴政策，如福建省对国（省）内首台（套）产品的采买按市场销售单价比例提供最高500万元的补助。

（3）应用示范。对创新产品的试点示范有利于积累数据、改进性能，促进市场的快速形成。我国较早就开始重视对创新产品的示范应用了，比较典型的例子是新能源汽车在国内的推广，如在北京奥运会、上海世博会等重大国际活动中早就开始进行示范性尝试，之后又在景区、环保、公交等公共服务领域进行示范应用，极大地推动了新能源汽车市场的发展壮大。现阶段，我国已初步形成了形式多样的创新产品示范应用体系，特别是针对数字经济、生物医药、绿色低碳等战略性领域的技术和产品，既有点上的支持，如对获得应用示范的企业给予不同额度的资金奖励，也有面上的支持，如设立5G应用示范区、工业互联网应用示范区、人工智能应用示范区、自动驾驶场景应用示范区等各种应用示范区。一些城市甚至将创新技术和产品的应用示范作为优化营商环境的一项重要内容，如成都市建立了城市机会清单机制，围绕政府的公共需求，梳理出可供创新技术和产品参与的机会，不定期以清单形式集中发布，为前沿技术和产品提供应用示范的空间和载体。

（4）消费补贴和价格政策。我国对创新技术产品也实施了消费补贴和价格政策，如新能源汽车补贴。消费补贴方面，我国自2009年就开始实施对新能源汽车的补贴政策，由中央设立专项资金，新能源汽车生产企业在销售新能源汽车产品时按照扣减补助后的价格出售给消费者，中央专项资金再将企业垫付的补助资金拨付给生产企业。一些地方为支持新能源汽车在本地应用，也制定了地方补贴政策，包括对个人安装充电桩的一次性补贴。价格政策方面，为促进清洁能源的发展，我国一开始就对可再生能源发电实施了价格政策，如2008年实施的首批商业光伏电站，即内蒙古鄂尔多斯、上海崇明太阳能光伏电站，核定上网电价为每千瓦时4元，远远高于火电的上网电价。随后几年，又通过特许权项目招标、三类资源区标杆上网电价等方式，确定新增光伏发电项目的上网电价，有效激励了光伏发电的快速发展。

3. 税收优惠政策

我国支持企业创新的税收优惠政策主要有高新技术企业所得税优

惠、企业研发费用加计扣除、固定资产加速折旧、科技成果转让所得税减免等政策。

（1）高新技术企业所得税优惠。为支持高新技术企业、科技型企业等的发展，我国制定实施了一系列的税收优惠政策。如对经过认定的高新技术企业，按15%税率征收企业所得税；允许经认定的高新技术企业和科技型中小企业结转年度亏损，结转年限为10年；经认定的技术先进型服务企业，按15%税率征收企业所得税。另外，对于软件产业和集成电路设计企业，若企业未获利，则直接免征所得税，并且从获利年度开始，第一年和第二年都将直接免征企业所得税，未来三年则按照25%的法定税率减半征收企业所得税。截至2019年底，全国共有高新技术企业22.5多万家，科技型中小企业15.1多万家。

此外，我国对于一些重大鼓励性项目，还设有特别的税收优惠政策，如集成电路领域，对2018年1月1日后投资新设的集成电路线宽小于65纳米或投资额超过150亿元，且经营期在15年以上的集成电路生产企业或项目，自获利期起，前5年免征企业所得税，后5年按照25%的法定税率减半征收企业所得税。

（2）企业研发费用加计扣除。研发费用加计扣除，是指对企业因开发新技术、新产品、新工艺而发生的费用，允许在税前加计扣除。我国从1996年就开始实施研发费用加计扣除政策，但当时仅针对国有、集体工业企业，2003年扩展到所有工业企业，2006年又进一步扩展到所有企业。加计扣除比例也由最初的50%提高到2018年的75%。同时，企业实际发生的研发费用当年抵扣不足部分，还允许在5年内结转抵扣。根据国家税务总局统计，2020年全国享受研发费用加计扣除政策的企业约有33万户。为进一步撬动企业和全社会增加研发投入，自2021年起我国进一步将制造业企业加计扣除比例提高到100%，允许企业自主选择按半年享受加计扣除优惠，让企业尽早受惠。

（3）固定资产加速折旧。我国自2014年开始实施固定资产加速折旧政策，分为新购进固定资产一次性扣除和加速折旧两类。一次性扣除政策适用范围主要包括：小型微利企业新购进的研发和生产经营共用的仪器、设备，单位价值不超过 100 万元的；所有行业企业新购进的专门用于研发的仪器、设备，单位价值不超过 100 万元的；所有行业企业持有的单位价值不超过 5000 元的固定资产；2020 年 1 月 1 日起新购进的疫情防控物资生产设备等三类固定资产，允许一次性计入当期成本费用，不再分年度计算折旧。加速折旧方面，一开始仅适用于六大行业和四个领域的重点行业，2019 年以后扩展到全部制造领域，针对企业新购进的固定资产，允许按规定折旧年限的 60% 缩短折旧年限，或选择采取加速折旧的方法进行折旧。

（4）其他税收优惠政策。针对企业进口特定科研仪器设备、技术成果转让、创新创业投资等促进创新的做法，我国也都有相应的税收优惠政策。在创新技术与产品进口方面，对符合条件的企业及承担国家重大专项计划的企业，进口规定产品免征关税和进口环节增值税。在企业技术转让所得方面，实施对所得额在 500 万元以下的免税、500 万元以上部分减半征税的税收优惠政策，并将 5 年以上非独占许可使用权转让纳入技术转让所得税优惠范围。在创投激励方面，对符合条件的创投企业给予按投资额 70% 抵扣应纳税所得额的优惠政策。

4. 金融支持政策

我国对企业创新的金融支持既包括环境型政策，如建立多层次的资本市场、培育风险投资市场、扶持产权交易市场等，为高新技术企业、科技型企业提供竞争性的普遍服务，也包括倾斜型政策，如政策性金融机构对重大科技项目的贷款、政府引导基金、科技信贷与担保政策等，这些政策只面向特定类型的企业。

（1）政策性金融机构的创新支持政策。我国政策规定，政策性金融机构对国家重大科技专项、国家重大科技产业化项目的规模化融资和科技成果转化项目、高新技术产业化项目、引进技术消化吸收项目、高新技术产品出口项目等提供贷款，给予重点支持。要求国家开发银行向高新技术企业发放软贷款，用于项目的参股投资；中国进出口银行设立特别融资账户，对高新技术企业发展所需的核心技术和关键设备的进出口，提供融资支持；中国农业发展银行对农业科技成果转化和产业化实施倾斜支持政策。

（2）政府引导基金支持政策。为推动前沿创新领域的高新技术企业发展，国家及各地都设有政府引导基金或风险投资引导基金，通过财政资金或国有资金的投入，引导和撬动社会资金流向高新技术企业，尤其是流向处于种子期和起步期的创新型企业。国家层面，如集成电路产业投资基金；地方层面，如深圳市政府投资引导基金、安徽省政府引导基金等都是典型代表。以安徽省政府引导基金为例，其管理公司为安徽省高新技术产业投资公司，成立于2014年，形成了天使投资、风险投资、私募基金等股权投资基金体系，主要投资量子科学、新能源汽车、智能制造、新材料、现代医疗医药等前沿创新领域，覆盖了创新企业的全生命周期，基金管理规模已近千亿元。

（3）科技信贷与担保政策。科技信贷与担保政策主要是政府利用基金、贴息、担保等方式，引导商业银行等金融机构给予高新技术企业、科技型中小企业等信贷支持。在实践中，各地及各金融机构结合业务特点，实行了多种多样的支持措施。如一些商业银行推出的投贷联动机制，即商业银行采用信贷支持，投资机构提供股权融资，联合以"股权+债权"的模式，为科技创新型企业融资；上海市对经过认定的高新技术企业，凭借其资质证书可以获得最高500万元的贴息贷款；北京市设立了规模超过100亿元的融资担保基金，为科技型中小企业提供融资担保；河南省2016年推出面向高新技术企业、科技型中小企业的科技信贷业务，政府设立科技信贷准备金，对出现的损失，给予合作银行30%—60%补偿，对无质押、无担保的纯信用贷款，按60%进行损失补偿。

（二）我国企业创新支持政策存在的主要问题

我国已经形成了比较完备的企业创新支持政策体系，为各类企业创新发展提供了有力支撑，特别是促进了科技型中小企业的发展。以全球独角兽企业数量为例，2020 年美国研究公司 CB Insights 认可的全球 500 强独角兽企业中，中国有 119 家，仅次于美国，充分说明了我国科技创新体系及企业创新支持政策的成效。但与"科技自强"的要求相比，与先进典型国家的做法相比，与企业的实际需求相比，我国的企业创新支持政策还存在一些突出问题。

一是我国企业创新支持政策重结果激励、轻过程支持。我国很多企业创新支持政策以扶优扶强为主，大部分是锦上添花型的，大量的科技奖励、研发资助、研发加计扣除等政策，都偏向于能力较强的企业。如科技奖励，一般都要求获得什么成果、资质、突破等，资助企业设立研究院、研发机构等，一般也都要求企业有相应的配套资金投入，很多初创企业基本没有实力去设立企业研发机构，也拿不出配套资金，所以享受不到类似的政策。再比如，研发费用加计扣除政策，对盈利企业的激励较为显著，对亏损企业而言，尽管有 5 年内的结转抵扣政策，但当期并不能从该政策中获得激励，大量科技型中小企业，前期研发投入大，市场容量小，盈利能力弱，初创期一般处于亏损状态，因而无法在初创期享受研发费用加计扣除政策的优惠。

二是我国企业创新支持政策重资产投入、轻人力资本。无论是科研经费使用管理，还是创新人才支持政策，都显示出这一问题。国家及地方的科技经费预算管理中，用于人力资本及服务的支出部分相对较少且缺乏弹性，更多的资金分配用于更易于管理的仪器设备等固定资产上，企业反映，国家的经费一般要求至少 80% 用于购买硬件设备，一些省里的项目要求 30% 用于硬件支出，但实际上企业最大的支出是人和软件。在创新人才政策上，企业普遍反映人才认证认定的问题比较突出，认为现有政府主导的人才评价体系不接地气，与企业自身的人才评价导向和标准不匹配，所以很多企业高薪聘请的创新人才得不到政策支持。此外，随着新业态、新模式的快速兴起，大量新工种缺乏人才评价标准，游离在创新支持政策之外。

三是我国企业创新支持政策重清单目录、轻技术标准。在我国很多企业创新支持政策中都有清单目录管理的做法，如一些地方制定的政府采购创新产品目录、创新医疗器械产品目录、经认定的首台（套）目录等，企业认为国家在制度创新政策时，不应选择技术路线，也不应选择具体产品，应按环保标准、安全标准、技术标准等来引导企业创新，具体哪类技术、哪类产品能胜出，应该由市场来决定，而按清单目录制定企业创新支持政策，有失公平，可能会限制许多技术先进、产品达标企业的创新发展。

四是我国企业创新支持政策重项目效益、轻技术供给。我国一些企业创新支持政策倾向于短期收益，如很多地方设立的政府引导基金，热衷于投资热门项目、大项目，希望短期内就能看到收益，不愿意投资一些周期长、基础性、技术开发类的项目。从企业需求来看，技术供给不足恰恰是当前我国企业创新存在的核心问题。我国综合实力的大企业少，绝大部分企业没有能力形成从基础研究到产业化的完整创新链，基础技术供给主要依靠国家，但由于我国技术创新链中存在工程化不足、科研院所与企业"两张皮"等问题，企业普遍反映未来5—7年的技术没有地方获得。

五是创新技术和产品的应用示范力度不够，方法有待创新。尽管我国已经建立了形式多样的创新技术和产品应用示范体系，但企业依然反映应用示范不够，下游用户尤其是公共用户不愿意采购，一个重要原因是在创新过程中没有将下游公共用户拉进来。以高端医疗装备创新为例，医疗机构是高端医疗装备创新和应用的中心节点，国际上医疗装备领先企业均与本国医疗机构、临床医生和临床工程师有紧密的创新合作机制，国内医疗机构与医疗装备企业也已开展多种形式的合作，但总体上比较松散，尤其是受医疗机构体制约束，双方合作缺乏长效机制和激励机制，导致国内创新医疗器械类产品落地示范应用准入难。

六是支持企业创新的基础设施还不完善。我国过去在支持企业创新的孵化器、加速器、双创空间等建设上投入较大，形成了较好的基础，但在标准制定、检验检测、认证认可等方面存在短板，企业普遍反映问题较多，主要表现为：新产品标准跟不上企业，如智能产品等缺少统一的行业标准，大企业各搞一套；检验检测市场不规范，开放度不够，机构少、能力弱，与国际接轨程度低；认证认可项目多、不便利、费用高等。

（三）完善我国企业创新支持政策的思路

以科技自强为目标，以企业需求为导向，充分发挥税收政策的普惠性作用，更加注重对创新过程和创新人才的支持，持续完善对创新技术和产品的需求激励政策，不断增强面向企业的技术供给体系、创新服务体系，大力推动创新支持政策直达企业。

一是持续优化支持科技型企业创新发展的税收优惠政策。延长研发费用加计扣除的结转年限，如从5年延长到10年，让科技型企业在初创期的研发投入能够在获利期得到充分扣除。进一步扩大研发费用加计扣除范围，将检验检测、认真认可、购买专利等费用按一定比例加计扣除。积极探索创新与减税相联动的增值税改革，如按新产品产出率、研发强度等指标确定创新贡献度，创新贡献度越大，可享受的增值税折扣率越高，促进企业加大研发投入，尤其是使科技型企业在初创亏损期也能享受到税收优惠。扩大增值税留抵退税的企业范围，建议扩展至纳税信用等级为M级的企业，让新设立、无收入的科技型初创企业能有更多资金投向科技研发。

二是财政支持政策要更加注重对创新过程和创新人才的支持。进一步提高创新券额度,扩大创新券覆盖范围,将检验检测、计量测试、技术转让、专利购买等创新活动纳入创新券使用范围,让更多的科技型企业、更多的创新活动获得创新券支持。完善创新风险分担机制,探索设立政策性创新保险公司,为重大创新型企业提供创新保险①。完善对财政资金和国资投资创新型企业的考核机制,加大政府引导基金在企业初创期的投入,引导社会资本更多地流向处于种子期和起步期的创新型企业。优化科研经费管理机制,提高科研经费的软支出比例,增加对人力资本、系统软件、创新服务等的投入。建立市场化的人才认定体系,如一些地区将企业支付的实际薪酬作为人才认定标准的重要参考,使创新人才支持政策能精准到位。

三是创新的方式方法完善对创新技术和产品的需求激励政策。改进政府采购、首台(套)政策对企业创新的支持,弱化产品清单目录式管理,加强以标准和技术作为支持对象,避免不公平竞争。在高端医疗装备、科研仪器设备等领域,推动公共服务机构参与创新技术和产品的应用示范,如在高端医疗装备领域,要强化医疗机构与整机龙头企业的创新合作,允许和支持主要医疗机构与整机龙头企业以合资合作等方式,共建实验室、临床创新中心、临床应用数据库等平台,鼓励临床医生、临床工程师参与高端医疗装备的应用研发和示范应用工作。拓展优化首台(套)重大技术装备、创新产品、示范应用项目的保险补偿机制。

四是加强面向企业的技术供给体系建设。我国应持之以恒地加强基础研究,加大技术工程化应用研究的支持力度,改进各地财政资金重项目收益、轻技术供给的做法,着力解决企业 5—7 年的技术供给缺乏的问题。重点是建设一批以产品和解决方案的综合技术集成开发为目标的

---

① 张继彤、张静雨、蒋伏心:"'十四五'时期中国创新政策体系建设构想",《江苏社会科学》2021 年第 1 期。

应用研发机构，通过整合本领域内的大中小企业、高校、基础型科研机构和科技中介等创新主体，共同参与、共同治理，市场化运作，积极搭建项目孵化、转化、中试等平台，整合国家科研项目、企业创新资助、风险投资等多方资源，为共性技术、科技成果转化等提供从小试、中试到产业化推广的各种支持，为各种类型的企业提供源源不断的技术供给。

五是持续完善企业创新服务体系建设。除了科学布局科技基础设施、科技创新平台、科技创新载体外，更重要的是加快企业创新的软设施、软环境建设。积极发展社会化创新型科技孵化器，培育专业化科技服务中介，建设多层级技术交易平台，为企业创新提供技术评价、培训、转移、扩散等专业服务。深化检验检测、计量测试、认证认可机构"证照分离"改革，积极探索发展市场化检验检测、计量测试、认证认可机构，持续加强能力提升。以产业集聚区为重点，推动各地搭建"一站式"质量服务平台，建设质量服务综合体。

六是积极利用数字化手段，推动创新政策企业直达。目前，我国从国家到地方的企业创新支持政策的种类和数量都比较多，企业普遍反映"找不到""不了解""申请繁"等问题，各地应积极利用数字化手段，改进申请申报方式，让企业方便快捷地享受到政策支持。加强对企业创新支持政策的梳理整合、归集归类，统一发布平台，及时精准地推送给相关企业。通过政务信息共享，自动识别能够享受支持政策的企业，让企业直接享受相应的政策支持，无须申请申报。确需企业申请申报的，要充分利用信息化手段，优化审批流程，减少申报材料，让创新支持政策直达企业。

四、基本结论

未来的企业竞争,在很大程度上是创新方面的竞争。构建我国企业发展基本政策,就要求创造一个"三公一平一同"的竞争环境。但是,创新在各企业之间,以及各国的企业之间,必定不是均衡开展的。几乎所有国家都对企业创新实行鼓励的政策,我国也不例外。改革开放以来,我国企业创新意识不断提高,创新能力空前增强,创新成果源源涌现,有力地促进了我国经济规模的扩张和质量的提高。下一步,在日益激烈的国际竞争中,我国需要在财税政策方面、技术供给体系方面、创新服务体系方面,以及数字化手段方面,优化创新政策,使企业发展基本政策的创新元素发挥积极作用。

第十三章
一视同仁的政府监管和守法合规的企业经营

构建我国企业发展基本政策，总的原则就是，国家为各类所有制企业，创造一个公平竞争的环境，各类企业得到一视同仁的对待，并对不能实行一视同仁的特殊情形进行比较规范、比较透明化的排除。一视同仁的精神，在"三公一平一同"的论述中得到集中体现，其中的"一同"，就是"同等受到法律保护"。

不过，通过对国内外企业发展政策的梳理，我们要指出，"同等受到法律保护"并不能完全涵盖国家对企业的一视同仁政策。很简单，国家与企业之间的关系，除了以法律来保护各类企业之外，也会对企业实施行政监管，这些监管行为涉及非常广泛的内容。首先，就是对一些行业实施比较特殊的监管，譬如，在金融行业实行牌照制度，并对金融企业进行以风险防范为主要目标的日常监管；其次，就是维护经济秩序方面的监管，譬如反垄断、反不正当竞争、反欺诈等监管；最后，就是所谓的社会性监管，通常是生态环境、公共安全、劳动者权益等方面的监管。

在实际当中，政府监管可能会对某些企业"偏袒"、对某些企业

"严厉",这就引发了不公平监管的议论。因此,"一同"不但应该包括同等受到法律保护,还应该包括同等受到政府监管,或者更宽泛地说,应该同等受到政府对待。此外,法律对于企业,也不全然是保护,还会对违法的企业进行惩处、治罪,并且会以法律为准绳来处理企业之间、企业和其他主体之间错综复杂的关系。例如,在处理债权债务关系时,是否要对某些企业实施破产。因此,"同等受到法律保护"改为"同等受到法律对待"为宜。

本章就是要论述国家应该如何建立一视同仁、公平公开的监管政策,如何营造同等对待的法治体系,特别是在21世纪的全球发展环境下,如何使监管和法治与国际上的先进水平进一步接轨。当然,各类企业也要更加积极主动地顺应时代潮流,提升合规意识,在守法合规中开展经营、实现发展。

一、21世纪企业面临的监管环境

政府的行业性监管、经济秩序监管在不同国家存在松紧程度不一、监管重点各异的情况。而政府的社会性监管，从20世纪末以来，在全球范围内特别是在西方发达国家，日益受到了诸多公民运动的影响。进入21世纪之后，许多国家在劳工权益、环境保护等方面的监管日益严厉，社会责任运动也得到了更广泛的认同，而且，这些内容还被越来越多的国际组织所采纳。近20年里，我国在这些方面也日渐接受国际理念，采纳国际标准。可以说，在我国经营的各类企业，已经置身于21世纪的监管环境之中。21世纪的监管环境，主要体现在以下几个方面：

（一）劳工权利保障进一步凸显

早在20世纪初，成立于1919年的国际劳工组织（International Labor Organization，ILO）就十分关注劳动者的权益。1944年，ILO发布了《费城宣言》，重申了国际劳工组织的基本原则；1998年，ILO发布了《工作中的基本原则与权利宣言及其后续行动》，2010年又进行了修订，强调自由结社、集体谈判的权利、废除童工和强制劳动、根除就业和职业中的歧视等；2008年ILO发布了《关于全球化社会正义的宣言》（Declaration on Social Justice for a Fair Globalization），强调全球化下劳工的基本权利，继承了1919年、1944年、1998年宣言的精神[1]。

ILO的公约包括基本公约、治理公约（优先事项）、技术公约等。

---

[1] ILO. *ILO Declaration on Fundamental Principles and Rights at Work and its Follow-up*. International Labour Organization, 2010, p. 7.

其中，基本公约有《强迫或强制劳动公约》(第29号公约)、《结社自由和保护组织权利公约》(第87号公约)、《组织权利和集体谈判权利原则的实施公约》(第98号公约)、《对男女工人同等价值的工作付予同等报酬公约》(第100号公约)、《废除强迫劳动公约》(第105号公约)、《就业和职业歧视公约》(第111号公约)、《准予就业最低年龄公约》(第138号公约)、《关于禁止和立即行动消除最有害的童工形式公约》(第182号公约) 8个，治理公约包括《工商业劳动监察公约》(第81号公约)、《就业政策公约》(第122号公约)、《农业劳动监察公约》(第129号公约)、《三方协商促进履行国际劳工标准公约》(第144号公约) 4个，技术公约有178个。

从世界192个经济体来看，批准加入第182号公约、第29号公约、第105号公约、第111号公约、第100号公约、第138号公约的经济体分别有187个、178个、176个、175个、173个、173个（见图13-1）。其中，加入全部8个基本公约的有146个经济体，加入全部4个治理公约的有42个经济体，既加入8个基本公约又加入4个基本公约的有41个经济体①。其中，批准加入100个以上公约的有10个经济体，这些经济体包括西班牙、法国、比利时、意大利、乌拉圭、荷兰、挪威、芬兰、保加利亚、卢森堡。

中国政府分别于1990年11月、2006年1月、1999年4月、2002年8月批准加入了ILO的第100号公约、第111号公约、第138号公约、第182号公约这4个基本公约，分别于1997年12月、1990年11

---

① 这些41个经济体包括西班牙、法国、比利时、意大利、荷兰、芬兰、瑞典、德国、葡萄牙、丹麦、波兰、捷克、斯洛伐克、匈牙利、斯洛文尼亚、罗马尼亚、拉脱维亚、爱沙尼亚、克罗地亚、乌拉圭、挪威、波黑、北马其顿、塞尔维亚、黑山、危地马拉、乌克兰、阿塞拜疆、阿尔巴尼亚、哥斯达黎加、赞比亚、马达加斯加、布基纳法索、摩尔多瓦、斐济、萨尔瓦多、多哥、圣文森特和格林纳丁斯、冰岛、哈萨克斯坦、乌兹别克斯坦。

月批准加入 ILO 的第 122 号公约、第 144 号公约,以及加入了 20 个技术公约。可以看出,中国政府实践了男女同工同酬,取消就业和职业歧视,限定了就业最低年龄,禁止了和废除童工,实施了就业政策和三方协商促进履行国际劳工标准公约。

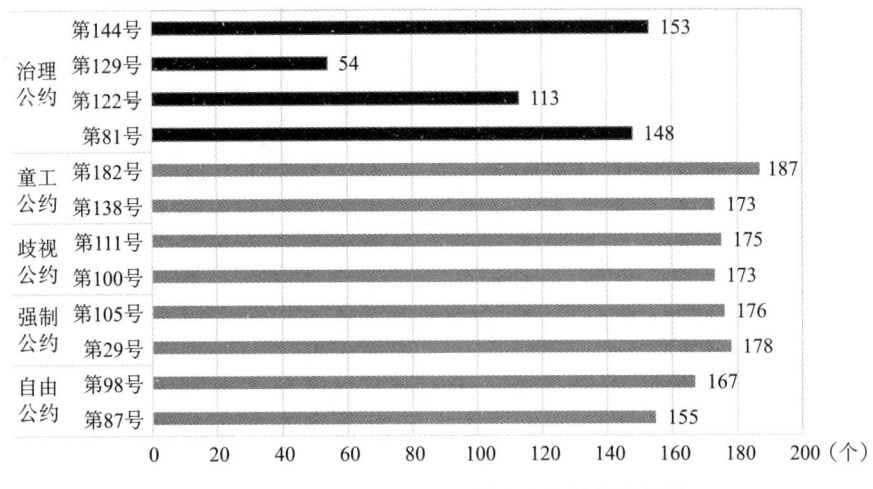

图 13-1　批准加入 ILO 公约的世界经济体数量情况

资料来源:ILO。

(二) 环境保护越来越重要

环境保护、绿色发展成为世界各国特别关注的事项,国际组织也十分重视。早在世界贸易组织 (World Trade Organization, WTO) 成立的 1995 年,环境问题就被列为重要的事项,并且成立了贸易和环境委员会 (Committee on Trade and Environment, CTE)。2014 年,46 个 WTO 成员之间发起了环境产品协议 (Environmental Goods Agreement, EGA) 的诸边协议谈判,寻求对重要的环境有关产品消除关税的方式。共有 18 个参与方,包括澳大利亚、加拿大、中国、哥斯达黎加、欧盟、中国香港、冰岛、以色列、日本、韩国、新西兰、挪威、新加坡、瑞士、列支敦士登、中国台湾、土耳其、美国。

根据 WTO 的统计数据，通报与环境有关的贸易措施数量从 1997 年的 165 件增加到 2018 年的 663 件，占所有通报数量的比重从 1997 年的 8.1% 增加到 2018 年的 15.7%，呈现不断增加的发展态势（见图 13-2）；1997—2018 年，各成员年均通报与环境有关的贸易措施为 393.86 件，累计数量达 8665 件，占同期通报数量的比重为 13.5%。

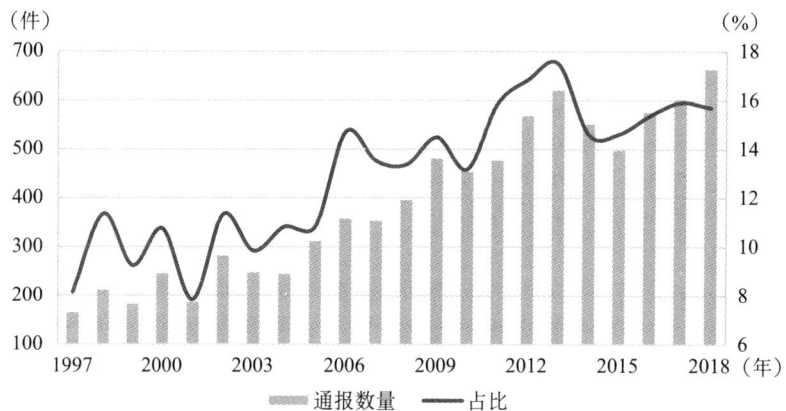

图 13-2 WTO 通报与环境有关的贸易措施数量及占比

资料来源：WTO。

根据 WTO 的协定，与环境有关的贸易措施的协定包括技术壁垒（Technical Barriers to Trade, TBT）、检验检疫（Sanitary and Phytosanitary, SPS）、反补贴措施（Subsidies and Countervailing Measures, SCM）、农业（Agriculture）、反倾销（Anti-dumping, ADP）、进口许可程序（Import Licensing Procedures, ILP）、保障措施（Safeguards）、海关估值（Customs Valuation）、国营贸易（State Trading）、区域贸易协定（Regional Trade Agreements, RTAs）、与贸易有关的知识产权协议（Agreement on Trade-Related aspects of Intellectual Property Rights, TRIPs）、服务贸易协定（The General Agreement on Trade in Service, GATS）、数量限制（Quantitative Restrictions, QRs）、与贸易有关的投

资措施协议（Agreement on Trade-Related aspects of Investment Measures，TRIMs）、收支平衡条款（Balance of Payment）、政府采购协议（Government Procurement Agreement，GPA）、贸易便利化协议（Trade Facilitation Agreement，TFA）、其他通报（Other Notification Provisions）等。通报与环境有关的8665件措施中，TBT达到4899件，所占比重为56.5%，其次是SPS，通报数量为1355件，所占比重为15.6%；第三位是农业，通报数量为767件，所占比重达到8.9%，第四位是SCM，通报数量为638件，所占比重为7.4%；第五位是ILP，通报数量为468件，所占比重为5.4%；第六位是其他，通报数量为415件，所占比重为4.8%；第七位是QRs，通报数量为123件，所占比重为1.4%（见图13-3）。

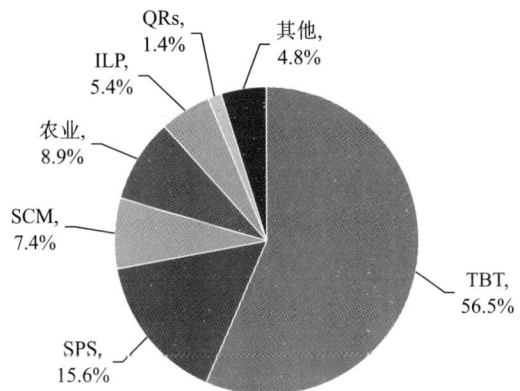

图13-3　1997—2018年通报与环境有关的主要措施占比情况

资料来源：WTO。

另外，上述通报与环境有关的各种措施中，占比排第一位的是QRs，达到47.3%，即通报的数量限制措施中，47.3%是与环境有关的措施；占比排第二位的是ILP，占比为30.3%；第三位的是SCM，占比为21.1%；第四位的是TBT，占比为19.8%；第五位的是农业，占比为18.5%；第六位的是GPA，占比为16.2%。以上六种措施中，与环境有关的通报数量占比都高于13.5%的平均值。

(三) 企业社会责任不可回避

企业社会责任严格来说并不属于政府监管政策，但是对政府监管政策的取向有重大影响。企业社会责任（Corporate Social Responsibility，CSR）起源于西方发达国家，例如，美国的Andrew Carnegie（1899）的著作《财富福音》、Maurice Clark（1916）的论文《改变中的经济责任基础》、Oliver Sheldon（1924）的著作《The Philosophy of Management》，都提出了企业社会责任。

联合国全球契约（Global Compact）规定，企业社会责任是企业与相关利益方的一种公共契约，体现在人权、劳工权利、环境保护、反腐败方面的十大原则[①]。2007年，联合国在瑞士日内瓦召开了全球契约峰会，商业、企业界领导人承诺，在企业经营和运作中遵守劳工权利、人权、环境保护以及反腐败领域内的准则，来自发达国家以及发展中国家的代表们一致通过了阐明企业社会责任的《日内瓦宣言》。

ILO认为，企业社会责任是指企业在经济、社会和环境领域承担某些超出法律要求的义务，而且绝大多数是自愿性质的。因此，企业社会责任并不仅仅是遵守国家法律，劳工问题也只是企业社会责任的一部分。

世界银行（World Bank）认为，企业社会责任是企业与利益相关方的关系、价值观、遵纪守法以及尊重人、社区和环境有关的政策和实践的集合，它是企业为改善利益相关方的生活质量而贡献于可持续发展的一种承诺。世界银行将企业社会责任与可持续发展目标（Sustainable Development Goals，SDG）联系起来，从气候、环境、能源、减排、反

---

① United Nations. The Ten Principles of the UN Global Compact. United Nations, 2015, https://www.unglobalcompact.org/what-is-gc/mission/principles.

腐败等方面来考察企业，并采用全球报告倡议（Global Reporting Initiatives，GRI）进行衡量，其责任以任务（Mission）、融资（Finance）、人们（People）、安排（Place）、气候（Climate）依次递推，并且自2016年以来实施公司责任战略规划，涉及气候、能源、水、生物多样性、人权等十大可持续发展原则①。

经济合作与发展组织（OECD）的定义是，企业社会责任是企业对可持续发展的商业贡献，更强调企业对劳动者的责任，人、环境、可持续发展、法律是主要的关键词，具体内容体现在公司治理领域，例如《OECD公司治理原则》②。2001—2012年，OECD每年都召开了公司责任圆桌会议；2013—2018年，OECD举办了年度公司责任全球论坛。

欧盟委员会对企业社会责任的定义是，企业对社会的影响，以及企业应当为受影响的社会而承担责任，企业应当遵守法律，应当融入与其商业战略和经营行为相关的社会、环境、伦理、消费者和人权等③。欧盟认为企业社会责任是一个具有广泛内涵的概念，既包括社会问题也包括环境问题，以及企业对社会整体应承担的责任，具体议题包含健康、安全、环境污染等。欧盟强调企业社会责任是将对社会和环保的关注融入商业运作之中，它并不是企业每天商业活动之外附加的一系列活动，相反，应该是一个企业每天如何运作的问题——产品的研发、生产过程、销售与市场、人力资源管理等。2001年7月18日，欧盟委员会采纳了欧洲倡议企业社会责任框架的绿皮书；2008年12月，欧盟委员会发布欧洲竞争力报告，报告指出企业社会责任在增强公司竞争力上起到

---

① https://www.worldbank.org/en/about/what-we-do/crinfo.

② OECD. *Corporate Social Responsibility: Partners for Progress.* OECD，2001，p.13，148-149.

③ https://ec.europa.eu/growth/industry/sustainability/corporate-social-responsibility_en.

积极作用；2011年10月，欧盟委员会通过2011—2014年企业社会责任战略，认为企业社会责任能实现企业可持续发展，提高竞争力，企业社会责任价值观念有助于建立一个更有凝聚力的社会，并实现全社会的可持续发展；欧洲2020年战略以及欧洲议会强调企业社会责任应包括EU2020、商业和人权、CSR报告、公共采购的社会责任等[1]。

（四）发展注入新理念

经济社会发展的一些新理念，正在对监管环境生产深远影响。联合国特别关注发达经济体和发展中经济体的差距，特别是最不发达国家的经济社会发展。联合国提出了2030年议程的可持续发展目标，包括：（1）无贫穷；（2）零饥饿；（3）良好健康与福祉；（4）优质教育；（5）性别平等；（6）清洁饮水和卫生设施；（7）经济适用的清洁能源；（8）体面工作和经济增长；（9）产业、创新和基础设施；（10）减少不平等；（11）可持续城市和社区；（12）负责任消费和生产；（13）气候行动；（14）水下生物；（15）陆地生物；（16）和平、正义与强大的机构；（17）可持续发展目标的全球伙伴关系[2]。

21世纪初，OECD提出了绿色增长和可持续发展（Green Growth and Sustainable Development，GGSD）的理念，从2012年起连续9年举办GGSD论坛。根据OECD的统计，从1961年到2020年的60年间，有效声明（Declarations）有28个，有效决定（Decisions）有24个，有效建议（Recommendations）有169个。其中，关于环境的有效声明、有效决定分别有7个、12个（见表13-1），有效建议有51个。

---

[1] EU. *A Renewed EU Strategy 2011 - 14 for Corporate Social Responsibility*. EU, 2011, p. 3, 4, 10.

[2] https://www.un.org/sustainabledevelopment/sustainable-development-goals/.

表 13 - 1   OECD 与环境有关的有效声明和有效决定（1961—2020）

年/月/日	文件名称（有效声明、有效决定）
1974/11/14	Declaration on Environmental Policy
1979/05/18	Declaration on Anticipatory Environmental Policies
1985/06/20	Declaration on Environment: Resource for the Future
1996/02/20	Declaration on Risk Reduction for Lead
2004/01/30	Declaration on International Science and Technology Cooperation for Sustainable Development
2006/04/04	Declaration on Integrating Climate Change Adaption into Development Cooperation
2009/06/25	Declaration on Green Growth
1981/05/12	Decision of the Council concerning the Mutual Acceptance of Data in the Assessment of Chemicals
1982/12/08	Decision of the Council concerning the Minimum Pre-Marketing Set of Data in the Assessment of Chemicals
1984/02/01	Decision-Recommendation of the Council on Transfrontier Movements of Hazardous Waste
1986/06/05	Decision-Recommendation of the Council on Export of Hazardous Waste from the OECD Area
1987/02/13	Decision-Recommendation of the Council on Further Measures for the Protection of the Environment by Control of Polychlorinated Biphenyls
1987/06/26	Decision-Recommendation of the Council on the Systematic Investigation of Existing Chemicals
1988/07/08	Decision of the Council on the Exchange of Information concerning Accidents Capable of Causing Transfrontier Damage
1988/07/08	Decision-Recommendation of the Council concerning Provision of Information to the Public and Public Participation in Decision-making Processes related to the Prevention of, and Response to, Accidents Involving Hazardous Substances
1989/10/02	Decision-Recommendation of the Council on Compliance with Principles of Good Laboratory Practice
1991/01/31	Decision-Recommendation of the Council on the Reduction of Transfrontier Movements of Wastes

续表

年/月/日	文件名称（有效声明、有效决定）
1992/03/30	Decision of the Council on the Control of Transboundary Movements of Wastes Destined for Recovery Operations
2018/05/25	Decision-Recommendation of the Council on the Co‑operative Investigation and Risk Reduction of Chemicals

资料来源：OECD。

中国政府也提出了高质量发展理念，倡导走创新、协调、绿色、开放和共享的发展道路。其中，创新发展注重的是解决发展动力问题，协调发展注重的是解决发展不平衡问题，绿色发展注重的是解决人与自然和谐问题，开放发展注重的是解决发展内外联动问题，共享发展注重的是解决社会公平正义问题。

二、实施一视同仁的监管

中国已经基本上实现了由计划经济向市场经济的转轨，但政府与市场的关系还需要进一步完善。无论是发达经济体还是发展中经济体，大家认识到，政府监管不可或缺。政府监管要精准到位，监管政策措施要合规，而且监管方式要规范和透明，企业应受到平等待遇等。

（一）政府监管要精准到位

市场经济体制下，政府行使职能应当是市场机制失灵的地方，发挥不了市场作用的领域。政府与市场的关系应当是市场发挥决定性的作用，政府做好监管和服务职能，为市场经济体制建立好规范的市场秩序，发挥行业组织制定和修订标准等作用，促使各类市场主体公平竞争，保障消费者权益，创造良好的营商环境和法治环境等。

实践证明，在法治、成熟的市场经济体制下，政府监管不仅不能缺位，而且不能错位，要精准到位。根据法律法规，世界各国政府监管的主要内容有：（1）规范和监管市场主体的市场行为，包括反垄断、公平竞争、不正当竞争等。（2）监管进口商品和相关服务，进行反倾销、反补贴、反规避调查，检验检疫进口的动植物及相关产品等，保障人类健康和符合生态平衡要求，禁止危害产品和损害社会的服务进口。（3）监管市场主体投资行为，对并购行为实施投资审查，确保经济安全和国家安全。（4）监管和保护市场主体权益，政府不能随意征收其财产、侵犯其权益等，侵犯后必须进行补偿。（5）监管和保护环境，促进绿色及可持续发展等，要求市场主体排放废气废物等符合标准，确保市场主体对环境造成较小的损失，维护人民身体健康和正常的社会福利水平。（6）要求行业组织制定相关产品和服务的质量标准，确保市场流通中产品和服务达到质量、绿色、环境保护等标准，保障和维护消费者权益。（7）监管、保护劳工权益，禁止市场主体雇用童工，实施劳动者的最低工资制度、合理的工作时间，维护劳动者正常的工作与生活条件。（8）监管宏观经济指标，依法征收企业税收，运用宏观调控手段，保障国民经济安全、健康、持续发展。

（二）政府非歧视性行使监管职能

毋庸置疑，政府部门行使好监管职能，应当是公平、公开、公正。简单地讲，就是一视同仁地非歧视性监管各类市场主体，体现各类企业享受平等待遇。

1. 非歧视性监管外商投资企业

对于外商投资企业，政府实施一视同仁的监管职能，主要体现在国际规则中的经贸政策的统一实施、最惠国待遇和国民待遇等，贯穿于市场准入、市场行为等过程。对于签订相关国际条约、协定，无论是国内企业还是外国企业，在某个成员内的投资、生产、消费等行为，都要享受东道国政府部门的一视同仁的待遇。

经贸政策的统一实施是政府部门进行非歧视性监管的重要内容之一，确保在沿海地区、沿江地区、沿边地区、民族自治地区、经济特区、沿海开放城市、经济技术开发区、自由贸易试验区等，以及其他特殊地区，在货物贸易、服务贸易、投资合作等领域，在采购、生产、加工、销售、服务等环节，公平统一地实施经贸政策。

最惠国待遇（Most-Favored-Nation Treatment，MFN）又称为无歧视待遇，是指一国在贸易、航海、关税、国民法律地位等方面给予另一国的优惠待遇不得低于现时或将来给予任何第三国的优惠待遇，是国际经济贸易条约或协定中所规定的、缔约国一方现在和将来给予任何第三国的一切关税减让、特权、优惠或豁免，也必须同样给予缔约国另一方的一种待遇。因此，最惠国待遇原则包含了以下要点：（1）自动性，即当一成员给予另一成员的优惠超过其他成员享有的优惠时，其他成员便自动享有这种优惠。（2）同一性，即当一成员给予其他成员的某种优惠自动的转给其他成员时，受惠标准必须相同。（3）相互性，即任何一成员既是受惠方又是给惠方，在享受最惠国待遇权利时，也承担最惠国待遇义务。（4）普遍性，即最惠国待遇适用于全部进出口产品、服务贸易的各个部门和所有种类的知识产权的所有者和持有者。

从 WTO 规则来看，WTO 的货物贸易协定（The General Agreement on Tariff and Trade，GATT）第一部分第一条、GATs 第二部分第二条、TRIMs 第三条、TRIPs 第一部分第四条都明确规定了最惠国待遇原则。

国民待遇（National Treatment，NT）又称为国民待遇标准，是东道国为在本国境内从事社会经济活动的外国的自然人、法人提供的不低于本国自然人、法人所享有的民事权利。国际规则中，国民待遇是最惠国待遇的有益补充，是非歧视性贸易原则的另一体现，与最惠国待遇紧密联系在一起。GATT 第一部分第三条规定，国民待遇原则主要有：一成员领土的产品输入到另一成员时，另一成员不能以任何直接或间接的方式对进口产品征收高于对本国相同产品所征收的国内税或其他费用；给予进口产品的有关国内销售、分销、购买、运输、分配或使用的法令、规章和条例等的待遇，不能低于给予国内相同产品的待遇；任何成员不能以直接或间接方法对产品的混合、加工或使用有特定数量或比例的国内数量限制，或强制规定优先使用国内产品；成员不得用国内税、其他国内费用或定量规定等方式，从某种意义上为国内工业提供保护①。GATS 第三部分第十七条、TRIMs 的第二条、TRIPs 第一部分第三条等国际协定中，国民待遇原则都有较详细的规定。

对于跨境直接投资，国民待遇分为准入前（pre‐establishment）国民待遇和准入后（post‐establishment）国民待遇。投资准入前国民待遇将国民待遇延伸至投资发生和建立前阶段，其核心是给予外资准入权，是指在企业设立、取得、扩大等阶段给予外国投资者及其投资不低于本国投资者及其投资的待遇。目前，投资准入前国民待遇成为主要经济体进行区域投资协定谈判的重要内容。

2. 一视同仁地监管本土企业

对于本土企业，政府应实施一视同仁的监管职能，贯穿在市场准入、市场行为、雇用解聘员工、产品服务质量等方面。其中，市场行为包括企业的经营、投资、生产、销售、服务、竞争、合作等。

首先，一视同仁地给予本土各类企业平等的市场准入待遇。除了极其重要的特殊领域外，特别是涉及国家经济安全、国计民生的特殊领域，政府在某一发展阶段难以一视同仁地放开市场准入。尽管如此，政府仍可以按照行业标准、技术门槛、金融风险等内在要求，实施特许经营、发放经营牌照等方式一视同仁地放开市场准入。对于绝大多数的领

---

① https://www.wto.org/english/docs_e/legal_e/gatt47_01_e.htm.

域，政府可以放开市场准入。

其次，一视同仁地对待本土企业的采购、生产、销售、竞争等市场行为。作为市场主体，企业为了自身的利益实现其发展目标，成长过程中可能会出现一些问题，市场行为可能会不规范，需要政府部门一视同仁地去监管。对于金融风险较大的期货领域，除了进行市场准入外，在运营中实施行业标准进行监管。对于绝大部分领域的企业，不能因为其规模、性质、盈利能力等，实施差别的监管措施，特别是简单地认为民营小企业必然是散、乱、差，新设企业就是不规范、不遵纪守法。政府监管部门应以平常心态，按照法律法规，确保市场公平竞争，而不是依照指令等其他方式去监管。一些大企业、平台型企业，凭借自身在市场中的影响力、控制力，在市场竞争中可能会做出一些违反"三公"原则的行为，对于这些行为，政府监管部门应当及时纠正和规范。如果市场主体出现违反公平竞争的倾向、趋势时，政府监管部门就应当进行劝告、预警。

（三）政府监管要规范和透明

按照现代市场经济体制，政府需要有监管能力，更需要监管规范化、公开透明，既保障经济贸易政策的稳定性和可预见性，又确保政府监管行为规范化、公平公正。

透明度原则是国际组织协定、区域协定中的重要原则之一，是指成员应公布所指定和实施的贸易措施、投资措施、技术壁垒、环境保护等经贸政策措施，以及其修订、增补、废除等变化情况，并以统一、公正、合理的方式实施有关贸易法律、行政法规和政策措施，不公布的不得实施，同时还应将这些经济贸易措施及其变化情况通知国际组织及其成员。成员所参加的有关影响国际贸易政策的国际协议，经济贸易措施的公布和经济贸易措施的通知，都在公布和通知范围之内。透明度原则是 WTO 规则中最基本的原则之一，在 GATT、GATS、TRIPs 等相关条款中都有具体规定。

GATT 第十条规定,"贸易规章公布与执行"的主要内容是:缔约方有效实施的有关法律、规章、普遍适用的司法判例与行政裁决,均应迅速予以公布,以便使各成员政府和贸易商充分了解。透明度原则并不要求任何缔约方泄露那些会妨碍法律执行,违反公共利益,或者会损坏某些商业利益的机密资料。缔约方采取的普遍适用措施在未公布前,不得执行。缔约方应以统一、公正、合理的方式执行本条所涉及的全部法律、规章、判例与裁决①。

GATS 第二部分第三条规定,除紧急情况,每一成员应迅速公布有关影响本协定适用的所有措施②。每一成员应公布有关影响服务贸易的国际协定。每一成员应迅速并至少每年向服务贸易理事会通知对本协定项下具体承诺所涵盖的对服务贸易有重大影响的任何新的法律、法规、行政准则或现有法律、法规、行政准则。每一成员对于任何其他成员的所有请求应迅速予以答复,还应设立一个或多个咨询点,以便向其他成员提供具体信息。

TRIPs 第五部分第六十三条关于透明度规定,每一成员应以本国语言及时公布为实施本协议内容的法律、条例,以及普遍适用的司法终局决定和行政裁决,以使各政府和权利持有人对其有所了解。各成员应向知识产权理事会通知上述内容的法律和规章,以协助理事会审议本协定的执行。各成员应随时向另一成员提供上述有关信息,并提供或告知另一方成员涉及知识产权的具体司法裁决、行政裁决、双边协议③。

此外,《贸易政策审议机制》(Trade Policy Review Mechanism,TPRM)的"通知义务"和"评审机制",WTO 的《关于争端解决规则与

---

① https://www.wto.org/english/docs_e/legal_e/gatt47_01_e.htm.
② https://www.wto.org/english/docs_e/legal_e/26-gats_01_e.htm.
③ https://www.wto.org/english/docs_e/legal_e/31bis_trips_07_e.htm.

程序的谅解》（Understanding on Rules and Procedures Governing the Settlement of Dispute，DSU）中的争端解决机制，《贸易便利化》（Trade Facilitation Agreement，TFA）第五条加强公正性、非歧视性、透明度的其他措施等，都是透明度原则的具体体现。其中，"通知义务"要求成员向 WTO 的有关机构报告其法律法规的颁布和实施情况，促进了成员法律法规与世贸规则的一致性，"评审机制"审核成员贸易政策和实际做法对整个 WTO 贸易体制的影响，通过透明性有助于促进成员遵守 WTO 规则①。

三、中国政府监管的实践与发展

随着中国进一步融入全球经济和国际地位日益提升，中国政府监管的实践也日臻完善，监管内容、方式不断发展，能力与效率不断提升。

（一）政府监管内容有待进一步精准化

中国各级政府监管仍然存在一些问题，无论是中央政府还是地方各级政府，行使监管职能出现缺位、错位现象，职能还有待进一步精准和完善。一些政府部门抓住各种权力，特别是审批权，接管其他部门下放的各项权力，加大对市场主体的审批、限制力度，而不是规范监管；一些地方政府之间形成各种壁垒，国内没有形成统一的大市场，特别是一些农产品、食品（如酒类、香烟）等更多地呈现出地方市场割据现象。

21 世纪以来，中国政府加快了深化改革的步伐，进一步扩大对外

---

① https：//www.wto.org/english/docs_e/legal_e/29 - tprm_e.htm.

开放，建立了多个自由贸易试验区等。2015 年开始，中国政府推行简政放权、放管结合、优化服务工作，深入推进行政审批改革、投资审批改革、商事制度改革等，持续简政放权，激发市场活力。2018 年 7 月，国务院决定将国务院推进职能转变协调小组的名称改为国务院推进政府职能转变和"放管服"改革协调小组。同年，国务院进行机构改革，组建国家市场监督管理总局，是国务院直属机构。其主要职责是负责市场综合监督管理，负责市场主体统一登记注册，负责组织和指导市场监管综合执法工作，负责反垄断统一执法，负责监督管理市场秩序，管理国家药品监督管理局、国家知识产权局等。2019 年 10 月，国务院发布自 2020 年 1 月 1 日实施的《优化营商环境条例》，明确了政府监管的内容，就是国家持续深化简政放权、放管结合、优化服务改革，最大限度地减少政府对市场资源的直接配置，最大限度地减少政府对市场活动的直接干预，加强和规范事中事后监管，着力提升政务服务能力和水平，切实降低制度性交易成本，更大力度地激发市场活力和社会创造力，增强发展动力，进一步改善营商环境。经过多轮的"放管服"改革，中国政府进一步改善监管水平，减少了监管错位和缺位，国内营商环境大幅度好转。根据世界银行的统计，中国营商环境的排名从 2018 年的第 78 位上升到 2019 年的第 46 位和 2020 年的第 31 位。尽管如此，政府监管职能还需要进一步完善，监管能力等还有待进一步提高。

与此同时，制定监管政策、措施和方案时，政府部门应当公开召集相关利益方，包括民营企业、中小微企业，充分听取各方面的意见，有利于有的放矢和完善监管措施。不仅如此，《优化营商环境条例》明确要求，政府部门制定与市场主体生产经营活动密切相关的行政法规、规章、行政规范性文件，应当结合实际，确定是否为市场主体留出必要的适应调整期。

随着中国经济的发展，保障消费者权益变得越来越重要，特别是服务领域的消费者权益成为市场监管的重点内容。根据中国消费者协会的统计，每年受理消费者投诉案件的数量从 1985 年的 8041 件增加到 2020 年的 982249 件（见图 13-4）。中国消费者协会 1984 年成立，1993 年颁布《中华人民共和国消费者权益保护法》，并于 2009 年、2013 年进行了两次修订。2002—2020 年，按照每年 365 天计算，平均每天受理消费者投诉案件数量从 1891 件增加到 2691 件。在不同的发展阶段和不同区域，消费者权益损害的主要内容也不完全一样。中国加入世界贸易组织初期的 2002 年，消费者投诉的主要问题是质量问题，占比达到 65.6%，其他问题占比达到 11.6%，接下来依次是价格、计量、假冒、虚假问题，占比分别达到 7.6%、4.9%、3.7%、3.1%。2020 年，消费者投诉的最主要三个问题是售后服务、合同、质量问题，占比分比为 28.37%、25.11%、20.65%，占比都超过了 20%；接下来依次是价格、其他、虚假宣传、安全、假冒问题，占比分别为 7.83%、7.23%、4.77%、3.06%、1.28%。值得注意的是，人格尊严问题的占比从 2002 年的 0.2% 上升到 2019 年的 1.43%、2020 年的 0.98%。按照投诉的性质，投诉案件分为商品类和服务类，商品类的投诉比重逐步下降，服务类的投诉比重呈现增加态势，从 2002 年的 20% 增加到 2020 年的 55%[1]。

（二）政府监管政策和企业行为逐渐满足合规性要求

近几年，中国经历 WTO 贸易政策审议，以及关于反商业贿赂等规则出台，政策、企业的行为合规显得尤为重要。政府不断做出努力，以

---

[1] 中国消费者协会、2002 年全国投诉情况分析、2003 年全国投诉情况汇总、中消协 2004 年全国消费投诉情况汇总、中消协 2005 年全国消协组织受理投诉情况统计分析、2006 年全国消协组织受理投诉情况统计分析、2007 年全国消协组织受理投诉情况统计分析、2008 年全国消协组织受理投诉情况统计分析、全国消协组织受理投诉情况分析（2009 年、2010 年、2011 年、2012 年、2013 年、2014 年、2015 年、2016 年、2017 年、2018 年、2019 年、2020 年），http：//www.cca.org.cn/tsdh/list/19.html。

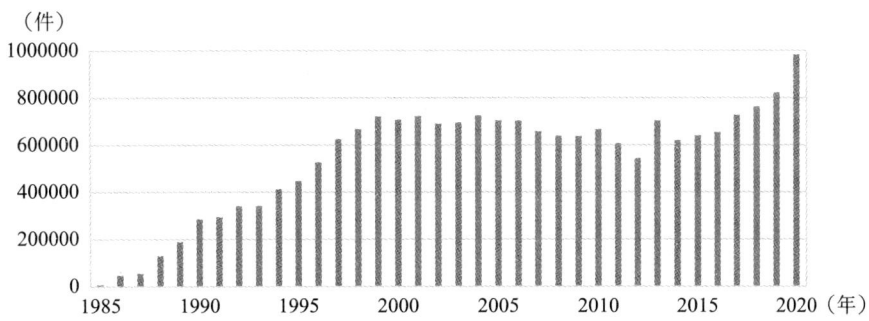

图 13-4 1985—2020 年中国消费者协会受理消费者投诉案件数量

资料来源：中国消费者协会。

满足合规性要求。2014 年 6 月，国务院办公厅发布《关于进一步加强贸易政策合规工作的通知》，明确规定："合规，是指贸易政策应当符合《世界贸易组织协定》及其附件和后续协定、《中华人民共和国加入世界贸易组织议定书》和《中国加入工作组报告书》。"其中，贸易政策是指国务院各部门、地方各级人民政府及其部门制定的有关或影响货物贸易、服务贸易以及与贸易有关的知识产权的规章、规范性文件和其他政策措施，不包括针对特定的行政管理对象实施的具体行政行为。该通知要求，国务院各部门应在拟定贸易政策的过程中进行合规性评估，并在正式发布时将政策文本抄送商务部（中国政府世界贸易组织通报咨询局）。这些合规可能影响贸易的政策措施（见表 13-2）。

表 13-2　　　政策合规要求——可能影响贸易的政策措施

直接影响进口的政策措施		直接影响出口的政策措施		其他影响贸易的政策措施	
1	海关程序、估价和原产地规则	9	出口税	16	税收优惠政策
2	关税	10	出口退税	17	补贴和其他政府支持
3	影响进口的间接税	11	加工贸易税收减让	18	涉及贸易的产业政策
4	进口禁令和许可	12	出口禁止、限制和许可	19	价格管制
5	国营贸易	13	国营贸易	20	竞争政策和消费者保护政策

续表

直接影响进口的政策措施		直接影响出口的政策措施		其他影响贸易的政策措施	
6	贸易救济	14	与出口有关的融资、保险和担保政策	21	与贸易有关的知识产权政策
7	标准和其他技术要求	15	促进和营销支持措施	22	与贸易有关的投资政策
8	与进口有关的融资政策			23	与服务部门市场准入有关的政策
				24	与服务部门国民待遇有关的政策
				25	其他影响贸易的政策

资料来源：《关于进一步加强贸易政策合规工作的通知》。

2017年12月，国家质量监督检验检疫总局和国家标准化管理委员会联合发布了一项国家标准《合规管理体系指南》（GB/T 35770－2017/ISO19600：2014），以良好治理、比例原则、透明和可持续性原则为基础，给出了合规管理体系的各项要素以及各类组织建立、实施、评价和改进合规管理体系的指导和建议。

2018年12月，国务院办公厅出台《关于全面推行行政规范性文件合法性审核机制的指导意见》，进一步明确规范性文件合法性审核的范围、主体、程序、职责和责任，建立健全程序完备、权责一致、相互衔接、运行高效的合法性审核机制，落实审核工作要求，加大组织保障力度，确保所有规范性文件均经过合法性审核，保证规范性文件合法有效。

我国企业的合规意识也在不断增强，一些企业正在率先满足合规性要求。2018年11月，国资委出台《中央企业合规管理指引（试行）》，推动中央企业全面加强合规管理，加快提升依法合规经营管理水平，着力打造法治央企，保障企业持续健康发展。同年12月，发展改革委、外交部、商务部、人民银行、国资委、外汇局、全国工商联共同发布《企业境外经营合规管理指引》，明确规定"合规，是指企业及其员工的经营管理行为符合有关法律法规、国际条约、监管规定、行业准则、商业惯例、道德规范和企业依法制定的章程及规章制度等要求",推动境外企业健康、可持续发展。

(三) 中国进一步给予各类企业平等待遇

2001年末,世界贸易组织议定书中第2条（A）款明确,中国政府在全部的关税领土内,以统一、公正和合理的方式适用和实施中央政府有关或者影响货物贸易、服务贸易、与贸易有关的知识产权或外汇管制的所有法律、法规及其他措施,以及地方各级政府发布或适用的地方性法规、规章及其他措施。

外商投资企业在中国的发展与成长过程中,中国落实国民待遇还有待进一步完善。例如,中国实施汽车零部件进口政策措施——《汽车产业政策》《构成整车特征的汽车零部件进口管理办法》《进口汽车零部件构成整车核定规则》,遭遇欧盟、美国、加拿大在WTO的起诉。2006年3月,欧盟和美国分别要求与中国磋商,4月,加拿大请求与中国磋商。专家组和上诉机构认为,中国违反了国民待遇原则,即GATT1994第3.2条第一句和第3.4条,且不能根据第20（d）条获得正当性。

即使是本土的中国民营企业,其发展和成长也曾经面临市场准入等不平等待遇。20世纪80年代以前,中国没有放开市场准入,除了国有企业、集体企业外,不允许其他性质的企业存在。改革开放后的一段时间内,在一些领域,中国政府先对外商投资开放了市场准入,但没有对本土民营企业开放,后来才允许民营企业进入。以汽车整车制造为例,长期以来,国内汽车制造业只允许国有企业,汽车产业政策长期将民营企业排除在外,民营汽车企业只能带"红帽子",挂靠在国有汽车企业名下,即使是安徽省芜湖市政府支持的地方国有企业奇瑞公司也只能挂靠上汽,最初上汽规定对奇瑞不投资、不分红、不参与管理、不承担风险，而且奇瑞还得给上汽 20% 的股份。实践证明，中国汽车制造业国际竞争力、发展状况与其市场准入等监管政策是密不可分的。《优化营商环境条例》明确指出，国家实行全国统一的市场准入负面清单制度，市场准入负面清单以外的领域，各类市场主体均可以依法平等进入。目前，我国大部分领域的市场准入放开，允许各类企业进入。

（四）中国政府监管方式越来越规范和透明

2001 年中国加入世界贸易组织，在加入时签订的议定书中，中国政府明确要加强透明度，承诺只执行已公布且其他 WTO 成员、个人和企业容易获得的有关或影响货物贸易、服务贸易、与贸易有关的知识产权协议或外汇管制的法律、法规及其他措施。中国政府专门指定官方期刊公布中央政府的法律法规，提高政府监管的透明度，同时设立了专门咨询点，有利于政府有效行使监管职能，保障政府监管精准到位。

《优化营商环境条例》多次提到了"公开透明"，"各级人民政府及其部门应当坚持政务公开透明，以公开为常态、不公开为例外，全面推进决策、执行、管理、服务、结果公开"，"国家健全公开透明的监管规则和标准体系。国务院有关部门应当分领域制定全国统一、简明易行的监管规则和标准，并向社会公开"，"为各类市场主体投资兴业营造稳定、公平、透明、可预期的良好环境"，"招标投标和政府采购应当公开透明、公平公正，依法平等对待各类所有制和不同地区的市场主体，不得以不合理条件或者产品产地来源等进行限制或者排斥"。

各级政府监管部门不仅要在指定的官方刊物、出版物及时公布监管政策的草案，而且全文公布生效的监管政策、措施等，更要公布、实施全面信息披露制度，包括公布招标投标信息、招标投标结果、政府采购清单信息、政府采购结果、环境保护指标要求、环境保护督查结果、政策监管结果等。中国政府部门实施了"双随机、一公开"地监管方式，《优化营商环境条例》第 54 条指出，除直接涉及公共安全和人民群众生命健康等特殊行业、重点领域外，市场监管领域的行政检查应当通过随机抽取检查对象、随机选派执法检查人员、抽查事项及查处结果及时向社会公开的方式进行。监管全过程只有规范化、透明化，才能确保政府监管的公平、公正、公开，同等对待各类企业。

（五）中国大力推进各类企业同等受到法律对待

国有企业成长发展过程中，中国各级政府部门曾经给予许多特别待遇，包括实施重大项目、经营不善而实施债转股或发行特别国债，政府采购优先待遇，国有金融机构优先信贷或低息信贷。这种优先照顾国有企业的做法，导致机会不平等、权利不平等、规则不平等，长期以来给民营企业、中小微企业、外商投资企业带来不公平待遇，影响各类企业公平竞争，不利于企业成长和发展。近几年，中国政府大力推进企业平等的法律保护。《优化营商环境条例》第4条提出，中国坚持市场化、法治化、国际化原则，以市场主体需求为导向，以深刻转变政府职能为核心，创新体制机制、强化协同联动、完善法治保障，对标国际先进水平，为各类市场主体投资兴业营造稳定、公平、透明、可预期的良好环境。《优化营商环境条例》第10条明确提出，国家坚持权利平等、机会平等、规则平等，保障各种所有制经济平等受到法律保护。

《优化营商环境条例》第66条、第67条、第68条，进一步强调国家通过调解、仲裁、行政裁决、行政复议、诉讼等方式，全面提升公共法律服务能力和水平，为市场主体提供高效、便捷的纠纷解决途径。《优化营商环境条例》第69条明确，政府部门和政府工作人员不得干预企业的经营行为、侵害企业权益等，如果有上述行为，则会被依法依规追究责任。国家的法律法规，例如《中华人民共和国民事诉讼法》《中华人民共和国行政诉讼法》等，是保护企业权益，促进企业健康成长的屏障。

除此之外，企业经营不善濒临倒闭破产，不论是国有企业还是民营企业、外商投资企业，都应当依法处理，该破产的就依照《中华人民共和国企业破产法》实行破产，而不能给予差别化待遇，例如以前的政策性债转股等。废除这些不公平的"输血"救助行为，有利于各类企业成长和发展，有利于促进中国市场经济健康发展。

四、企业的守法合规经营

21世纪，全球进入现代文明社会，作为市场主体的企业还要主动守法合规。特别是跨国经营的企业，不仅要遵守母国的法律法规、东道国的法律法规，还要遵守和履行国际规则，行为合法、合规、合理。当然，国家更应该实行法治，使各类企业受到同等的法律对待。

（一）各类企业应该同等受到法律对待

作为市场主体，无论是国有企业、民营企业，还是外商投资企业，无论是大型企业还是中小微企业，无论是制造业还是服务业，各类企业都应受到法律同等对待。这种平等待遇体现在权利平等、机会平等、规则平等，还特别体现在企业融资、政府采购领域等。2021年1月，由中共中央办公厅、国务院办公厅颁发的《建设高标准市场体系行动方案》提出，要完善平等保护产权的法律法规体系，加强对非公有制经济财产权的刑法保护，并全面清理对不同所有制产权区别对待的法规。如果按照这样的路线图走下去，我国一视同仁的法治体系将会更加健全。

市场经济体制成熟的发达经济体，都强调给予市场主体的法治化、国际化环境，市场主体之间、市场主体与政府之间的纠纷，都可以依据法律法规、第三方的争端解决机制，特别是政府部门、政府官员不干预的独立、公正的司法体制。简单地讲,就是"民告官",即各类企业可以通过法律途径解决与政府监管部门之间的争端和纠纷,争取企业的合法权益。这样的机制,是外商投资企业尤为看重的机制。

目前,WTO 的 DSU 是一项解决 WTO 成员之间贸易争端的国际规则,是运用了司法管辖和外交磋商相结合的平衡体制。当 WTO 一方成员认为另一方成员违反或者不符合 WTO 规则,自己受到损害时,可以依照 WTO 的争端解决机制去解决。主要程序是,一方向另一方提出磋商,并上报 WTO 的争端解决机构(DSB,Dispute Settlement Body),该机构负责监督争端解决机制的有效顺利运行。在贸易争端解决机制的第一阶段是由国家政府之间进行贸易磋商,甚至当案件已经发展到其他阶段时仍然可以进行磋商和调解,并自行解决贸易争端。如果磋商没有达成一致和取得效果,应争端一方的请求,DSB 可以成立专家组(Panel),对成员的某一违法行为进行裁决。专家组承担具体的任务,任务完成后即解散。专家组根据被授予的职权范围,在规定时间内,形成专家组报告,交 DSB 会议批准。DSB 建立了常设的上诉机构(Appellate Body),其主要目的是保证判例的和谐性,负责处理争端各方对专家组报告的上诉,但上诉仅限于专家组报告中有关法律问题和专家组详述的法律解释。上诉机构可以维持、修改或撤销专家组的法律调查结果和结论,而且上诉机构的报告一经 DSB 通过,争端各方就必须无条件接受①。

另一个国际规则是投资争端领域,解决企业与政府之间投资争端的机构是解决投资争端国际中心(International Centre for Settlement of Investment Dispute,ICSID)。该机构是依据 1966 年 10 月生效的《解决国家与他国国民间投资争端公约》(1965 年《华盛顿公约》)而建立的

---

① https://www.wto.org/english/docs_e/legal_e/28 - dsu_e.htm.

世界上第一个专门解决国际投资争议的国际仲裁机构①。ICSID 是一个通过调解和仲裁方式，专为解决政府与外国私人投资者之间的争端提供便利而设立的机构。其宗旨是在国家和投资者之间培育一种相互信任的氛围，从而促进国外投资不断增加。ICSID 有其自己的仲裁规则，并且仲裁时必须使用其规则，审理案件的仲裁员、调解时的调解员须从其仲裁员名册和调解员名册中选定。其裁决为终局的，争议方必须接受。

（二）企业应该不断完善公司治理

在受到同等对待的法治环境中，企业也应该积极主动遵守法律法规，应当做好企业自身建设，特别是不断完善公司治理。

OECD 长期研究和规范公司治理，在全球率先提出了公司治理结构的基本原则。其主要规则有：(1)《OECD 公司治理原则》；(2)《OECD 跨国企业指南》；(3)《二十国集团/经合组织公司治理原则》；(4)《OECD 国有企业公司治理指南》；(5)《OECD 国际投资和跨国企业的决定和宣言》。

这些治理原则、指南都是保障公司拥有良好的、有效的治理结构框架，涉及规范就业和劳资关系，打击行贿、索贿和敲诈勒索，保护环境和维护消费者的利益，建立和完善信息公开、披露制度，促进企业健康、持续发展等内容。其中，高度透明、问责明确、董事会监督、尊重股东权利、关键股东角色是运营良好的公司治理体系的基础部分。

（三）企业应履行公司社会责任

21 世纪以来，全球化进入新的发展阶段，CSR 从原来的是否自愿行为变成国际准则，特别是跨国企业应遵守的国际规则。

---

① https：//icsid.worldbank.org/.

1. CSR 的主要国际规则

联合国的规则主要有全球契约、商业和人权准则（Guiding Principleson Businessand Human Rights）、人权宣言（Universal Declaration of Human Rights）、反腐败公约（United Nations Convention Against Corruption）等，要求企业遵守人权、劳工标准、环境保护和反贪污方面的 10 项基本原则，并且与企业运营、战略保持一致。例如，关于劳工权益，1976 年 6 月，ILO 第 61 届会议通过了《关于跨国公司和社会政策准则的三方宣言》，1977 年 11 月第 204 届会议采纳，2000 年 11 月第 279 届会议、2006 年 3 月第 295 届会议、2017 年 3 月第 329 届会议修订，最新版本是 2017 年 3 月第 5 版。该宣言共计 68 条，要求政府、雇员和工人的组织、企业三方共同遵守劳工权益，主要内容包括促进就业、社会保障、消除强制劳动、废除童工、平等待遇和机会、就业保障、培训、工作条件的工资福利、工作的安全与健康、结社与参与工会的自由、劳资双方就工资问题谈判、相互磋商、雇员司法救济、劳资纠纷解决①。具体地讲，企业应主动保障员工如下的权益。（1）关于人权的两个原则，即企业应拥护和尊重国际公认人权保护，企业必须确保其未存在侵犯人权行为。（2）关于劳工的四个原则，即企业应维护社团自由，有效认可劳资谈判权利；企业应支持消除所有形式的强迫和强制劳动；企业应坚决杜绝童工；企业应倡导消除就业与职业歧视。

除了上述的人权、劳工权益外，企业还应当遵守环境、反腐败等方面的公约。关于环境的三个原则，即企业应支持采取预防措施，应对环境挑战；企业必须开展各项活动，以提高环境责任感；企业应鼓励开发和传播环境友好型技术。

关于反腐败原则，即企业应致力于反对各种形式的腐败行为，包括

---

① ILO. *Tripartite Declaration of Principles concerning Multinational Enterprises and Social Policy*. International Labour Organization，2017，p. 6 – 16.

勒索和受贿，特别是《OECD 的反腐败公约》（OECD Convention on Combating Bribery of Foreign Public Officials in International Business Transactions）、《国有企业反腐倡廉指南》（OECD Guidelines on Anti-Corruption and Integrity in State-Owned Enterprises）。

2. CSR 的其他标准

1997 年，社会责任国际咨询委员会（Social Accountability International，SAI）制定了全球第一个可用于第三方认证的社会责任标准，即 SA8000（Social Accountability 8000 International standard）。SA8000 标准的宗旨是确保供应商所供应的产品，符合社会责任标准的要求，它是全球首个道德规范国际标准，适用于世界各地、任何行业、不同规模的公司，对童工、强迫性劳动、健康与安全、结社自由及集体谈判权利、歧视、惩戒性措施、工作时间、报酬、管理系统九个方面有明确的规定。

另一个标准就是国际标准组织（International Organization for Standardization，ISO）建立 ISO SR 标准，SR 代表的是社会责任，例如 ISO SR26000 标准。这样的社会责任标准可以由国际组织使用，或是非营利组织使用，而不仅仅只是企业使用。ISO26000 指南（ISO 26000 Guidance Standard on Social Responsibility）是在 ISO 体系内发展起来的 CSR 标准社会责任。

可以看出，联合国公约实际是为各国政府制定的，在实践中有必要根据联合国的这些公约，来修改成适用于每个国家具体情况的一些标准。

总体来看，政府要更好地服务，监管精准到位，保障市场经济体制发挥作用，这是非常重要的。企业遵纪守法，特别是东道国、母国的法律法规，承担社会责任，做到合法合理合规，体现了企业的软实力和健康持续发展能力；作为企业的员工，遵纪守法、反商业贿赂，不仅体现了企业员工的素质，也彰显了企业的核心竞争力。与此同时，政府部门及社会机构采用信任登记分类方法，进一步监管和服务企业和个人。

21世纪的中国已融入全球经济，对外开放的大门只会越开越大，一视同仁的监管水平和守法合规的企业经营，将是中国软实力和现代化治理水平的重要体现。

五、基本结论

要构建我国企业发展基本政策，就必须要使各类企业，主要是各类所有制企业，受到同等的政府对待和法律对待。受到同等的政府对待，主要就是政府对各类企业应该实施一视同仁的监管。在现代市场经济中，政府监管不可或缺，即使是最自由的市场经济，政府也要实行行业性监管、经济秩序监管、社会性监管。另外，随着人类进入21世纪，随着全球化大趋势的推进，监管环境、监管内容发生了一些新变化，这对企业发展将产生深刻影响。一方面，政府在实施新监管时应该尽量做到一视同仁；另一方面，企业应该尽量了解新变化，适应新变化，树立合规经营意识，提高合规经营程度。受到同等的法律对待，不仅意味着法律要同等保护各类企业，也意味着法律会同样惩罚各类企业的违法行为。在一个日益全球化的环境中，一视同仁的法治体系，也需要将一些国际协定中的争端解决机制嵌入其中，这样才能更好地满足跨国投资者的法治诉求。总之，在一个日益进步、日益开放的体系中，建立健全各类企业受到政府同等对待和法律同等对待的政策和制度，有利于在我国经营的各类企业的健康发展，有利于我国经济繁荣和社会进步。

参考文献

1. 菲利普·阿吉翁、蔡靖、马赛厄斯·德瓦特里庞、杜罗莎、安·哈里森、帕特里克·勒格罗："产业政策和竞争",《比较》第82辑第30—60页,中信出版社2016年版。

2. 安洋：《日本特殊法人研究》,吉林大学博士学位论文,2005年。

3. 白洁、苏庆义："CPTPP的规则、影响及中国对策：基于和TPP对比的分析",《国际经济评论》2019年第1期。

4. 威廉·鲍莫尔：《企业家精神》,武汉大学出版社2010年版,第28—55页。

5. 车维汉："日本明治政府处理官营企业述论",《日本研究》1995年第4期,第48—55页。

6. 程华、夏黎翔、张思潮："产学研协同创新政策与企业创新绩效——基于互动合作视角",《科学与管理》2020年第6期。

7. 陈宝龙："政府管理与企业发展刍议——新加坡政府处理与企业关系的若干启示",《苏州科技学院学报（社会科学版）》2003年第2期。

8. 陈锦江："帝制晚期以来的中国企业家精神",载于戴维·兰德斯等主编的《历史上的企业家精神》,中信出版集团2016年版,第568页。

9. 陈天华、马啸驰："日本出口管制制度简介",https://www.china-lawinsight.com。

10. 陈士华："汽车工业",载于国家统计局编《新中国60年》,中国统计出版社 2009 年版，第 228 页。

11. 陈小洪："日本特殊法人制度的介绍及其启示"，《管理世界》1997 年第 4 期。

12. 陈永杰："民营经济改变中国"，载于大成企业研究员编《民营经济改变中国》，社科文献出版社 2018 年版，第 14 页。

13. 迟培娟、宋秀芳、冷伏海："美国科技政策科学研究计划的成果及影响力分析"，《科学学研究》2021 年第 1 期。

14. 池志培、张晓洁："美国出口管制改革与实施"，《和平与发展》2020 年第 3 期。

15. 崔玉华、张天才："长治区大办地方工业的几点经验"，《山西政报》1958 年第 17 期。

16. 大岛清等：《人物·日本资本主义（2）殖产兴业》，东京大学出版会 1983 年版，第 19 页。

17. 大野健一：《学会工业化》，中信出版社 2015 年版，第 25—39 页。

18. 冯玮："论日本'殖产兴业'主导者的政策理念"，《江西师范大学学报（哲学社会科学版）》2009 年第 3 期。

19. 国家统计局编：《成就非凡的 20 年》，中国统计出版社 1998 年版，第 53 页。

20. 郭晓蓓、徐继峰、施元雪："我国民营企业融资困境的根源分析与破解路径"，《管理现代化》2020 年第 3 期。

21. 郭熙保、罗知："外资特征对中国经济增长的影响"，《经济研究》2009 年第 5 期。

22. 国务院发展研究中心课题组：《中小企业发展：新环境 新问题 新对策》，中国发展出版社 2011 年版，第 35—38 页。

23. 国务院发展研究中心、世界银行：《中国 2030：建设现代、和谐、有创造力的社会》，中国财政经济出版社 2013 年版，第 85—126 页。

24. 桂黄宝、张君："世界典型经济体需求方创新政策实践及启示"，《科学管理研究》2015 年第 4 期。

25. 韩超、朱鹏洲："改革开放以来外资准入政策演进及对制造业产品质量的影响"，《管理世界》2018 年第 10 期。

26. 韩永文、梁云凤、郭迎锋、崔璨："WTO 背景下改革补贴政策研究"，《全球化》2020 年第 3 期。

27. 黑濑直宏：《中小企业政策》，日本经济评论社 2006 年版，第 35—40 页。

28. 黄河、张旺："特殊法人制及其借鉴意义"，《水利发展研究》2004 年第 12 期。

29. 黄奇帆：《结构性改革：中国经济的问题与对策》，中信出版社集团 2020 年版，第 261 页。

30. 胡家勇："确立竞争政策的基础性地位"，《学习与探索》2020 年第 11 期。

31. 胡子南、秦一："美国收紧 FDI 国家安全审查新动向、影响以及对策"，《国际贸易》2020 年第 4 期。

32. 华兴顺："韩国的新村运动及其对中国新农村建设的启示"，《当代世界与社会主义》2006 年第 3 期。

33. 黄宁："WTO 补贴规则下中国科技创新政策面临的问题与挑战"，《全球科技经济瞭望》2019 年第 9 期。

34. 贾瑞哲："WTO 框架下研发补贴政策研究"，对外经济贸易大学博士学位论文，2020 年。

35. 贾涛：《法国电力集团的分析与启示》，国务院发展研究中心调研报告，2016 年第 105 号。

36. 贾新："解放思想，妇女大办地方工业"，《中国劳动》1958 年 8 月 14 日。

37. 江飞涛："日本的产业政策"，《比较》第 87 辑，中信出版社 2016 年版，第 252—258 页。

38. 金善明："竞争治理的逻辑体系及其法治化",《法制与社会发展》2020 年第 6 期。

39. 孔凡河、蒋云根："韩国新村运动对中国建设新农村的启示",《东北亚论坛》2006 年第 6 期。

40. 厉以宁："国企改革是供给侧改革当务之急",《理论导报》2016 年第 3 期。

41. 李光耀："新加坡的企业家文化",《现代企业文化（上旬）》2014 年第 7 期。

42. 李晓华："对加入 WTO 后以市场换技术的思考",《中国工业经济》2004 年第 4 期。

43. 李向前、孙俭："揭开'招商引税'背后的黑幕——审计署京津冀特派办查处 M 区'招商引税'问题前后",《中国审计》2003 年第 2 期。

44. 李益彬："明治政府'殖产兴业'政策探析",《历史教学问题》1999 年第 6 期。

45. 李卓："明治时代日本武士的最后结局",《世界近现代史研究》2014 年第 1 期。

46. 李竹影："美国出口管制系列（一）：美国出口管制概述", http://www.tradeinvest.cn/information/7246/detail。

47. 林汉川,《中国中小微企业发展机制研究》,商务印书馆 2003 年版,第 52 页。

48. 刘建丽："新中国利用外资 70 年：历程、效应与主要经验",《管理世界》2019 年第 11 期。

49. 刘婷、潘芳："不可忽视的美国出口管制之二：聊聊'出口'那些事", https://www.chinalawinsight.com/2018/05/articles/compliance。

50. 刘伟东："特殊法人：公营企业研究简评",《经济学动态》

2001 年第 4 期。

51. 刘啟仁、赵灿、黄建忠："税收优惠、供给侧改革与企业投资"，《管理世界》2019 年第 1 期。

52. 路风、余永定："双顺差、能力缺口与自主创新——转变经济发展方式的宏观和微观视野"，《中国社会科学》2012 年第 6 期。

53. 吕伊雯、施永川："创新与合作是大学生创业的关键——访韩国生产力协会会长、群山大学创业教育中心主任金显教授"，《世界教育信息》2016 年第 20 期。

54. 楼继伟："建立现代财政制度"，《人民日报》2013 年 12 月 16 日。

55. 罗德里克·丹尼：《相同的经济学，不同的经济政策》，中信出版社 2009 年版，第 1 页。

56. 马相东："新时代中俄自贸区构建的制约因素与推进路径"，《中国流通经济》2019 年第 12 期。

57. 马雁："美国对外贸易区'出口倍增'实现机制探析"，《天津社会科学》2016 年第 3 期。

58. 毛泽东："新民主主义论"，《毛泽东选集（第三卷）》，人民出版社 1991 年版，第 678 页。

59. 毛泽东："论合作社"，《毛泽东选集（卷五）》，东北书店 1948 年版，第 889 页。

60. 聂士成：《东游纪程》，中华书局 2007 年版。

61. 曼瑟·奥尔森：《国家的兴衰》，上海世纪出版集团 2007 年版，第 200 页。

62. 朴光星："汉江奇迹与韩国的企业家精神"，《当代韩国》2009 年第 4 期。

63. 彭爽、李利滨："论欧盟的出口管制体制"，《经济资料译丛》2018 年第 1 期。

64. 秦志辉、姜梅："中小企业十年辉煌之路"，《中国中小企业》2012年第9期。

65. 安德烈·施莱佛："人才的配置：对增长的影响"，选自《掠夺之手：政府病及其治疗》，中信出版社2017年版，第67—95页。

66. 申卫星："论数据用益权"，《中国社会科学》2020年第11期。

67. 史丹、江飞涛："多方发力提升质量和效率——国外经济转型升级的经验启示"，《中国中小企业》2016年第5期。

68. 施启德："新加坡成人教育的现状"，《北京成人教育》1992年第11期。

69. 孙光礼："从殖产兴业看日本资本主义的发展"，《湖北大学学报（哲学社会科学版）》1987年第5期。

70. 孙健：《中华人民共和国经济史》，中国人民大学出版社1992年版，第172—175页。

71. 马克斯·韦伯：《新教伦理与资本主义精神》，陕西师范大学出版社2005年版，第33页、第26页。

72. 谭福河："韩国政府对大学生创业支援之借鉴意义"，《经济研究导刊》2007年第10期。

73. 唐伟霞："FD中的假外资和外资避税问题研究"，《首都经济贸易大学学报》2009年第1期。

74. 田杰棠："适应开放环境优化科技补贴政策"，《中国经济时报》2013年11月11日。

75. 王阳："WTO框架下美国与欧盟补贴与反补贴法律制度的比较研究"，天津财经大学博士学位论文，2014年。

76. 王玲："日本实行重大技术出口审查机制综述"，《全球科技经济瞭望》2011年第12期。

77. 王洛忠、刘金发："招商引资过程中地方政府行为失范及其治理"，《中国行政管理》2007年第2期。

78. 王铭："殖产兴业与日本资本主义的发展",《辽宁大学学报(哲学社会科学版)》1997年第6期。

79. 韦兰："韩国企业家精神的确立",《交通企业管理》2005年第4期。

80. 韦廷柒、孙德江:《韩国新村运动对我国民族地区建设新农村的启示——以广西建设社会主义新农村为例》,《中央社会主义学院学报》2007年第5期。

81. 吴敬琏等著:《国有经济的战略性改组》,中国发展出版社1998年版,第31页。

82. 吴敬琏："产业政策的研讨需要深化",《比较》第87辑,中信出版社2016年版,第262页。

83. 武赟杰、杨荣珍："基于WTO框架下的欧盟补贴政策研究",《国际贸易》2019年第10期。

84. 肖红军、阳镇、姜倍宁："平台型企业发展:十三五回顾与十四五展望",《中共中央党校期(国家行政学院)学报》2020年第6期。

85. 解安："韩国新农村运动经验及其借鉴",《中国社会科学院研究生院学报》2007年第4期。

86. 许培源、刘雅芳："国际贸易投资新规则对国际生产投资布局的影响",《经济学动态》2019年第8期。

87. 延平："新加坡推行生产力运动",《天下杂志》1983年第23期。

88. 杨丽花、董志勇："市场化法治化便利化视野下的营商环境建设",《中国特色社会主义研究》2019年第5期。

89. 杨丽花、王跃生："建设更高水平开放型经济新体制的时代需求与取向观察",《改革》2020年第3期。

90. 杨荣珍、石晓婧："美国补贴政策的主要特征及其合规性",《国际经济评论》2020年第4期。

91. 袁红英："新一轮世界减税潮：特征、影响与应对"，《东岳论丛》2018 年第 4 期。

92. 张春霖："从官方数据看全球金融危机以来中国国旗的规模扩张"，打印稿，2019 年，第 4—5 页。

93. 张继彤、张静雨、蒋伏心："十四五时期中国创新政策体系建设构想"，《江苏社会科学》2021 年第 1 期。

94. 张军旗："WTO 补贴规则背景下我国产业补贴政策的变革"，《上海政法学院学报》2019 年第 3 期。

95. 张堂云、朱良华："政府采购促进技术创新机理、影响因素与效果改进——基于文献的视角"，《社会科学家》2020 年第 11 期。

96. 张文魁：《混合所有制的公司治理与公司业绩》，清华大学出版社 2015 年版，第 151—174 页。

97. 张文魁：《重构增长秩序》，中信出版集团 2016 年版，第 3—43 页。

98. 张文魁："2016 年全年和 2017 年前两月经济为何改善"，《经济观察报》，2017 年 4 月 2 日。

99. 张文魁："混合所有制、非国有积极股东及 L－C 股权结构"，《比较》2017 年第 1 期。

100. 张文魁："产业政策需要正本清源和理论反思"，《中国经济报告》2017 年第 11 期。

101. 张文魁、袁东明：《国有企业改革与中国经济增长》，中国财政经济出版社 2015 年版，第 105—142 页。

102. 张毅："深入贯彻落实三中全会精神，推动国资国企改革发展再上新台阶"，载于张毅主编《中国国有资产监督管理年鉴（2014）》，中国经济出版社 2014 年版，第 1—8 页。

103. 张毅、王宇华、王启飞："'互联网＋'环境下的智慧监管模式"，《上海行政学院学报》2020 年第 21 期。

104. 张永生："中小企业发展的国际比较、理论解释及中国问题分析",《中国人民大学学报》2001年第3期。

105. 张志勇:《民营企业四十年》,经济日报出版社2019年版。

106. 赵蓓文:"全球外资安全审查新趋势及其对中国的影响",《世界经济研究》2020年第6期。

107. 郑联盛、陈旭:"特朗普税改'冲击波':经济影响与政策应对",《国际经济评论》2018年第3期。

108. 郑周永:《生在这块土地上》,韩国:松出版社,1998年版,第198—211页。

109. 中国商务部:"中国关于世贸组织改革的建议文件[EB/OL]",2021年1月25日,http://www.mofcom.gov.cn/article/jiguanzx/201905/20190524100740211.shtml。

110. 中共郑州市委编:《大办街道工业:郑州市社办工业经验》,轻工业出版社1960年版。

111. 仲继银:"轮船招商局:从官督商办到公司",《中国新时代》2014年第2期。

112. 中央工商行政管理局、中国科学院经济研究所编:《中国资本主义工商业的社会主义改造》,1962年,第219—233页。

113. 周万里:"德国反限制竞争法的第九次修订",《德国研究》2018年第4期。

114. 宗良、徐田昊、叶银丹:"平台经济:全球反垄断新动向与中国健康发展路径",《新视野》2021年第3期。

115. 祖武:"全党动手,依靠群众,筹集资金,大办工业",《财政》1958年第7期。

116. Alavi, J., Henry Thompson: "Toward a Theory of Foreign Trade Zones", The International Trade Journal, vol. 3, no. 2, 1988.

117. Brandt, L., and Xiaodong Zhu: "Accounting for China's Growth", IZA Discussion Paper 4764, Institute for the Study of Labour.

118. BRUEGEL: "The triggers of competitiveness", www. bruegel. org.

119. European Commission, "WTO Modernization – Introduction to Future EU Proposals", Concept Paper [EB/OL], 2021.1.25, http://trade. ec. europa. eu/doclib/docs/2018/september/tradoc_ 157331. pdf.

120. Hsieh, C. and P. Klenow: "Misallocation and Manufacturing TFP in China and India", Quarterly Journal of Economnics", vol cxxiv, November, No. 4, 2009.

121. ILO: "Declaration on Fundamental Principles and Rights at Work and its Follow – up", International Labour Organization, 2010.

122. Landes, D., J. Mokyr and W. Baumol: "The invention of enterprise: Entrepreneurship from Ancient Mesopotamia to Modern Times", Princeton University Press, 2012.

123. OECD: "Corporate Social Responsibility: Partners for Progress", pp148 –149, 2001.

124. OECD: "Competitive Neutrality: Maintaining a Level Playing Field between Public and Private Business", http://dx. doi. org/10. 1787/9789264178953 –en, 2012.

125. OECD: "The Size and Sectoral Distribution of State – Owned Enterprises", OECD Publishing, 2017.

126. United Nations: "The Ten Principles of the UN Global Compact", https://www. unglobalcompact. org/what –is –gc/mission/principles, 2015.

127. USTR, "Joint Statement on Trilateral Meeting of the Trade Ministers of the United States, Japan, and the European Union" [EB/OL], 2021.1.25, https://ustr. gov/about – us/offices/press – office/press – releases/2018/may/joint – statement – trilateral – meeting.

后　　记

本书为国务院发展研究中心企业研究所的一项研究成果。我负责整个研究，并对书稿各章进行了调整和修改。各章作者如下：

第一章至第四章　张文魁（国务院发展研究中心）

第五章　贾涛（国务院发展研究中心）

第六章　马相东（中共北京市委党校）、姜禹（中国政法大学）、南雪源（中国政法大学）

第七章　马淑萍（国务院发展研究中心）、田柳（对外经济贸易大学）

第八章　高太山（国务院发展研究中心）

第九章　马相东（中共北京市委党校）、李岚熙（北京交通大学）

第十章　郭巍（国务院发展研究中心）

第十一章　许英杰（国务院发展研究中心）

第十二章　袁东明（国务院发展研究中心）、陶思年（北京师范大学）

第十三章　赵书博（首都经济贸易大学）、胡江云（国务院发展研究中心）

书稿有任何不足，均由我负责。

张文魁
2021 年 8 月